IAS励学文丛
2019—2020

Diverse Cultures and
Multiple Perspectives

多元文化与多重视角

周宪 主编　陈勇 副主编

生活·讀書·新知 三联书店

Copyright © 2024 by SDX Joint Publishing Company.
All Rights Reserved.
本作品版权由生活·读书·新知三联书店所有。
未经许可,不得翻印。

图书在版编目(CIP)数据

多元文化与多重视角/周宪主编.—北京:生活·
读书·新知三联书店,2024.8
ISBN 978-7-108-07790-5

Ⅰ.①多… Ⅱ.①周… Ⅲ.①多元文化-文集 Ⅳ.
①G0-53

中国国家版本馆 CIP 数据核字(2024)第 040262 号

责任编辑 李　荣
封面设计 宋永傲
出版发行 生活·讀書·新知 三联书店
　　　　　(北京市东城区美术馆东街 22 号)
邮　　编 100010
印　　刷 江苏苏中印刷有限公司
版　　次 2024 年 8 月第 1 版
　　　　　2024 年 8 月第 1 次印刷
开　　本 635 毫米×965 毫米 1/16 印张 17.25
字　　数 265 千字
定　　价 89.00 元

前　言

南京大学人文社会科学高级研究院(以下简称南大高研院)院刊第八期又和大家见面了!

本刊是南大高研院自建院以来的连续出版物,反映了高研院的学术活动的丰富性和高质量。既有国内外来访学者所做的精彩讲座,亦有本院驻院学者近期研究成果。这个刊物就像是一个"双年展",每隔一段时间将一些有代表性的学术论文遴选出来,推向学术界同仁;它又像是一次"年度论坛",各路高手在此雅集切磋,纵论天下。

本期主题分为四个方面。首先是文学与戏剧,有欧美学者,亦有本院学人,他们围绕着文献的一些基本问题展开讨论,主题虽各自分离,但又都体现出一个深层的关切,那就是文学在今天的复杂功能和纷繁呈现。

其次是数字化社会,如果说第一个文学问题是一个古老的话题的话,那么数字化社会则是当前我们直面的巨大社会转型。技术进步极大地改变了我们的生存,从思维方式到行为方式,从情感方式到交往方式,数字化重塑了人们所思所想所行。数字化不但改变了社会,也颠覆了做学问的传统理念和方法,数字人文的崛起就是一个明证。

其三,主题聚焦在哲学和美学,更多地是从哲学美学和艺术哲学的角度切入,涉及跨代行动与责任、非典型美学、艺术品界定难题、赫勒美学和图像哲学的讨论。今天,哲学和美学与其说是一种学问或知识,不如说更像是一个方法或视角,透过这个视角瞥见不一样的世界,揭櫫不一样的真。

最后一个主题是历史与文化,既涉及古典文献学的考证和阐释,又有欧洲、日本相关的历史文化问题,反映出高研院一直以来的兴趣是深耕人文学科。虽然新话题和新方法层出不穷,但是一些看似古老的问题也在新时代经历了新的范式变化,所谓推陈出新,或"发明传统"也。

本期书名为《多元文化与多重视角》，两个"多"字道出了本期特色，那就是一方面折射出当代文化和过往历史的丰富性和多样性，另一方面体现出各方学者思考多元文化时所取角度不同，所用方法迥异，所得结论精彩纷呈。南大高研院作为一个学术平台，其真正的价值就在于此。学术大师王国维曾言：一代有一代之文学。同理，一代有一代之学问。南大高研院院刊不妨视作打开一个特定时代学问的"窗口"，那里风景独好！

周 宪

目 录

文学与戏剧

3　用世界文学来拯救欧洲:世界文学的新趋势　/［比利时］西奥·德汉

16　"小文学"与"大文学"——"后文学"时代文学新概念的学理性探索　/［美国］顾明栋

31　何谓文学事件?　/何成洲

46　论杰基·凯诗歌的苏格兰性　/何　宁

54　莎士比亚戏剧语言艺术探魅　/从　丛

67　讽寓阐释的异域回响——江户时代《古诗十九首》日本注本考论　/卞东波

数字化社会

85　极限与常态:后2020的新型人类聚居问题　/鲁安东

95　透视种草带货:基于传播政治经济学的视角　/胡翼青

110　复数的数字人文——比较视野下的中国数字人文　/陈　静

125　什么不是数字人文?　/王　涛

哲学与艺术

133 跨代行动与责任 /[意大利]蒂齐亚娜·安迪娜

145 埃舍尔"迷宫"与"非典型"美学 /周 宪

177 不是艺术的艺术品——解读杜尚的难题 /周计武

191 《华山图》与现象学 /彭 锋

198 阿格妮丝·赫勒阐释学思想与公共阐释 /傅其林

历史与文化

213 朝向一个学术史观的建构——以《四库全书总目·经部》为例 /夏长朴

228 天可汗的光与影——费子智、谷川道雄撰唐太宗传记两种之研究 /童 岭

243 英国"脱欧"的历史缘由与前景展望 /刘 成

253 跨界与回归：边疆环境史学的现代价值 /周 琼

文学与戏剧

用世界文学来拯救欧洲:世界文学的新趋势*

[比利时]西奥·德汉(Theo D'haen)**

最近关于世界文学的讨论中,大多提到这样一个事实,即在很长一段时间里,认为欧洲文学才算是世界文学。这在客观意义上是正确的,因为20世纪80年代以前对世界文学的讨论大多确实局限于欧洲文学,甚至往往局限于欧洲文学中的极少数:法语、英语、德语、意大利语和西班牙语。这个概念的欧洲中心主义受到了严厉的批评,早在20世纪60年代就已经被艾田蒲(René Etiemble)批评过,90年代以来,几乎所有的理论家都对这个现象进行了批评。此外,早在1959年(1960年出版),维尔纳·弗里德里希(Werner Friederich)就讽刺说,"世界文学"——至少在美国本科生课程中是这样讲的——其实就是指"北约文学",即使这样,实际讲授的内容又仅限于刚才列举的五种欧洲文学。大多数情况下,这种欧洲中心主义被归咎于欧洲或美国学者的愚钝,他们无法认识到欧洲之外,或者推而广之,在西方语言文学之外还有其他有价值的文学。换句话说,这是19世纪和20世纪欧洲或西方对世界"其他地区"几乎明显的优越感导致的"自然"结果或必然结果,这一时期世界文学的概念在西方学术界得到了发展,最常见的是作为比较文学学科的一部分,或与之结合。我在《劳特利奇简明世界文学史》(*The Routledge Concise History of World Literature*,2012)中更全面地介绍了这些内容。我在这里想说的是,把"世界文学"限制在"欧洲文学",甚至只限

---

* 本文为作者2019年4月29日在南京大学高研院名家讲坛第241期的演讲。英文讲稿由作者提供,中文文稿由南京大学外国语学院硕士生刘雅翻译。

** 西奥·德汉,比利时鲁汶大学和莱顿大学英语和比较文学荣休教授、上海交通大学客座教授。曾担任国际比较文学协会提名委员会主席,比较文学史协调委员会副主席、代主席及国际现代语言文学协会主席等职дин。他自1999年起成为欧洲科学院院士,2002年起担任欧洲科学院董事,2009年起任执行董事,并任文学和戏剧研究部主席(2002—2009)以及欧洲科学院院刊《欧洲评论》等多个知名学术刊物的主编、编辑或顾问。其研究领域涉及美国文学、后现代主义、后殖民主义以及世界文学等。

制在构成后者的极少数文学中,也可以作为一种由时间和地点等情况决定的刻意的战略姿态。我的"进攻点"("Angriffspunkt")是维克多·克莱普勒的文章《世界文学和欧洲文学》。

如今,维克多·克莱普勒(1881—1960)最出名的是他一生所写的日记和他对纳粹主义下德语堕落的观察,以及出版于1947年的《第三帝国的语言:一个语文学者的笔记》(*LTI-Lingua Tertii Imperii*:*Notizbuch eines Philologen*)。克莱普勒生于1881年,是个犹太人,但在1912年皈依新教。他还娶了一位非犹太妇女为妻,这一结合再加上他有功于一战的老兵身份,让他脱离了纳粹的控制。但在1934年,他确实失去了德累斯顿工业大学罗曼斯语教授的工作。此外,在1933至1945年期间,他从未真正安全过。1945年2月初,德累斯顿仅存的几个犹太后裔接到了即将被驱逐出境的通知。虽然克莱普勒没有收到通知,但他担心自己可能是下一个。在1945年2月14日盟军对德累斯顿进行大轰炸后,他和妻子立即从该市逃到了美国人控制的地区。战后,他复任大学教授,先后在德累斯顿、格赖夫斯瓦尔德、哈勒-维滕伯格以及柏林的洪堡大学任教。克莱普勒在1960年去世后,基本上被人遗忘,但当他的日记在1995年的出版,使他的声誉再次飙升,不仅在德国,在国外也是如此。尤其是详述希特勒时代的各卷引起了公众的注意。正是这些书卷,以及涵盖1959年之前的一卷——当时克莱普勒还是德意志民主共和国著名的知识分子——都以英文出版:《我应见证:维克多·克莱普勒日记,1933—1941》《痛苦的结局:维克多·克莱普勒的日记,1942—1945》,以及《较轻的罪恶:维克多·克莱普勒的日记,1945—1959》。这三卷都由马丁·查尔默斯(Martin Chalmers)翻译。然而,克莱普勒用德语出版的大部分学术著作,却一直不被英语学术界所关注。在最近的一篇文章中,罗曼·法昆多·埃斯皮诺(Roma Man Facundo Espino)引用查尔默斯的话解释说,克莱普勒在1960年去世后被忽视的原因:"对西方来说,他因与民主德国和共产主义的联系而受到玷污;对东方来说,他不够'唯物主义'。"

克莱普勒本质上是一位法国文学学者。他在被解除大学教职之前,发表了关于孟德斯鸠(他以孟德斯鸠为题写了他的大学授课资格论文)、现代法国散文和诗歌以及思想史的文章。事实上,他属于汉斯·乌尔里希·贡布雷希特(Hans Ulrich Gumbrecht)在他的《伟大罗曼斯语言文学家的生与死》(*Vom Leben und Sterben der grossen Romanisten*，2002)中所颂扬的那一代德国罗曼斯语言和文学学者。这一传统的始祖是卡尔·沃斯勒(Karl Vossler，1872—1949)，他的大部分职业生涯都在慕尼黑大学任教。贡布雷希特编入的其他"伟大的罗曼斯学者"是恩斯特·罗伯特·库尔提乌斯(Ernst Robert Curtius，1886—1956)、利奥·斯皮策(Leo Spitzer，1887—1960)、埃里希·奥尔巴赫(Erich Auerbach，1892—1957)和沃纳·克劳斯(Werner Kraus，1900—1976)。贡布雷希特没有具体提到克莱普勒，但指导克莱普勒大学授课资格论文的是沃斯勒。在提到的所有德国学者中(斯皮策实际上是奥地利人，但在德国任教)，斯皮策和奥尔巴赫最为英美学者所知。当纳粹解除了他们分别在科隆和马尔堡的大学教授职务后，他们流亡海外，最终逃到美国。斯皮策在约翰霍普金斯大学寻得职位，奥尔巴赫则在宾夕法尼亚州立大学、耶鲁大学中转。他们在20世纪40年代末和50年代初的著作和论文被广泛认为重新奠定了美国比较文学学科的基础。库尔提乌斯的主要著作 *Europäische Literatur und Lateinisches Mittelalter* (1948)，译为《欧洲文学与拉丁中世纪》(1953)，通常与奥尔巴赫的 *Mimemis：Dargestellte Wirklichkeit in der abendländischen Literatur* (1947)，译为《摹仿论：西方文学中现实的再现》(1953)，以及斯皮策在《语言学与文学史》(1948)中收录的文章相提并论。与奥尔巴赫和斯皮策不同的是，库尔提乌斯不是犹太人，并没有被迫流亡，而是在整个纳粹时期一直担任波恩大学的罗曼斯语言和文学教授，此前他曾在马尔堡和海德堡有过几段经历。又与奥尔巴赫和斯皮策不同的是，库尔提乌斯在美国学术界自21世纪以来对世界文学的激烈讨论中并没有表现出任何重要的意义。

如果有人提到克莱普勒，那一定是与他的战争日记有关，正如艾米莉·阿普特(Emily Apter)在她的文章《赛义德人文主义》("Saidian Humanism"，2004)中引用的一段著名文字，克莱普勒在这段文字中申明，无论纳粹意识形态和犹太复国主义告诉了他什么，德国的语言和文化给了他比犹太身份更大的归属感。阿普特认为这是一种超越任何狭隘民族主义形式的世俗人文主义，这种人文主义的形式是爱德华·赛义德所倡导的，她认为这种人文主义表达了整整一代两次世界大战之间文学学者的世界观。在阿普特早些时候(2003年)一篇关于比较文学在伊斯坦布尔的"发明"的文章中,她再次提到了克莱普勒的战争日记以及后者关于纳粹语言的书卷。

克莱普勒的其他学术成果一直被英美和英语学术界忽视。在纳粹时期,克莱普勒被迫保持沉默,但战后他的作品又重新出版。1956年,在他有生之年,出版了《33之前/45之后:论文集》(*vor 33/nach 45. Gesammelte Aufsätze*)。这本书里有一篇题为《世界文学与欧洲文学》的文章。① 这一点在英语学术界又被完全忽视了。这本书有西班牙语译本(*Klemperer* 2010)。就本卷而言,这篇文章特别有趣的地方在于,它很好地说明了为什么关于世界文学的每一种说法都需要在它们的时代和地缘政治背景下加以理解。当然,这并不是一个新的见解。我对理查德·莫尔顿(Richard Moulton)1911年出版的《世界文学及其在一般文化中的地位》(*World Literature and Its Place in General Culture*)也曾有过相关论述,该书公开炫耀其英美偏见,但同样的论述也可以在许多类似的言论中出现,包括最近的那些声明。我会在文章的最后再谈到这个问题。

简而言之,克莱普勒在《世界文学与欧洲文学》中关注的是,在因一战及其结果发生巨大变化的世界中,如何维护欧洲文学和文化的卓越地位——克莱普勒本人曾在这场战争中英勇作战。他同样热衷于维护德国文学与法国文学在欧洲文学中的核心地位。为此,他并不反对利用歌德的"世界文学"以及文学史。克莱普勒首先引用了歌德在1827年写的一段话,为纪念当时最新发现的所谓《女王宫廷手稿》(*Königinhofer Handschrift*),据称是一本中世纪捷克诗歌集,后来证明是赝品。歌德本人没有给这首诗题名。但由于它写于歌德本人首次使用"世界文学"一词的同一年,后来的一些德国学者倾向于将其解释为表达了歌德在这个问题上的观点。克莱普勒认为这是错误的。相反,他追随20世纪初德国文学史家理查德·迈尔(Richard M. Meyer)的观点,后者称这一存在争议的诗节最好命名为"民间诗歌"(Volkspoesie)。克莱普勒认为,这一诗节体现了歌德早期对表现一个民族本土天赋的白话诗的热情,但这种赫尔德式的"有机"诗歌虽然涉及歌德对"世界文学"的思考,却不能与后者相提并论。

---

① 最初于1929年发表于《逻各斯》第18卷,第362—418页。

同样的道理也适用于其他思考歌德时代文学的方式。对于理解歌德的"世界文学",以及促使他创造这个词的原因,至关重要的是,它指的是一种绝对新颖的文学观。① 而且,克莱普勒强调,"要清楚地定义这种新颖性,不仅仅是歌德专家的事情。确切地说,它是过去百年里全世界都在讨论的话题,而且是现在,尤其是世界大战以来更频繁研究的主题"。是什么原因使"世界文学"对克莱普勒来说是一个新事物,其线索是1829年8月12日歌德对威利巴尔德·亚历克西斯(Willibald Alexis)说的一句话,他在这句话中谈到了"普遍的欧洲文学或世界文学"。歌德在塑造"世界文学"这个术语和概念,实际上指出了这一点,他是第一个发现,并将之称为"世界文学"的人,从而使之提升到普遍意识中,然后作为欧洲文学继续发展起来。因此,克莱普勒明确地将欧洲文学等同于世界文学,在接下来的论述中,他试图发掘"跨国文学"概念在歌德之前、之中、之后直至他自己的时代所承担的意义。

赫尔德主张所有的文学都享有平等的权利——克莱普勒的观点也是如此——赫尔德在欧洲文学思想中引入了全新的观念。在古代和整个中世纪,最多样化的民族生活在最终成为罗马帝国和后来的基督教欧洲,在希腊语和拉丁语的霸权,甚至可以说是垄断下,被束缚在一个语言和文学的大都市里。当第一批白话文著作出现时,它们仍然在经典和教会决定的语境中发挥作用。如果文艺复兴至十八世纪预示社会向理性而非权威转变,并因此走向更大的个人自由、走向乡土,那么从美学的角度来看,古典模式以及通过它们在文学中建立的共同尺度,将产生更大的影响。只有当理性本身受到攻击时,真正的变革才有可能实现,而这正是赫尔德在让-雅克·卢梭的基础上所取得的成就,他提出诗性本能是所有的人和所有的民族所共有的,并且这种本能以最纯粹的形式存在于一个民族天赋的最早表现之中。当时,赫尔德受到启蒙运动理想的启发,即以人类为终极地平线,所有的民族都在走向一个共同的"国际社会"(Völkergemeinschaft),所有人都将成为世界公民——并非巧合,同一时期的伊曼努尔·康德(Immanuel Kant)在他的《世界公民观点之下的普遍历史观念》("Ideas on Universal History from

---

① 克莱普勒把这一新词的创造归功于歌德是错误的,因为最近人们发现,其他人在歌德之前就使用过这个词,尽管不可否认是歌德使这一术语普及开来并影响此后的文学和文学研究。

a Cosmopolitan")中也提出了类似的观点。继卢梭和赫尔德之后,作家们开始在他们的诗歌中自由地发挥情感和自然的作用,而形式上,他们最常采用的是克莱普勒所说的"罗马尼亚的诗歌形式"("Dichtungsformen der Romania"):早期普罗旺斯、西班牙和意大利模式,用来替代经典。浪漫主义诞生了。克莱普勒声称,除了情感的大量涌现之外,德国文学的独特之处在于,其大量尝试从世界文学借鉴而来的模式,而不受本土限制。相反,在法国,任何舶来品最终都会迅速地被本土天赋同化。

对克莱普勒而言,歌德的世界文学概念的新颖之处在于,他在提出这一概念的同时,将其限定在欧洲文学范围内,不是从地理上界定,而是努力加入一种"伦理/审美"模式。按照启蒙运动的思路,这并不能解释为以一个共同的人性,甚至共同的欧洲性为目标。歌德认为每个民族都在按照自己的本性为"世界文学"做出贡献,但仅限于丰富刚才提到的伦理-审美情结。克莱普勒认为,法国比较文学家费迪南德·布鲁内蒂埃(Ferdinand Brunetière)继承了歌德的思想,他在1900年法兰西学院的一次演讲中[后来以《欧洲文学》("La Littérature européenne")为题发表在《两大陆评论》(*Revue des deux Mondes*)杂志上],把欧洲文学的发展勾画成了对乡土文学的继承,其中特定的文学暂时领先,成功地将自己固有的性质与希腊罗马和基督教的共同根源结合起来:意大利语、西班牙语、法语、英语,最后是德语。克莱普勒引用了布鲁内蒂埃的话:"在文学问题上,我只把那些用某些元素丰富欧洲精神的文学称作欧洲文学,并且在此之前这些元素一直是'民族的'或者'种族的'。"克莱普勒认为,同样的原则适用于欧洲经典之外的其他文学。作为一个突出的例子,他提到了拉宾德拉纳特·泰戈尔(Rabindranath Tagore),泰戈尔的作品虽然明确地设定在印度,但是克莱普勒却认为其中"充满了纯粹的欧洲元素!"。事实上,克莱普勒声称,泰戈尔1912年的戏剧《邮局》(*Post Office*),无论其背景如何,就其主题、形式和思想而言,莫里斯·梅特林克(Maurice Maeterlinck)也能轻易地创作出来。因此,难怪克莱普勒认为"有效的世界文学,歌德观察到了它的开端,预测并期望的发展,当时确实是欧洲的——不是地理意义上的,而是在精神上、伦理上和审美上非常彻底的欧洲化。在世界文学中,人类存在的其他形式也跟着欧洲的形式而发展"。在我看来,跳到21世纪初——在完全不同的背景下,从一个完全不同的方向,所有的差异继续存在——我们在这里看到了帕斯卡尔·卡萨诺瓦(Pascale Casanova)和弗兰克·莫雷蒂(Franco Moretti)的暗示。

对克莱普勒而言,世界文学在20世纪初采取的"欧洲形式",是由欧洲两大主流文学所决定的:法国文学和德国文学,他认为这两种文学相互朝着彼此的方向转变。法国文学虽然一直认为自己是建立在罗马古代和某种拉丁文化(latinitas)之上的欧洲性的捍卫者,但是克莱普勒认为,从乔里斯·卡尔·休斯曼(Joris-Karl Huysmans)、瓦莱里·拉尔博(Valery Larbaud)和埃米勒·维尔哈伦(Emile Verhaeren)(后者当然是比利时人,也是佛兰德人,但用法语写作,因此被视为至少部分法语诗歌的代表人物)的作品看来,法国文学为了清晰和秩序而松动了本土的优势,从而更接近德国传统。事实上,他认为维尔哈伦是德国和法国元素在文学上调和的典型体现,因为他是佛兰德人却用法语写作。从斯特凡·格奥尔格(Stefan George)、胡戈·冯·霍夫曼斯塔尔(Hugo von Hofmannsthal)和赖内·马利亚·里尔克(Rainer Maria Rilke)看来,克莱普勒认为德国文学正在远离它的浪漫主义倾向,走向无形。

第一次世界大战使欧洲列强相互争斗,并有效地结束了欧洲对世界的统治。美国和苏俄各自宣称自己是欧洲列强的强大对手和继承者。维尔哈伦在1906年的《欧洲》("L'Europe")一诗中,仍将欧洲大陆描绘成"生机勃勃的欧洲,世界的情人",这种主宰也是由"具有抒情力量的灵巧手指"塑造出来的。1918年之后,欧洲真正统治世界的日子已经一去不复返了,但克莱普勒认为,这个古老的大陆"即使是现在,在这漫长的血腥疯狂时刻,仍然是世界的精神情人"。作为世界文学的欧洲文学在维护这种精神支配地位方面起着至关重要的作用。鉴于第一次世界大战前法国和德国之间激烈的政治和军事竞争,欧洲文学应该努力实现两者的和解,这一点显得更为重要。这正是克莱普勒本人早期发表的关于当时法国近代文学的著作所要达到的目的,但他在这方面也提到了恩斯特·罗伯特·库尔提乌斯1919年的《新法兰西的文学先锋》(*Die literarische Wegbereiter des neuen Frankreich*)。他甚至认为,在库尔提乌斯1921年的《巴雷斯与法国民族主义的精神基础》(*Maurice Barrès und die geistigen Grundlagen des französischen*

Nationalismus)中,库尔提乌斯深信"德国和法国不可否认地是欧洲大陆的主要焦点",并被克莱普勒认为的"看到欧洲大陆处于和平状态的怀旧欲望"所打动,太容易忽视至少部分法国文化中坚定的民族主义和反德风潮。但克莱普勒也认为,卡尔·施特恩海姆(Carl Sternheim)在他1919—1920年的小说《欧洲》(*Europa*)和托马斯·曼(Thomas Mann)在他的战后随笔中,都致力于"普遍的欧洲精神",因为他们认识到需要"人文主义的清晰和秩序"。克莱普勒认为,这种欧洲精神"目前在法国找到了最清晰的表达"。事实上,在战后的法国,欧洲的利益表现为一种驱动力,以保持前文提及的"拉丁文化"(*latinitas*)边界完好无损,而克莱普勒将其与保罗·瓦莱里(Paul Valéry)在苏黎世的一次演讲中提出的欧洲定义联系起来。对瓦莱里来说,欧洲就是"罗马"发挥其精神影响的地方:作为政府的一种形式,作为希腊美的传播者,以及作为教会。如果对克莱普勒来说,法国的"欧洲主义"表现为,在涉及新的领土时,希望更明确地划定这些边界,以便更好地将其"拉丁化",那么德国的"欧洲主义",他说,"比战前更加坚定地表达了要在拉丁文化的边界内寻求庇护的立场"。不过,他警告说,在战后的某个时刻,被西方拒绝的德国似乎可能转向东方,稍后又似乎会在俄罗斯和法国、西方和东方精神之间扮演一个中介角色。克莱普勒提到德国作家布鲁诺·弗兰克(Bruno Frank)1928年的《政治故事》(*Politische Novelle*),以阐明他本人撰写论文时欧洲以及欧洲文学和文化的状况。在弗兰克的故事中,一位德国部长和一位法国部长试图在地中海沿岸的一家旅馆达成协议。在他们的周围,有国际对话和爵士乐的喧嚣。他们发现彼此都在为欧洲辩解:

> "一遍又一遍地,必须打萨拉米斯战役",他们互相说道,而今天波斯人"从西方来的,带着他们的漫不经心和金钱,而从东方来的,形成一股集体统一的可怕浪潮"。

如果说早些时候克莱普勒的一些言论对我来说似乎是当代一些世界文学观念的预言,那么在这里我不禁想到了与克莱普勒同时代的埃里希·奥尔巴赫(Erich Auerbach)和他1952年的文章《语文学和世界文学》

("Philology and Weltliteratur")。在这篇文章中,奥尔巴赫表达了他的担心,即根据第二次世界大战的结果,欧洲更加明显地被排挤在当代世界政治之外,语言、文化和文学可能会按照这场战争的两个主要胜利者美国或苏联的模式同质化。在他最后出版的《拉丁语时代后期和中世纪的文学语言及其受众》(*Literatursprache und Publikum in der lateinischen Spätantike und im Mittelalter*,英译书名为 *Literary Language and Its Public in Late Latin Antiquity and in the Middle Ages*)一书的导言中,奥尔巴赫明确指出,语文学是他捍卫欧洲文明的工具,他认为这也是他同时代的德国罗曼斯学者沃斯勒、库尔提乌斯和斯皮策的使命,这些人被他精准地称为"欧洲语文学家"。他说,他书中所收集的论文,

——就像我的工作一样——源于与他们相同的假设。但是,我的工作显示出对欧洲危机更为清晰的认识。在很早的时候,从那时起,我就越来越迫切地不再把罗曼斯语文学在欧洲的可能性仅仅看作是可能性,而是把它们看作是我们这个时代特有的任务——这个任务昨天还不能设想,明天就再也不能想象。欧洲文明正在接近它存在的期限;它作为一个独特实体的历史似乎已经结束,因为它已经开始被另一个更全面的统一体所吞没。然而,今天的欧洲文明仍然是我们所能感知的活生生的现实。因此——我在写这些文章的时候是这样认为的,现在仍然如此——我们今天必须试图对这个文明及其统一体形成一个清晰而连贯的印象。随着时间的推移,我总是越来越坚定地朝着这个方向努力,至少在我对语文学的主题,即文学表达的研究上是这样。

有趣的是,这也完全支持克莱普勒的整体论点和意图,在弗兰克的故事中,最坚定地支持欧洲走稳定安全路线的是德国部长,而不是他的法国同行。正如弗兰克笔下的人物认为欧洲基本上是围绕着法国和德国形成的一样,对克莱普勒来说,对库尔提乌斯来说也是这样,欧洲文学和文化的核心仍然是"法德的"("Franco-German")。为了说明这一点,克莱普勒转向其他欧洲文学,展示它们最著名的代表是如何在本质上属于这两大传统之一的。米

格尔·德·乌纳穆诺(Miguel de Unamuno)在《生命的悲剧意识》(*Del sentimiento trágico de la vida*,1912)中抗议说,当自诩为欧洲人的人在谈论欧洲时,很多时候似乎都不在欧洲范围内:首先是西班牙,然后是英国、意大利、斯堪的纳维亚和俄罗斯。克莱普勒引用了乌纳穆诺1925年书的德文译本,乌纳穆诺说,剩下的"只有法德两国及其附属国"。但是,他主张要根据西班牙自身的性质,为它在欧洲争得一席之地。不过,克莱普勒认为,在乌纳穆诺最具特色和最好的作品中,尤其是在他的《迷雾》(*Niebla*,1914)中,他基本上是在德国浪漫主义反讽的传统及其对形式/无形的实验中写作的。他对路伊吉·皮兰德娄(Luigi Pirandello)和他1921年的《六个寻找剧作家的角色》(*Sei personaggi in cerca d'autore*)发表了类似的观点。因此,克莱普勒称,两位重要的罗曼斯语作家与德国文学传统和精神保持一致。克莱普勒认为詹姆斯·乔伊斯(James Joyce),用英语写作的爱尔兰人,其实是"以法国为核心"。当然,克莱普勒也承认,德法两大阵营对欧洲文学的划分仅限于此:

> 当然,乌纳穆诺、皮兰德娄和乔伊斯也可以把自己语言和民族特有的东西放到天平上——这里我们必须再次忆起布鲁内蒂埃:否则,他们就不是欧洲作家,就不会让欧洲变得更丰富。当然,从字面上看,把欧洲限制在"法德"范围内也是错误的。但是,使这些原本与众不同的人超越了他们的民族特色,使他们成为欧洲人的原因,恰恰是他们的德法元素,而我展示了这些元素的共性和融合。

所有这些都使克莱普勒得出结论:从启蒙运动中以"法国"为主导的世界主义,到近代受德国启蒙思想家启发的对白话通俗诗歌的欣赏,再到德国浪漫主义融入了从各个民族和时代借鉴来的体裁和模式,歌德锻造了世界文学(Weltliteratur)的概念。

在这一过程中,各民族的独特天赋开始汇聚在一起,基本审美观念与伦理观念的和谐统一构成了跨国乃至世界文学中心。歌德观察到的正是这种欧洲世界文学的开端,在他创造这个词后的一百年里,欧洲世界文学已经大大扩展,有了许多分支,并被许多民族所丰富,但无论人们怎么听,它的心跳仍然是明显的"法德"。

前面我提到了库尔提乌斯,以及他在第一次世界大战后的早期著作是如何寻求,用迈克尔·科瓦尔(Michael Kowal)在库尔提乌斯的《欧洲文学论文集》(*Essays on European Literature*)导言中的话来说,"促进法国和德国知识分子之间的思想交流,最终导向欧洲思想的新统一"。正如科瓦尔所认识到的那样,"对库尔提乌斯来说,在法国和德国的文学意识之间进行调停,不是理论命题,而是文化计划",并且"由于各种情况的结合(最近的世界大战——作者注),这个计划具有政治意义"。显然,这也很符合歌德的精神,他在1828年柏林自然科学家大会上表示:

> 我们冒昧地宣布欧洲世界文学实际上是普遍的世界文学时,并不仅仅在说,不同的国家应该互相了解,互相了解对方的作品;因为在这个意义上,它早已存在,正在自我传播,并不断地得到补充。不,确实不止如此!问题是,活着的、努力奋斗的文人应该学会互相了解,通过他们自己的爱好和相似的口味,找到共同行动的动机。

科瓦尔指出,到了20世纪30年代,库尔提乌斯将更加关注重申"德国的知识遗产,同时又不放弃对世界性文化理想的承诺"。这种关注源于纳粹主义的兴起,库尔提乌斯针对纳粹主义在1932年发表了《岌岌可危的德国精神》(*Deutscher Geist in Gefahr*)。跟克莱普勒一样,库尔提乌斯在纳粹时期也没有发表作品,尽管他是自愿的。当他复出时,发表了《欧洲文学与拉丁中世纪》(*European Literature and the Latin Middle Ages*, 1948),这本书很快被公认为大西洋两岸的经典之作。这本书详细阐述了他在1932年的小册子中所提倡的,如何解决困扰欧洲已久的分裂:回到"中世纪的拉丁统一和西方基督教的根基"。然而,像他在一战后的作品一样,库尔提乌斯强调,这本书"不是纯粹学术兴趣的产物……它是出于对保护西方文化的关注",并且"它是在至关重要的需求和具体历史形势的压力下产生的"。

在最近的一篇文章中,斯蒂芬·布罗克曼(Stephen Brockmann)提醒我们,库尔提乌斯的声音在二战后的德意志联邦共和国强大而智慧,而克莱普勒在德意志民主共和国的声音同样强大。面对国外由于纳粹主义的恐怖而对德国文化不可否认的不信任,克莱普勒和库尔提乌斯都主张回归以歌德为代表的那种德国文化。阿尔维·塞普(Arvi Sepp)在2010年的一篇文章中追溯了整个纳粹时期,歌德以及席勒和莱辛是如何成为的德国文化"真正"的标志性人物的,不仅是对克莱普勒,正如后者的日记中所详述的那样,对其他犹太知识分子来说也是如此。战后不久,克莱普勒就主张"纳粹把自己的不人道伪装成德国的人性,应该用赫尔德-歌德时代的纯粹人性来对抗这种不人道"。但这种回归同时也意味着对那个欧洲传统的回归,克莱普勒从歌德的"欧洲或世界文学"(Europäische oder Weltliteratur)中得到启示,认为这种传统与世界文学是一致的,我们可以从库尔提乌斯1949年发表的《歌德世界的基本特征》("Fundamental Features of Goethe's World")中了解到这一点。库尔提乌斯把歌德描绘成"西方思想在一个伟大的个体中的最终自我集中",并因此,

> 他代表了更多东西//不仅仅是一个德国诗人……他与欧洲的精神遗产紧密相连。他与荷马、索福克勒斯、柏拉图、亚里士多德、维吉尔、但丁和莎士比亚并驾齐驱。他清楚地认识到自己在这些人中的地位。他对"父辈"的虔诚,他与古代"有威望的人"的联盟和与过去精神的合唱,他坚信有一个"大师们"的领域,并且自己属于他们——他的思想形式的这一最有特色、最显著的特征,直到现在才获得最深刻的意义。这种历经千年的团结意识,莎士比亚不可能有,但丁只在拉丁传统中找到。对歌德来说,这赋予了他使命的合法性和确证性。可以说,它是"普遍精神的字母表"中的一个符号。

库尔提乌斯在文章的最后提醒我们,歌德偶尔也说自己是"模仿诗人",他在1817年写给克鲁泽(Creuzer)的信中写道,像他这样的模仿诗人"必须敬畏我们祖先的遗产","向这些受到圣灵启发鞠躬,不敢问从何处来到何处去"。库尔提乌斯说,这种态度"今天可能是'少数人'对歌德采取的态度"。显然,他把自己算在这"少数人"之中。不过,他的模仿行为比单纯的崇敬更

进一步:他想恢复大师的传统,重新建立欧洲文化的连续性。这也是辛里奇·C.西巴(Hinrich C. Seeba)在2003年的一篇文章中对库尔提乌斯的看法:作为二战后世界文学回归的倡导者,为欧洲的统一服务。将库尔提乌斯视为"美国人"勒内·韦勒克(René Wellek)、利奥·斯皮策和埃里希·奥尔巴赫的欧洲对应者,西巴认为:

> 对这一世界文学的主题、母题和结构进行比较分析,成为跨大西洋文学阐释学流派的准则,尽管它自称对意识形态毫无兴趣,但它不仅仅是为了强调文学的内在性:"历史图景的欧洲化。"库尔提乌斯在《欧洲文学与拉丁中世纪》的导言一章中宣称,"今天已经成为一种政治需要,不仅限于德国。"其目的不仅是一种新的"世界文学学术",而且是一种新的跨国世界图景,在欧洲和平与统一的进程中为濒临消亡的西方文化传统腾出空间。

这里与库尔提乌斯有关的内容同样适用于克莱普勒,尽管这两位学者,至少在英语学术界对世界文学的讨论中,仍然远不如他们同时代的奥尔巴赫和斯皮策那样知名,克莱普勒甚至几乎完全不为人所知,但他们的例子表明,"世界文学"这个术语和概念如何被战略性地用于捍卫一个被视为受到威胁的欧洲和德国的身份。早些时候我曾暗示,在不同的空间和时间的启发下,对同一术语和概念的最近的、非常不同的解释中也可能有类似的东西在起作用。在我前面提到的我的那本小册子中,我试图针对近来美国对世界文学的兴趣复兴进行同样的论证,认为这是美国学术界在快速变化和全球化的世界中,在美国的霸权受到威胁的情况下,应对多元文化、后殖民主义和"9·11"事件后果等问题的一种策略。同样,中国对世界文学的兴趣日益增长,可以看作是应对同样的全球化进程做出的尝试,而这种全球化进程的视角几乎与美国截然相反。换句话说,"世界文学"从来就不是一个中性的术语或概念——它总是为某种利益服务。

"小文学"与"大文学"
——"后文学"时代文学新概念的学理性探索*

[美国]顾明栋**

无论是东方还是西方,当下一个不可否认的事实是:在大学和中学里立志攻读文学专业的学生日益减少,社会上人们对文学作品的阅读兴趣也越来越淡漠,文学研究只是因为满足了通识教育对人文学科的要求,才得以在全世界多数大学和院校里勉强幸存。从某种意义上来说,如今,多数人更愿意通过智能手机、平板电脑以及互联网来阅读几乎所有的东西,但文学作品除外,无论是诗歌、小说还是戏剧。因此,有人不无道理地担忧,不久的将来,在已经建制化的学科设置中,文学研究有可能会成为一个濒危学科。早在 20 世纪 80 年代,雅克·德里达就曾预言:传统的文学时代将会成为明日黄花,包括哲学、精神分析学,甚至情书在内的人文也将在劫难逃。① 的确,种种迹象和证据表明,文学阅读正在从普通人的生活中消失,而随着 STEM(即科学、技术、工程和数学的英文缩写)科目在学校和大学里变得越来越强势,文学研究也逐步被边缘化。全世界越来越多的学校和高等院校中,大多数学生之所以选择文学课程,并不是因为喜欢文学,而是因为他们被要求必须修满一定的文学课程的学分才能准予毕业,获得文凭。

本文在简要回顾有关文学地位和现状以后,将尝试提出面向"后文学"时代的新文学概念,并从历史的、概念的和跨文化的角度考察其内在逻辑。

---

* 本文为作者 2019 年 11 月 2 日在南京大学高研院的学术讲座,讲稿由作者提供,原文发表于《外国文学》2019 年第 3 期。

** 顾明栋,英国伦敦大学和美国芝加哥大学文学博士,美国得克萨斯大学达拉斯分校中国文学和比较文学教授,英国《泰晤士报》世界大学排名学术声誉评议人,美国《诺顿理论与批评选》特别顾问。研究方向为英美文学、中国文学、比较文学、比较思想及中西文化比较研究等。2008 年起受聘担任南京大学高研院特聘教授。

① Jacques Derrida, *The Post Card: From Socrates to Freud and Beyond*, tr. Alan Bass (Chicago: University of Chicago Press), 1987, p. 204.

本文在我们所处的时代提出文学的一个双重概念，旨在寻求路径重新点燃人们对文学的兴趣，通过更新与 STEM 课程相关的文学课程重振文学研究，并采用由于科技发展而产生的书写来重新发明教学机器。在传统上，那些与技术相关的书写大部分并不被我们视为值得尊重的文学作品，或者根本上就不属于文学的范畴，但是将其纳入"大文学"的范畴，有助于应对因为"后文学"时代的到来传统文学所受到的挑战和重压。

一、文学的末日和"两种文化"的回归

虽然德里达预见的文学、艺术以及人文的末日场景尚未成为现实，但一些知识分子却已下了定论：文学已死。① 这一判断或许显得有些草率夸张，然而"电信时代"的确促使包括德里达、埃尔文·柯南、米歇尔·博鲁伯、罗伯特·斯科尔斯、约翰·埃利斯、卡尔·伍德林、爱德华·赛义德、希利斯·米勒在内的众多知名的文学家、思想家和学者对于文学的命运和未来进行思考。② 其中一些人也提出了这样一些发人深省的问题：今天的文学还是曾经的文学吗？在电信时代的技术变革中文学还能够存在吗？我们认为理所当然的文学性是否正在从文学作品迁移到由计算机、平板电脑、智能手机、推特、微信、博客、脸书以及互联网站所产生的虚拟空间之中？作为学科的文学是否会消亡抑或成为 STEM 学科的附庸呢？作为生活的一个文明层面的文学是否已经死亡，还是濒临消亡呢？无论答案是什么，严峻的现实是，传统意义上的文学正在遭受挑战，文学在中学、大学以及社会上都在苟延残喘。

在 21 世纪所谓的"后文学"时代，文学作为教育体制一部分，其衰亡尽管有诸多因素，但从统计数据来看，大学里文学专业报考人数日益减少的原

---

① 20 世纪 90 年代以来，西方主流媒体如《纽约时报》会隔三岔五地刊登出时事分析，危言耸听地声称"文学正在死亡"或"文学已死"。
② 参见 Alvin Kernan, *The Death of Literature* (New Haven: Yale University Press, 1990); Michael Bérubé, *The Employment of English: Theory, Jobs, and the Future of Literary Studies* (New York: New York University Press, 1997); John M. Ellis, *Literature Lost: Social Agendas and the Corruption of the Humanities* (New Haven: Yale University Press, 1997); Robert Scholes, *The Rise and Fall of English: Reconstructing English as A Discipline* (New Haven: Yale University Press, 1998); Carl Woodring, *Literature: An Embattled Profession* (New York: Columbian University Press, 1999); Edward Said, "Restoring Intellectual Coherence," in *MLA Newsletter*, Vol. 31, No. 1 (Spring 1999); J. Hillis Miller, "Literature Matters Today," in *Substance*, Vol. 42, No. 2 (2013, pp. 12 - 32); and *Literature Matters* (London: Open Humanities Press, 2016).

因主要是高校中STEM学科占据了统治地位。鉴于人文和STEM学科之间的冲突,我们似乎转了一个大圈,又回到了曾在20世纪上半叶出现,但是并没有得到妥善解决的那个窘境。这就是英国著名作家和科学家斯诺(C. P. Snow)在1959年的著名演讲中首次提出的"两种文化"的问题,该问题继而又出现在他后来成书的《两种文化和科学变革》中。在那本颇有影响力的书中,斯诺对他那个著名的观点做了进一步说明:整个西方的知识生活已经分裂为科学和人文两个截然不同、几乎相互排斥的文化,这个分裂成为当今时代解决世界问题的障碍。[①] 很长一段时间内,斯诺的观点吸引了很多人的注意,也引起了那些有远见卓识的思想家和知识分子的莫大担忧,但是经过一阵喧嚣和骚动之后,狂热的兴趣逐渐散去,斯诺论著中提出的警示至少到目前为止在公众的意识中已被淡忘。然而随着电信时代的来临,斯诺指出的窘境又一次困扰我们,并且回归得愈加猛烈。这不仅影响着西方发达国家,同样也给第三世界发展中国家带来了负面的影响。

　　为了拯救STEM学科重压下的文学研究以及避免即将到来的"文学末日",文学理论家和学者们纷纷提出各种对策和措施来维系文学研究的发展。在笔者看来,那些对策措施似乎可以分成两大对立的种类。一种是继续向前看,在文学研究中引入新的理论和方法,这些理论和方法包括现在已经略显过时的思想流派,如女权主义、女性研究、性别研究、后殖民主义、后结构主义、新历史主义和新近的理论,如同性恋研究、"酷儿"理论、生态批评理论、文学达尔文主义、后人文主义、认知研究、离散研究和文化研究等。颇具讽刺意味的是,尽管这些新理论和方法拓宽了文学研究的视野,激发了文学学者巨大的兴趣,但也使普通学人们产生很强的隔膜感,一些学者对此或保持缄默,或公开反对。一些保守的学者公开批评这些文学的"奇谈怪论",甚至把文学研究的衰落归咎于引进这些激进的、新的理论和方法,因而呼吁文学研究向传统的方法回归。文学保守派对后结构主义和后现代主义理论的攻击或许显得十分落伍,但说句公道话,至少其批评后现代理论使学生们对文学产生疏离感还是不无道理的。那些教过"文学概论"并和本科生有过直接接触的老师多认为,绝大部分后结构主义和后现代文学理论不仅不能培养学生对文

---

① C.P. Snow, *The Two Cultures* (London: Cambridge University Press, 2001), p. 3.

学研究的兴趣,反而会让学生对文学研究敬而远之,这是因为他们必须掌握一定的理论背景知识,才能理解和获得应用这些理论的能力。然而,后现代文学理论正变得越来越晦涩难懂和令人生厌,甚至使学生阅读文学的乐趣荡然无存。因此,爱德华·赛义德一面对文学课从大学教学大纲中逐渐消失感到痛心疾首,一面强烈指责现在的文学课程"支离破碎,晦涩难懂"[①]。

另一方面,由于电信和高科技的强势主宰地位,一些学者和老师设计出各种各样的实用对策和措施,并以此应对人们对文学和文学研究兴趣的日益下降。他们的这些举措或许能取得一定效果,但这仅仅是暂时激起更多的学生来报名学习文学,而对于提高文学的地位却并无长远的帮助,对挽救人们日益降低的文学兴趣也于事无补。为了振兴文学研究,弥补由于信息技术革命对文学建制带来的沉重打击,我们必须直面"两个文化"的问题,重新审视文学的本质、功能以及方法,探索新的方式来迎接 STEM 学科和电信时代所带来的挑战。时代变了,文学也应随之改变。现存的文学概念从属于一个与当今的时代完全不同的社会和技术氛围。人类通信史上的巨大变革需要崭新的文学概念,只有如此我们才能够为"后文学"时代的到来做好准备。

二、"小文学"和"大文学"

尽管有很多人声称"文学已经死亡",然而事实上,无论是在大学还是社会中,文学远没有灭绝。相反,不断发展的技术革命催生了另类文学创作的革命,与正规文学杂志惨淡经营、门可罗雀的现象相比,网络文学一片兴旺发达,有时一篇热门的小说(一般绝不是纯文学),点击量能达到几百万。因此,文学与其说受到灭绝的威胁,不如说正以与传统模式不同的多平台模式在电信时代呈现出一派欣欣向荣的景象。文学创作的革命应使我们在解决"两个文化"的问题,应对 STEM 学科所带来的挑战上有所启发。与那些已经论及"文学已死"的思想家和学者不同,笔者不打算去追究谁或是什么应该为文学当前令人惋惜的境况负责。有鉴于全世界的不少文学系都已将电影、电视、音乐、动画、广告、表演艺术和文学作品一起教授,笔者认为提出一个新文学概念来应对文学所面临的挑战具有战略意义。这个概念的核心是

---

① Said, "Restoring Intellectual Coherence," in *MLA Newsletter*, Vol.31, No.1 (Spring 1999), p.3.

两个归类鲜明的文学范畴：狭义文学、广义文学。为了方便起见，这两种文学可以用"小文学"和"大文学"分别代替之。"小文学"之所以"小"，是因为它指的是那些虽被广泛接受，但范围狭小、概念内涵有限、经过长时间沉淀已在大学和学校里教授和研究了几个世纪的"美文"或精致作品，如诗歌、小说、戏剧和散文。"大文学"之所以"大"，是因为它指的是广义上的写作，并不局限于人们已接受的传统文学类型，而是包括一切经由想象力作用而产生的写作，如电影、电视剧、流行歌曲、网络小说、漫画、网页作品、博客等，更不用说诸如动态诗歌、超文本小说、历史穿越小说和协同叙事这样新旧创作模式混搭的多平台式的写作，所有这些写作都是数字化手段的产物，或者至少与之相关。换言之，广义的"大文学"类似广义人文的一般写作。

这种全新的文学双重概念有许多优势。首先，它没有放弃，或者没有完全改变传统文学的概念。无论是狭义的文学，还是广义的文学，都依旧遵循文学的传统理念，几乎没有改变文学的文化基因，尤其是公认的文本性理念。其次，这一概念性重构能够使我们有准备地接受电子媒介对已确立的文学和文学性概念所带来的挑战，同时使得技术生产的文本发挥视觉的、动态的、趣味性和感官刺激的特点，从而吸引公众去阅读。再次，这一新概念是切实可行的。在学校里，我们可以继续教授狭义的精英文学，同时，给广义文学以尽可能足够的空间。最后，它可以充当科学文化和人文文化之间的桥梁，覆盖广义人文学的分支，如历史、哲学、人类学、社会学、心理学和美术等。

这个二元的文学概念似乎是个令人耳目一新的观点，但实际上在不同文化的历史发展过程中，这一概念的内涵并非无先例可循。而且，这个提法具有概念性基础和可行的逻辑。从概念上讲，文学无法确定范畴，每当我们处心积虑地用一些固定不变的定义试图将其限定起来，它总能逃脱。正如特里·伊格尔顿幽默地指出："文学从来没有像昆虫那样真实存在，因此，它所产生的价值判断，在历史上都是不断变化的。"[1]从历史和常识来看，过去和现在的许多写作体裁曾经不被视为文学作品，然而却又最终被归入文学范畴。在此，仅举几例予以说明。诺贝尔文学奖是全世界文学创作者殚精竭虑追求的最高荣誉，但是从该奖项创立至今，它已经颁发给许多被视为非

---

[1] Terry Eagleton, *Literary Theory: An Introduction* (Oxford: Blackwell), 1983, p.16.

从事文学创作的作家。伯特兰·罗素的哲学著作《西方哲学史》(1945)在1950年获奖;温斯顿·丘吉尔的历史著作《第二次世界大战回忆录》(1948—1953)在1953年获此殊荣;最近的一次,鲍勃·迪伦的歌词于2016年获得诺贝尔文学奖。这新近的授奖让人们对此感到震惊并且提出质疑,因为人们认为歌词算不上正宗的文学。有趣的是,甚至迪伦自己都怀疑他的歌词是否属于文学。尽管如此,迪伦的歌词还是有充分的理由获此大奖,因为毕竟在古代,大部分的诗歌都是伴随着音乐来吟唱的,而瑞典皇家科学院授予他这个奖项的理由正是"在伟大的美国歌曲传统中创造了新的诗歌表达方式"。虽然迪伦的歌词可以被视作诗歌的一种形式,然而罗素的哲学著作和丘吉尔的历史著作的确超出了我们通常的文学概念。瑞典皇家科学院的这些决定也许使世人感到困惑不解,但是,这有助于我们从历史、概念、全球以及技术的角度来重新理解文学这个概念。

三、"文学"双重概念的内在逻辑

从历史和跨文化角度来看,诺贝尔奖委员会的决定应该能获得中国古人的支持。司马迁写的《史记》是中国第一部通史,目的是记载截至作者所处时代的史料。《史记》是第一部有关中国文明的正式历史书籍,开创了中国延续两千多年的历史写作的方式。但是数千年来,中国人世代把《史记》的历史记事视为非常有趣的文学作品。从概念上讲,中国古代也有一本对文学概念从广义上进行阐述的系统的专著。这部专著就是刘勰的《文心雕龙》。它洋洋洒洒有50个章节,每个章节涉及一个和文学写作相关的问题。这部专著因其超越中国历史上其他所有关于文学论著的综合性而被视为可与亚里士多德的《诗学》相媲美的系统性诗论。但是,由于在这部专著中有许多章节并不是探讨狭义的文学,而是涉及今天不被视作文学的玄学、语言以及书写体裁等问题,如公文、诏策、奏折、诸子、祝盟、铭箴、檄文、史传、书信、杂文等,因此一些学者认为,其本质上并不是什么诗论,而应被视为有关普通写作的论著。事实的确如此,但笔者刚好以此为据而认为:刘勰的这部巨著为我们从广义和狭义两个角度提出的二元文学概念提供了理论支撑。在当今这个数字化和电信的时代,刘勰在中国古代系统构建的文学宏论为我们对文学本质、功能和方法的概念重构提供了宝贵的启发,这或许能使我们从广义而不是狭义的视角提出策略来应对技术进步所带来的挑战,从而最大可能地来满足大众对文学的需求。

毋庸置疑,刘勰《文心雕龙》中的"文"就是广义上的文学,因为他认为文学是由林林总总的各类作品组成的。有趣的是,这也与欧洲人的古代文学概念不谋而合。在讨论"英语的兴起"时,伊格尔顿告诉我们,"十八世纪的英国,文学的概念并不限于我们今天所说的'创造性'或'想象性'的写作,而是包括社会中各种有价值的作品,哲学、历史、散文、书信以及诗歌都属于文学的范畴"[1]。然而颇具嘲讽意味的是,过去无论是东方还是西方,小说和戏剧——这两个现代文学的重要体裁,都不被视作有价值的作品,被放逐于高雅文学的殿堂之外。在中国的传统中,因为孔子曾告诫说,小说虽有"可观"之处,但却是"君子弗为"的小道,[2]因此小说和戏剧直到很晚才被视作高雅文学。

从词源上来看,"文学"在古代各种文化中所指的范围都很宽泛。在西方,"literature"一词来自拉丁语"literature"或"letteratura",即"学习、写作与语法",源于"作品是由字母构成的"(litera 或 littera)。正如雷蒙·威廉斯(Raymond Williams)指出,(文学)这个词在发展史上是一个"复杂"而又"简单"的词。[3] "文学"一词起初来自"书本学习",涵盖"书信、写作、文献、文艺、名著、科学、学问"。直到文艺复兴时期,"文学"一词才接近于今天"人文学科"(polite learning)的意思。晚至 18 世纪,英国大文豪约翰逊博士在编纂首部英语词典时依然将"文学"一词定义为"学识,文字运用的技巧"。在此无须详述威廉斯对"文学"一词演变的详细研究,只需浏览一下这个词在不同历史阶段的定义,便会为我们当下对这个词的理解提供一些思路。首先,"文学"和技术发展息息相关,尤其与印刷术关系密切:"中世纪晚期和文艺复兴时期,由于(普通大众)没有阅读能力和高质量的书籍稀缺,文学阅读只是一部分人的权利;因此文学阅读的普及多亏了印刷术的发展。"[4]其次,"文学"在古代不仅仅包括哲学论著,还包括科学专著。英国作家威廉·哈

---

[1] Eagleton, *Literary Theory: An Introduction*, p. 17.
[2] 引自班固《艺文志》,《汉书》,北京:中华书局,1962 年,第 1745 页。
[3] Raymond Williams, *Keywords: A Vocabulary of Culture and Society*, revised edition (New York: Oxford University Press), 1983, p. 183.
[4] Ibid., p. 186.

兹里特(William Hazlitt)提到一位人士所言:"我想,你们首先希望见到的应该是英国文学史上两个最伟大的人物:艾萨克·牛顿爵士和洛克先生。"此处提及的文学史上的大作家,前者是科学家,而后者是哲学家,现代几乎无人会视其为文学家。最后,威廉斯已经注意到现代"文学"概念的发展有愈来愈宽泛的趋势:"值得注意的是,近些年来,尽管'文学'(literature)和'文学性'(literary)仍然在实际使用18世纪以后的意思,然而二者在其自身的传统基础上受到了越来越大的挑战,挑战来自写作(writing)和通信(communication)试图恢复那些似乎已经被高度专业化排除在外的最活跃、最一般意义的理念。"①他指出,这一倾向是对不把当代作品和演讲积极地涵盖在内,而是把"文学"狭义地限定在印刷书本或过去的文献里的抵抗,它触及了探究不同文学体裁(诗歌、小说、想象性写作)和真正或实际体验之间的整个复杂关系。总之,威廉斯对"文学"这个术语的研究应该激励我们去拓宽"文学"的概念,这个广义的概念应该把通过计算机、智能手机、网络、新兴媒介以及通信等其他技术手段产生的写作包括在内。

中国传统中,"文学"从一开始就有着类似于英国的宽泛定义。在中国古代,文学的"文"从字面上就是"天地之纹"。根据其自然的定义,"文"演化成一系列意义:语言、写作、文学、文化以及文明。关于"文"的论述很多,本文只谈及刘勰对"文"的见解,因为他从广义的角度对这个术语进行了全面的探讨。刘勰在《文心雕龙》第一章《原道》篇里,试图将写作/文学的最初起源追溯至"道"的本原。但他所做的是探索"道"和"文"之间的关系,而"道"与"文"又被分别看作自然法则和包括文学的艺术创作。纵观历史,正如"道"在中国哲学中意义广泛一样,"文"在中国传统中也是十分复杂的一个术语。"文"的内涵与外延也是多价的,有各种各样的解读。汉语中的"文"既是一个名词(自然的纹路),也是一个动词(人对自然所做的变更)。正是因为这样的双重意义,"文"作为名词才有了最广泛的意义,实际包含了自然现象和人类文化的方方面面,如自然界的各种形状和图案、社会上各种各样的风俗和习惯、社会制度中的规则和礼仪、口语和书面语、音乐、歌曲、舞蹈、绘画、书法、雕刻、建筑、手工艺等,当然最重要的是诗歌和高雅作品。作为

---

① Raymond Williams, *Keywords: A Vocabulary of Culture and Society*, revised edition (New York: Oxford University Press), 1983, p. 187.

一个动词,"文"在中国传统中指"对自然的某些方面进行改动以形成某种特定的图式"(to configurate aspects of nature so as to bring out certain patterns),这引起各种各样的人为活动,比如以图案装饰事物①、以图案文身、以花言巧语掩盖过失(文过饰非)、以文辞锤炼思想(文心)②、缀文成字(writing)、使用文字的一系列有关的活动,如文学(literature)、文教(education)、文以养德、文治礼教和教化百姓。现代汉语中的"文化"即出于此。汉语中"文学"这个词和西方的情形非常接近,是由"文(书写)"和"学(学习)"组成的。从技术的角度来看,笔者认为,"文"的概念就是卡尔·马克思所提出的"人化自然"的一种体现。马克思把"人"看作是会发明工具的动物。人类的工具是人类通过智慧取自自然界。马克思在《政治经济学批判》中写道,"自然界没有制造出任何机器,没有制造出机车、铁路、电报、走锭精纺机等等。它们是人类劳动的产物,是变成了人类意志驾驭自然的器官或人类在自然界活动的器官的自然物质。它们是人类的手创造出来的人类头脑的器官;是物化的知识力量"③。在马克思探索人和自然的关系中,人类通过发明工具将身边的环境转变为人化自然。根据马克思"人化自然"理论,笔者在一篇文章中指出,汉语中"文"的概念,是其名词形式中"人化自然"的一个例证,其动词形式是"人化自然"的过程。从学术常规来看,有人或许会说刘勰关于"文字"或"文学"的概念是形而上学、美学和符号学的观念。但笔者认为,刘勰关于文字/文学的观点是自然主义的观点、技术的观点,也是在人和自然之间,在斯诺所说的科学文化和人文文化的鸿沟之间搭建起一座桥梁的巧妙努力。

我认为,刘勰对"文"的定义或许是最早基于他提出的中心思想——"道之文"("道"的图式)来弥合两种文化之间鸿沟的努力。"道之文"("道"的图式)涵盖了"文"的各种形式,可分为两大类:1.自然之"文",即宇宙的自然形态和样式;2.人文之"文",即文字和人类文化。④ 作为形而上学和一般概念

---

① 值得注意的是,在中国古代文献中,"文"与"纹"可通用。
② 在《文心雕龙》的后记中,刘勰将"文心"解释为"为文之用心"。
③ Karl Marx, *Grundrisse: Foundations of the Critique of Political Economy* (London: Penguin Books), 1973, p.706.
④ Liu Hsieh, *The Literary Mind and the Carving of Dragons*, bilingual edition, tr. Vincent Yu-chung Shih (Taipei: Chun Hwa Book Co.), 1975, pp.10-11.周振甫《文心雕龙今译》,北京:中华书局,1986年,第9—11页。

的"道之文"既是超验的,又是内在。说其"超验"是因其玄而又玄,是形而上的概念;说其"内在"是因为它存在于动植物等各种各样的自然物态之中。"文"的所有形式最初的来源是"神理"(神性法则或自然法则),正如刘勰所说"谁其尸之? 亦神理而已"①。这个神性原则不是西方所谓的"上帝或者类似上帝的造物主",而是造就现象世界中万事万物的形态和样式的自然法则,类似于老子《道德经》中所说的"大道"。但"道之文"并非全然天成的。刘勰认为,正是经过诸如伏羲、周公和孔子这些圣人对自然的摆弄操控,包括人文写作在内的所有形式和状态才成为"道之文"这一节点,于此节点上自然形式和人文设计通过"道"或"神理(神性法则和自然法则)"的作用汇聚成文字、文学和文化。换言之,从马克思主义的理念来看,"道之文"的各种样式是一种"人化自然"。虽然刘勰的专著探讨的是万物之形态、样式以及它们的内在逻辑,但笔者认为,广义上而言,它不仅仅是关于文学和写作的专著,本质上更是关于广义人文的专著。在他的有关文学/文字的自然主义概念里,刘勰论著的中心思想为我们深刻理解自然和文化之间、技术和艺术之间,以及写作和文学之间的关系提供了参考。这或许能为我们在消除斯诺所说的科学与人文两种文化之间差异时提供灵感。

另一方面,刘勰关于写作和文学的概念或许可以视作福柯的科学思想史研究的先驱。在福柯的杰作《词与物》一书中,他回顾了古典知识体系发展成现代生物学、语言学和政治经济学的过程。他并没有对数学、宇宙学和物理学这样的自然科学进行研究,而是对最接近生活的生物、语言和经济数据进行系统分析,而那些数据不是因其最不规律、最不客观而被不屑一顾,就是被视为"带有太多经验主义的色彩,太过于受到变幻莫测的机缘或意象,以及古老传统和外部事件影响"而被人们所轻视。② 尽管福柯旨在发掘现代科学演进中古老的、隐藏的意义形式,然而他等于做出了与我们现代普遍公认的人文科学有着明显不同的广义人文的定义。这点在其副标题——《人文科学的考古学》中有着清晰的验证。与将人文科学视

---

① 周振甫,《文心雕龙今译》,北京:中华书局,1986年,第98页。
② Michel Foucault, *The Order of Things: An Archaeology of the Human Sciences* (New York: Vintage Books), 1994, p. ix.

为包括语言、文学、历史、人类学、哲学和艺术在内的观念不同,福柯关于上古时期到现代这段时间的人文科学的观念主要涵盖三个大的类别:语言学、经济学和生物学。根据我们现代对知识的分类,经济学属于社会科学,而生物学则属于自然科学,只有语言学是一门真正的人文科学。然而福柯的分类方法能够使他"放弃我们现在所熟悉的巨大分歧","呈现有关生物的知识、语言规律的知识和经济事实的知识,并将其与哲学话语联系在一起"。[①]

笔者初读福柯的著作,对他这种古典的分类方法感到困惑不解。但在回顾了马克思的"人化自然"和刘勰"道之文"的理念之后,笔者驱散了对福柯这种睿智的分类法研究的疑虑。其实,无论是经济学、生物学,还是物理学和化学,都只不过是人类基于对宇宙和社会的自然结构或运动模式的理解而创立的知识。在他的序言中,福柯利用博尔赫斯虚构的"中国大百科全书"来强调人为排列事物顺序的主观方式。阅读博尔赫斯的故事使福柯突然明白,"在使用人们所谓的秩序代码和对秩序本身的反思之间存在一个纯粹的秩序体验以及存在模式"[②],并使他开始着手"不是描述知识朝着今天科学所公认的客观性方向发展",而是发现了他所说的"知识型"(episteme),即"知识扎根于其实证性"[③]的认识论领域。

刘勰的"道之文"和福柯的"知识型"为我们在电信时代对文学概念进行重构提供了思路。从文学的内在逻辑而言,有必要赋予文学一个合理的广义概念和定义。或许,文学最凸出的特征包括其本体和意象(声音的、视觉的和想象的)的想象力和虚构性,以及所表现出来的叙事普遍性。当前,大部分基于技术的媒体和传统文学都具有这些特征。笔者无需用电影或电视剧来举例子,只需看一眼和传统文学几乎不沾边的东西——电子游戏——就可证明笔者观点的说服力。电子游戏与小说和史诗共享虚构性和长篇叙事性,与抒情诗共有微妙的情感、主题和象征,还和电影和电视剧共用讲故事、动态影像、令人眼花缭乱的音乐暗示和视觉景观等特征。总之,电子游戏拥有大部分艺术媒体的优势,却没有像大部分艺术媒体那样受到诸多限

---

① Foucault, *The Order of Things*, p. x.
② Foucault, *The Order of Things*, p. xxi.
③ Foucault, *The Order of Things*, p. x.

制。由此,有人认为电子游戏具有成为最适合我们这个时代的叙事形式的潜力。依笔者之见,电子游戏要成为"后文学"文本,还需要把经典文学作品整合到游戏设计的过程中。截至目前,只有少数小说作品被改编成了电子游戏,例如韩国、日本和中国的游戏设计师已经利用中国的名著《三国演义》中的一些典故和著名人物,将其改编成电子游戏,深受全亚洲成千上万电子游戏玩家的喜爱。电子游戏和文学作品的结合催生了所谓的"文学游戏化",并由此可能会产生一个与传统文学作品争奇斗艳的新文学类型。虽然名著和电子游戏的结合引起学者对这是古典的再生还是沉沦的忧虑,但这至少为文学的再生提供了一个契机,有必要对其利弊作理性的分析,并在技术和艺术的层面对可能的新文学类型予以探讨。

  后结构主义的阅读理念提倡的是,一个完美的文学文本不是让读者以被动的、消遣目的来阅读,而是要沉浸在一种积极对话的阅读过程之中,这种阅读模式可以充分调动读者的主动性和想象力。罗兰·巴特据此把文学作品分为两种:可读性文本和可写性文本。前者鼓励读者去被动欣赏文本中所编码的内容,享受作者在作品中所编码的乐趣,后者激励读者积极参与到阅读过程中,使读者成为文本的合作者和意义的共同创造者。① 笔者以为,带有长篇叙事特征的电子游戏就是可写性文本,因为玩家只有运用自己的想象力和创造力,才能在阅读和玩耍中体会其中的乐趣;如果玩家被动地玩游戏,那么这个游戏不仅让人乏味,也让人玩不下去。如果在电子游戏里植入经典文学作品,或将经典作品引入电子游戏,就可以使电子游戏产生寓教于乐的道德教化功能。而且,倘若游戏设计师有意识地把道德观念植入游戏,那么这种教化功能就会得到强化。把电子游戏纳入文学的广义范畴看起来荒诞不经,但是对于在技术猛烈冲击下的文学的生存,这种最宽泛的文学范畴在不久的将来可能是挽救文学研究的一种切实可行的方式。② 现代文学的概念尽管很晚才把戏剧和小说纳入其中,但最终这两种体裁都成了文学范畴。这种情况或许会出现在以技术为手段生产的写作类型和文艺作品之中。因此,笔者预言网络作品、电子游戏和博客文章有一天会成为文

---

① Roland Barthes, *S/Z: An Essay* (New York: Hill and Wang), 1974, p. 4.
② 关于电子游戏和文学的关系,笔者在已发表的一篇文章中有详细分析,请见《论"后文学"时代传统文学的出路——从科幻文学、电子游戏与乔伊斯的小说谈起》,《外国文学研究》,2018 年第 3 期,第 77—87 页。

学的一部分,这并不完全是荒诞不经的天方夜谭,至少从广义文学来看是不无可能的。

结论：走向后文学时代的"大人文"

前文已讨论了福柯关于人文学科的广义概念,并述及瑞典科学院做出的不同寻常的决定——将诺贝尔文学奖颁给三个其作品通常来看并不属于文学范畴的人。尽管诺贝尔文学奖评委会的委员们处理每个案例都会有不同的动机,然而有一点却是共同的——那就是人文关怀。1950年的诺贝尔文学奖颁给了罗素,以表彰他"所写的捍卫了人文理想和思想自由的各种各样且意义重大的作品"。1953年的诺贝尔文学奖授予丘吉尔,是"由于他精通历史和传记的艺术,以及他那捍卫崇高的人文价值的光辉演说"。我们需要注意获奖词中出现的这两个词:"人文理想"和"人文价值"。文学或许是人文理想和人文价值的最集中体现,而其他学科,如历史、哲学、人类学、政治科学和经济学则从各自领域来研究人文理想和价值。在当今这个自然科学、社会科学和人文科学之间有着明确界限的时代,人们或许很难接受福柯由古典知识发展到现代科学的人文科学的古典分类法,但是把历史、哲学和精神分析学归类到广义的文学概念应该不会引起太大的争议。在中国的传统中,学界有一句流行的说法:"文史哲不分家。"在全世界许多科学和技术占主导地位的大学和学院里,人文学科已经被集中到一个广义的人文范畴之中。倘若如德里达所预言的电信时代的技术体制最终会吞噬文学、哲学和精神分析学,那么包括福柯在《词与物》一书中所论述的生物研究、语言规则和经济学知识在内的古典人文学科或许会以一种新的形式回归。尽管自然科学正在越来越走向专业化,催生许多迥然不同的科目迅速出现,但是人文科学或许在朝着相反的方向发展,部分原因是学科专门化引起的反弹,但是主要原因是人文学科的内在相关性。虽然人们需要从事专门化的职业以获得生存的物质条件,但是,人与人之间的交流不是专业化的语言所能达成的,人们的日常生活和精神生活也不是专业化的知识所能满足的。笔者相信,只有在广义的人文方面不同领域的人们才能找到共同的语言,进行超越个人专业的交流互动,获得人与人之间的理解以至心灵契合。因此,笔者预言,文学研究最终或许会被并入广义的人文学科,文化研究的流行就是一个明证,这种情况的出现对文学研究来说也许并不是什么坏事。毕竟,学界对文学兴趣的衰减应该部分地归咎于文学研究不断加深的专业化趋势,而这正是包括赛义德在内的有识之士所批评的偏颇现象。

为了应对电信时代人和文的异化,我们应该走向包含"小文学""大文学"及其他人文学科的"大人文",作为一种尝试,笔者绘制了如下的"大人文"图示:

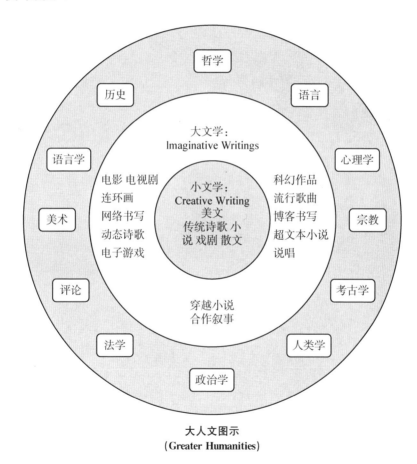

大人文图示
(Greater Humanities)

作为结语,笔者认为,在全球化和电信时代,基于现实和概念两方面原因,我们应当给文学以一个尽可能宽泛的概念和定义。文学系已经把电影纳入课程,我们或许也可以继续拓展文学课程大纲,把电视剧、网络文学、多媒体艺术、博客写作、可视物件,甚至电子游戏也包括在内。广义的文学课程并不意味着我们应当完全放弃已确立的文学意识,而是意味着在面对激进的技术变革和挑战过程中,对文学性做出一些调整,以容许文学的变革与转型。但是,无论把什么纳入在文学范畴之中,都应受到约定俗成的文学性所规定的审美格式的制约,符合历史悠久的文学功能。

何谓文学事件？*

何成洲**

在《理论的未来》(2002)一书中,让-米歇尔·拉贝特(Jean-Michel Rabaté)尽管坚持哲学和理论对于文学批评的必要性,但仍同意很多文学研究学者的一种看法,那就是从哲学和理论的角度过度阐释文学往往会忽视对文学常识性的理解。他认为,问题的关键是如何在它们之间形成一个平衡。他进而提出文学理论"往往用细读的方式展开意识形态批评,同样也用精细归类文学过程的方式关注广泛的文化议题"①。新世纪以来,对于文学性的关注越来越得到文学研究者的重视。德瑞克·阿特里奇(Derek Attridge)在《文学的独特性》(*The Singularity of Literature*,2004)一书中提出:"文学理论要解决的一个根本问题是,在语言的不同运用中,文学带给读者怎样独特的体验。"②

回归文学性的文学研究不应该只是重复旧的人文精神、普遍伦理之类的主题探讨,而是要在新世纪的历史条件下,综合运用新的知识、技术和方法之后的理论创新。在这个背景下,作为事件的文学成为一个重要的理论命题。这个概念的提出与20世纪中期以来哲学上的事件理论、语言学上的言语行为理论、文化研究上的操演性理论等有着密切的关系,J. L. 奥斯汀、德里达、巴特勒、齐泽克等人的理论论述启发了相关的讨论。与此同时,J. 希利斯·米勒、阿特里奇、伊格尔顿、芮塔·费尔斯基等文学理论家,借助文

---

* 本文由作者提供,原文发表于《南京师大学报》(社会科学版)2019年第6期。
** 何成洲,南京大学外国语学院教授、南京大学艺术学院院长、教育部长江学者特聘教授、欧洲科学院外籍院士、曾任南京大学高研院副院长。主要研究领域涉及英美文学与文化、欧美戏剧、比较文学、跨文化研究、北欧文学、性别研究、21世纪批评理论等。

① Jean-Michel Rabaté, *The Future of Theory*, Oxford: Blackwell, 2002, p. 145.
② Derek Attridge, *The Singularity of Literature*, London and New York: Routledge, 2004, p. 14.

学作品的文本细读与相关跨学科的理论资源,从不同角度直接或者间接地讨论文学事件的概念,丰富了有关的理论话语建构与批评实践。但是这些理论缺乏系统性,尚有待整合,因而还没有在文学批评界形成广泛的影响。但是深化文学事件的研究趋势已经十分明朗,学术界对它的兴趣和关注不断增加。

从事件的角度看待文学,核心问题是解释文学不同于其他写作的独特性,对于作家创作、文本、阅读等进行系统的重新认识和分析。需要讨论的重点议题包括:作者的创作意图与文本的意向性、文本的生成性和阅读的操演。与作为表征或者再现的文学观念不同,文学事件强调作家创作的过程性、文学语言的建构性、文学的媒介性、阅读的作用力以及文学对于现实的影响。归根到底,以独特性为特点的文学性不是一个文学属性,而是一个事件,它意味着将文学的发生和效果视为文学性的关键特征。"把文学作品看作一个事件,就要对作者的作品和作为文本的作品进行回应,这意味着不是用破坏性的方式带来改变,而是像库切小说中的角色所说的那样,用作品中'流动的优雅'来改变读者,从而推动事件的发生。"[1]在当今数字化时代,文化娱乐化导致了文学的边缘化和危机,而事件的理论通过重新阐释文学的独特性有助于赋予它新的价值和使命。厘清文学事件的理论建构,有必要首先解释事件概念的要义,尤其是哲学上与此相关的重要论点。

一、事件的基本概念

在西方哲学史上,关于事件的讨论有着漫长的历史,内容纷繁复杂、丰富多元。有将事件与现象联系起来讨论的,尤其是海德格尔、胡塞尔和梅洛-庞蒂,进而有学者提出"事件现象学"[2];有从事件的角度讨论时间、空间与存在,并借助数学的公式来加以推导和解释(阿兰·巴迪欧的《存在与事件》);还有区分象征性事件、想象事件、实在事件的理论(拉康的心理分析学说);等等。但是在文学研究界,德勒兹和齐泽克相关事件理论的论述引起比较大的反响,一种是德勒兹的"生成"性事件,另一种是齐泽克的"断裂"性

---

[1] Derek Attridge, *The Work of Literature*, London: Oxford University Press, 2015, p. 1.
[2] 参见弗朗斯瓦思·达斯杜尔《事件现象学》,汪民安主编,《事件哲学》,南京:江苏人民出版社,2017 年,第 105 页。

事件,不过两者不能截然分开,而是彼此联系,相互补充的。

德勒兹在《意义的逻辑》(1990)中讨论了作为生成过程之事件的特点:第一,事件具有不确定性。事件不是单一方向的生成,因为它同时既指向未来,也指向过去,事件的主体在这个过程中也没有明确的目标,其身份有可能处于碎片化的状态。事件一方面以具体的形态出现,同时又逃避它的束缚,构成一个反向的运动和力量。举例来说,"成为女性"不是简单地做一个女人,而是隐含一个矛盾、不确定的过程,因为究竟什么是女人并没有清楚的定义,所谓的女性气质往往是自相矛盾的。成为女性往往表现为具体的行为,但是这些具体的行为并不一定能够充分构成女性的气质。在成为女性的过程中,真正起关键作用的往往是一些特别的、有分量的、意想不到的决定和行为,其中的事件性有偶然性,同时也具有一定的必然性。这就是为什么说,事件是"溢出"原因的结果。第二,事件具有非物质性。事件是事物之间关系的逻辑属性,不是某件事情或者事实。事件不客观存在,而是内在于事物之中,是"非物质性的效果"(incorporeal effects)。"它们无关身体的质量和属性,而是具有逻辑和辩证的特征。它们不是事物或事实,而是事件。我们不能说它们存在,实际上它们处于始终存在或与生俱来的状态。"[1]事件也不是历史上真实发生过的具体事实,而是体现为它们之间的内在关联性。"事件这个词并不是指真实发生的事件,而是指潜在区域中一种持续的内在生成之流影响了历史的呈现。这种流溢足以真实地创造历史,然而它从没有囿于某种时空具象。"[2]第三,事件具有中立性。事件本身是中立的,但是它允许积极的和消极的力量相互变换。事件不是其中的任何一方,而是它们的共同结果。[3] 比方说,易卜生在中国的接受构成了世界文学的一个事件。世界文学既不是易卜生,也不是中国文学,而是它们相互作用的结果。作为事件的世界文学,不只是研究作家和作品本身,而是这些作家和作品在不同文学传播中影响和接受的过程与结果。世界文学

---

[1] Gilles Deleuze, *The Logic of Sense*, trans. Mark Lester and Charles Stivale, London: The Athlone Press, 1990, pp. 4 - 5.

[2] Ilai Rowner, *The Event: Literature and Theory*, Lincoln and London: University of Nebraska Press, 2015, p. 141.

[3] Gilles Deleuze, *The Logic of Sense*, trans. Mark Lester and Charles Stivale, London: The Athlone Press, 1990, p. 8.

包含翻译、阅读和批评等一系列行动,但是它又总是外在于这些具体的文学活动。① 最后,事件包含创新的力量和意愿。事件是一条"逃逸线"(fleeing line),不是将内外分割,而是从它们中间溢出(flow),处于一种"阈限状态"(liminal state)。什么是理想的事件? 德勒兹说:"它是一种独特性——更确切地说是一系列的独特性或奇点,它们构成一条数学曲线,体现一个实在的事态,或者表征一个具有心理特征和道德品格的人。"②事件位于关键的节点上,形成了具有转折意义的关联。这一点其实很接近齐泽克的事件观念。

在《事件》中,齐泽克提出,事件有着种种不同的分类,包含着林林总总的属性,那么是否存在着一个基本属性? 答案是:"事件总是某种以出人意料的方式发生的新东西,它的出现会破坏任何既有的稳定架构。"③这里隐含着事件是指日常形态被打破,出现有重要意义的"断裂",预示着革新或者剧烈的变化。由此而生发出的概念"事件性"成为认识和解读事件的一个关键,因而它成为事件的普遍特征。

在齐泽克看来,事件性发生的一个典型路径是观察和认识世界的视角和方式产生巨大变化。"在最基础的意义上,并非任何在这个世界发生的事都能算是事件,相反,事件涉及的是我们借以看待并介入世界的架构的变化。"④他举了一部片名叫作《不受保护的无辜者》的电影来解释,该片的导演是杜尚·马卡维,影片中有一个"戏中戏"的结构,讲述了一位空中杂技演员阿莱斯克西奇在拍摄一部同名的电影,在后者电影中,无辜者是一个女孩,受到继母欺凌,被强迫嫁人。可是故事的最后让人看到阿莱斯克西奇从事杂技表演的辛苦和无奈,观众猛然意识到原来阿莱斯克西奇才是真正的不受保护的无辜者。齐泽克评论说,"这种视角的转换便造就了影片的事件性时刻"⑤。

另一个事件发生的路径是世界自身状态发生了巨大变化,不过这种变

---

① 参见 Chengzhou He, "World Literature as Event: Ibsen and Modern Chinese Fiction," *Comparative Literature Studies*, Vol. 54, No. 1(2017), pp. 141 - 160.
② Gilles Deleuze, *The Logic of Sense*, trans. Mark Lester and Charles Stivale, London: The Athlone Press, 1990, p. 52.
③ 齐泽克,《事件》,王师译,上海:上海文艺出版社,2016 年,第 6 页。
④ 同上书,第 13 页。
⑤ 同上书,第 16 页。

化往往是通过回溯的方式建构出来的。他以基督教的"堕落"为例,解释说"终极的事件正是堕落本身,也即失去那个从未存在过的原初和谐和统一状态的过程,可以说,这是一场回溯的幻想"①。当亚当在伊甸园堕落了,原先的和谐和平衡被打破,旧的世界秩序被新的世界秩序所取代。堕落还为救赎准备了条件,成为新生活的起点。借用拉康的话语体系,齐泽克解释说,事件是指逃离象征域,进入了真实状态,并全部地"堕入"其中。②

齐泽克还强调了叙事对于事件的重要性,这一点与奥斯汀的言语行为理论颇为接近。"主体性发生真正转变的时刻,不是行动的时刻,而是作出陈述的那一刻。换言之,真正的新事物是在叙事中浮现的,叙事意味着对那已发生之事的一种全然可复现的重述,正是这种叙事打开了以全新方式作出行动的(可能性)空间。"③话语是操演性的,它产生了它所期待的结果。换句话,话语产生转变的力量,主体在叙述中发生了质的变化,以全新的方式行动。再举一个文学的例子。《玩偶之家》中娜拉在决定离家出走之前与丈夫有一段谈话,表明她看待婚姻、家庭和女性身份的观点产生剧烈的变化:她曾经一贯认为女人要为男人和家庭做出自我牺牲,一个理想的女性应该是贤妻良母型的,但是通过丈夫海尔茂的自私自利的行为她认识到,女人不仅仅要当好母亲和妻子,更重要的是要首先成为一个人。她讲了一句振聋发聩的话:"我相信,我首先是一个人——与你一样的一个人,——或者至少我要学着去做一个人。"④《玩偶之家》中,娜拉的讨论是真正转变的时刻,剧末她的离家出走是这一转变的结果。

齐泽克对于事件的解释还有一个不同寻常之处,就是不仅谈到事件的建构,而且还在《事件》的最后讨论了"事件的撤销"。他提出,任何事件都有可能遭遇被回溯性地撤销,或者是"去事件化"(dis-eventalization)。⑤ 去事件化如何成为可能? 齐泽克的一个解释是,事件的变革力量带来巨大的变化,这些渐渐地被广为接受,成为新的规范和原则。这个时候,原先事件的创新性就逐渐变得平常,事件性慢慢消除了,这一个过程可以被看作是"去

---

① 齐泽克,《事件》,王师译,上海:上海文艺出版社,2016 年,第 57 页。
② 同上书,第 65 页。
③ 同上书,第 177 页。
④ 易卜生,《玩偶之家》,夏理扬、夏志权译,北京:民主与建设出版社,2018 年,第 121 页。
⑤ 齐泽克,《事件》,王师译,上海:上海文艺出版社,2016 年,第 192 页。

事件化"。但是笔者以为还可能存在另一种去事件化,就是一度产生巨大变化的事件后来被证明是错误的,在历史进程中被纠正和批评,比如中国上世纪的"文化大革命"。这样一种去事件化在很大程度上是消除事件的负面影响,正本清源,同时也是吸取教训,再接再厉。①

德勒兹的事件生成性和齐泽克的事件断裂性理论为思考文学的事件性提供了新的参照、路径和方法。在这个新的理论地图中,作者、作品、读者、时代背景等传统的文学组成要素得到重新界定和阐释,同时一些新的内容,如言语行为、媒介、技术、物质性等受到了关注。尽管文学事件的理论化是综合性的系统工程,但是离不开以上这些文学层面的具体批评,因而有必要加以重点的讨论。

二、作者的意图与文本的意向性

对于作者意图的重要性,伊格尔顿说,"作家在写作中的所为除了受其个人意图制约以外,同样若非更多——受文类规则或历史语境的制约"②。作为当代有着重要影响的文学批评流派,文本发生学(Genetic Criticism)关注作家创作与作品形成的过程,研究作品手稿以及不同版本之间的差别,破解作者的写作意图。这种文学考古式的研究方法影响了一大批文学数据库项目,它们将作家的手稿、不同时期修订出版的作品收集起来,利用电子检索的功能,方便有兴趣的读者和研究者追溯作者在创作过程中的心路历程、做出的选择,探讨其背后的原因。"例如普鲁斯特、庞德、乔伊斯等这些作家的现代作品太复杂了,迫使读者们都变成了文本生成学家:任何一个现代派的研究者都无法忽视高布勒 1984 年出版校勘版《尤利西斯》而引发的诸多争议。"③

此外,作家的访谈、自传等也能提供大量一手资料,有助于理解创作过程中的曲折变化。"历史和自传研究都可以启发和丰富我们对书写过程的认识,因为写作发生在特定的时间和地点。这意味着创作的即时性,它是文

---

① Chengzhou He, "animal narrative and the dis-eventalization of politics: an ecological-cultural approach to Mo Yan's *life and death are wearing me out*," *Comparative Literature Studies*, Vol. 55, No. 4(2018), pp. 837 - 850.
② Terry Eagleton, *The Event of Literature*, New Haven and London: Yale University Press, 2012. 译文参考了特里·伊格尔顿,《文学事件》,阴志科译,郑州:河南大学出版社,2015年,第169页。
③ Jean-Michel Rabaté, *The Future of Theory*, Oxford: Blackwell, 2002, p. 142.

学阐释中通过回溯建构的一个因素,是理解任何文学作品都不可或缺的部分。"①这种文学的实证研究看似可靠,其实也有不少问题。作者在访谈、讲话、传记中说的话是否应该直接作为研究的佐证,这是一个值得讨论的问题。这不仅因为作者在特殊情况下也会说一些言不由衷的话,也在于作者对于自己作品的看法也只是他个人的见解,有时未必就是最恰当的。因而,作者的创作意图是模糊的,难以把握的。很多情况下,所谓的作者意图是读者根据文本和有关文献回溯性建构的,是一个解读,谈不上与作者的写作动机有多少关联。而且,所谓的作者动机也不一定对于作品的呈现和效果产生决定性的影响。因此,有必要区分作者或者讲话者的意图和文本的"意图性",它们之间的区别曾经是德里达与语言学家塞尔论争的一个焦点。② 作者的创作意图往往是依据作者自己的表述,文本的意向性更多的是读者在阅读基础上的想象建构。这两者有时是一致的,而更多的时候是矛盾的。伊格尔顿说,"内置于文类当中的意向性可能会与作者的意图背道而驰"③。

　　对于文学创作历史与过程的追溯揭示了作品背后的无数秘密,作品因而变得具有立体感和可塑性,不再是静止、不变的客观对象。作品是作家创作的,也就是说作品是有来源的,是在具体时空和背景下生产出来的。"作者性有另外一种解读方式,它不是机械地去解码文本,而是展开充分的阅读,这就意味着不要把文本视作静止的词语组合,而是一种写作(written)或是更高的一个层面,一种书写(writing),因为文本捕捉到了写作中绵延不断的活动。"④伟大作品的创作过程经常是漫长的,有时是数十年的时间,充满了坎坷和周折。不用说历史上的经典作品,比如中国的四大名著,就是当代的有些作品,比如《平凡的世界》,它的写作从1975年开始,1988年完成,是作者路遥在他相对短暂一生中用生命写就的。有时文学的创作甚至是不同的人共同完成的,这一点在戏剧剧本创作上尤其明显,通常是剧作家在排练场与导演、演员沟通商量后,甚至是在得到观众的反馈意见之后,逐步完善的。

―――――――――――

① Derek Attridge, *The Work of Literature*, London: Oxford University Press, 2015, p. 104.
② 参见 John R. Searle, *Intentionality: An Essay in Philosophy of Mind*, Cambridge: Cambridge University Press, 1983; Jacques Derrida, *Limited Inc.*, Evanston, IL: Northwestern University Press, 1988.
③ 特里·伊格尔顿,《文学事件》,阴志科译,郑州:河南大学出版社,2015年,第169页。
④ Derek Attridge, *The Singularity of Literature*, London and New York: Routledge, 2004, p. 103.

作家的创作研究关键在于他如何既继承又挑战了传统,带来了文学的革新。"另外,把作品视为一种创新就是要强调作品与它所处文化之间的联系:成功的作家创造性地吸收了他们既有文化中的规范、多样的知识[……],并利用它们超越了先前的思想和感觉。"① 研究文本的意向性需要明白作品是为同时代的读者创作的。当时的读者如何期待和反应,显得很重要。读者的期待视野有着历史和文化的特殊维度,同样需要去分析和建构。文学是作家通过作品和读者的互动,因而作家期待中的读者是什么样的也非常重要。而且作家也是自己作品的读者,写作也是一种阅读,而且是反复的阅读,他是用读者的眼光来审视自己的作品。"我想展现的文学写作过程与文学阅读过程在很多方面极为类似;创造性地写作也是不断阅读和再阅读的过程,在与作品的互动中,在将出乎意料和难以想象的事情变成可能之后,感受自己的作品逐渐地被赋予多样化的文学性。"②

作家既是自己作品的创造者,又是它的接受者;既是主体,也是客体;既拥有它,又不得不失去了它。作者是自己作品的第一位读者,文学创作构成的事件对于他本人的影响往往也特别巨大。在这个事件中,作家自身经历了一次"蜕变"。"成为一位作家不等于从他/她的作品中获得象征性的权力;首先最重要的是,书写是事件施与作者的完全蜕变……这种改变基本上会扰乱个人状态;这种巨变必须包含思考和意志,也因此包括亲身体验的命运。"③作家的体验构成他创作作品的底色,但是他不能左右作品的命运。文本一旦诞生了,便具有自己的独立性。它的生产性向着未来开放,充满了不可预见的悬念与神秘。

三、文本的生成性

卡勒在《文学理论入门》(*Literary Theory: A Very Short Introduction*, 1997)中从奥斯汀的言语行为理论出发,谈到文学语言的施行性导致了文学的事件。"总之,施行语把曾经不受重视的一种语言用途——语言活跃的、

---

① Derek Attridge, *The Work of Literature*, London: Oxford University Press, 2015, p. 57.
② Derek Attridge, *The Work of Literature*, London: Oxford University Press, 2015, pp. 36 - 37.
③ Ilai Rowner, *The Event: Literature and Theory*, Lincoln and London: University of Nebraska Press, 2015, p. 145.

可以创造世界的用途,这一点与文学语言非常相似——引上了中心舞台。施行语还帮助我们把文学理解为行为或事件。"①这里对事件性的解释强调了文学改变现实的力量。在卡勒看来,文学事件的生成性可以有两个方面的理解:首先,文学作品诞生了,文学的世界变成我们经验的一部分。"我们可以说文学作品完成一个独特的具体行为,它所创造的现实就是作品。作品中的语句完成了特定的行为。"②其次,文学的创新,改变了原来的文学规范,并引导读者参与对于世界的重新想象。"一部作品之所以成功,成为一个事件,是通过大量的重复,重复已有的规则,而且还有可能加以改变。如果一部小说问世了,它的产生是因为它以其独一无二的方式激发了一种情感,是这种情感赋予形式以生命,在阅读和回忆的行为中,它重复小说程式的曲折变化,并且也许会给这些读者继续得以面对世界的规则和形式带来某种变化。"③卡勒对于文学事件的解读,标志着文学理论的事件转向。

本世纪初以来,J.希利斯·米勒写了不少关于文以行事的著作。④ 在米勒看来,行为与事件有着极大的相似性,都强调文学的生成性和行动力。在《社区的解体:奥斯维辛前后的小说》(*The Conflagration of Community: Fiction Before and After Auschwitz*,2011)一书中,米勒认为文学是一种可以见证历史的行为或事件。比如二战期间的犹太大屠杀。文学如何能见证巨大创伤性的事件?阿多诺(Theodor Adorno)说过一句有名的话,"奥斯维辛之后,写一首诗都是野蛮的"⑤。这句话引起不同的反响,一种可能的解释是,奥斯维辛屠杀犹太人的凶残彻底暴露了人性的致命弱点,让人们很难再像从前那样用诗歌或者文学来赞美人和自然。另一种解释是,文学作为

---

① Jonathan Culler, *Literary Theory: A Short Introduction*, London: Oxford University Press, 1997, p. 96. 译文参考了乔纳森·卡勒,《文学理论入门》,李平译,南京:译林出版社,2008 年,第 101—102 页。以下同,不再标注。
② Jonathan Culler, *Literary Theory: A Short Introduction*, London: Oxford University Press, 1997, pp. 105-106.
③ Jonathan Culler, *Literary Theory: A Short Introduction*, London: Oxford University Press, 1997, p. 106.
④ See J. Hillis Miller, *Speech Acts in Literature* (Stanford: Stanford University Press, 2001); id., *Literature as Conduct: Speech Acts in Henry James* (New York: Fordham University Press, 2005); id., *The Conflagration of Community: Fiction Before and After Auschwitz* (Chicago: University of Chicago Press, 2011).
⑤ 转引自 J. Hillis Miller, *The Conflagration of Community: Fiction Before and After Auschwitz* (Chicago: University of Chicago Press, 2011), p. 9.

审美活动不能有效地阻止暴力,实施大屠杀的德国人恰恰是欧洲文明的一个重要推动力量。这些解释联系到二战以后独特的社会和文化语境似乎有合理的地方,当时人们因为经历战争的残酷而对于宗教和审美活动丧失了信心。米勒认为,我们不应该因为暴力而放弃写诗或者文学,恰恰相反只有通过文学才能更好地铭记历史和面向未来。文学能够以言行事,具有施行性力量,它能够见证历史性事件,包括奥斯维辛的大屠杀。在有关纳粹集体屠杀的一些文学里,文字带领读者去体验受害者的恐惧、绝望和麻木,文学比任何细致入微的历史叙述都更为震撼人心。关于文学的见证力量,阿特里奇也有过论述:"近期的批评经常注重文学作品见证历史创伤的力量。在这里,文学作品即刻展现出多种功能:作为证据,文学有很强的见证力,同时,作为文学作品,它们上演这种见证行为,这样一种说法并不矛盾(这种上演产生了一种强大的令人愉悦的力量,它使文学作品具有比史学著作更具见证的力量)。"①这里说的"上演"(staging),是指文学作品的语言能够在阅读的时候在读者的大脑想象中操演发生的故事,读者产生如同亲临其境的感受,这是文学叙事的魅力所在,也是文学区别于其他写作的一个主要特点。不仅如此,米勒作为文学批评家还进一步阐释学者的作用和贡献。在"大屠杀小说"这一章的结尾,他写道:"然而,我的章节也具有操演性见证的维度。它记录了我在阅读和重读小说的过程中发生在我身上的事情。分析评论式的阅读,如果有效,可以帮助其他读者开启一部文学作品。由此,它也可能有助于产生新的读者群,这些读者们,就算不了解,至少不会忘记奥斯维辛。"②文学的批评与文本的生产性密切相关,文本的意义和价值有赖于批评家的阐释活动,批评家也是文学事件的另一个主体。

伊格尔顿在《文学事件》中认为,文学的话语是建构性的,生产了叙述的对象。"和其他施行话语一样,小说也是一种与其言说行为本身无法分割的事件……小说制造了它所指涉的对象本身。"③在我们日常的经验世界,文学的人物经常被赋予现实的意义,而现实的人物不乏很多虚构的色彩,且不

---

① Derek Attridge, *The Singularity of Literature*, London and New York: Routledge, 2004, p. 97.
② J. Hillis Miller, *The Conflagration of Community: Fiction Before and After Auschwitz*, Chicago: University of Chicago Press, 2011, p. 264.
③ Terry Eagleton, *The Event of Literature*, New Haven and London: Yale University Press, 2012, p. 137. 参考了阴志科译,《文学事件》第137页。

论那些我们没有见过面的人,就是我们见过的人又有多少了解呢?另一方面,小说的语言生成了小说自身,构成我们生活世界的一部分。文学语言在遵守规范和引用规范的同时,也修改规范。文学受到规范的束缚,通过重复规范,进行自我生产。"称虚构作品为自我形塑,并不表示它不受任何约束[……]然而,艺术将这些约束条件内化,把它们吸收为自己的血肉,转化成自我生产的原料,进而制约自身。因为这种自我生产有自己的一套逻辑,所以它也无法摆脱某种必然性。"① 学习文学,需要认识到文学不仅是意义的生产,也产生一种力量。这种文学的力量也可以表现为对于现实的影响。"同样,小说也仅仅通过言语行为实现它的目的。小说中何为真实仅仅根据话语行为本身来判断。不过,它也会对现实产生某种可察觉的影响。"②

文学文本有时具有跨媒介性。一方面是内部的跨媒介性,也就是说,文学当中包含多种媒介,比如:图像、戏剧、电影的元素。另一方面是文学外部的跨媒介性,这个通常容易被关注。这里,一种可能的形式是文学的朗读。读者与表演者面对面交流,同处于一个空间中,就像剧场的演出。"诚然,通过阅读方式呈现一首诗、一部小说或剧本与聆听这一作品、观看这种作品的舞台表演之间存在巨大的差别[……]。如果我要对呈现在我面前的表演作品进行创造性的回应,并要公正地对待它的独特性、他者性和创新性,我仍然热衷于表演它,也就是说,我沉浸在这种表演事件中,同时也在一定程度上成为这种表演事件的主体。"③ 阅读文学、聆听和观看以文学为基础的演出都是一样的文学事件。文学的表演同其他表演一样打破了表演者和观众的二元分,他们之间互动,彼此得到改变。在《行为表演美学——关于演出的理论》中,李希特(Erika Fischer-Lichte)谈到自生系统和反馈圈(Autopoiesis and Feedback Loop),指出艺术家与观众之间存在着某种互动关系。"艺术家们创造了情景,并将自己与他人都置于这种无法控制的情景之中,因此也使得观众意识到他们在这个事件中担负的共同责任。"④ 另一

---

① Terry Eagleton, *The Event of Literature*, New Haven and London: Yale University Press, 2012, pp. 142 - 143. 参考了阴志科译,《文学事件》第 162 页。
② Terry Eagleton, *The Event of Literature*, New Haven and London: Yale University Press, 2012, p. 132. 参考了阴志科译,《文学事件》第 150—151 页。
③ Derek Attridge, *The Singularity of Literature*, London and New York: Routledge, 2004, p. 98.
④ Erika Fischer-Lichte, *The Transformative Power of Performance*, London and New York: Routledge, 2008, p. 163.

种比较常见的形式是以文学为基础的戏剧、电影改编等。在这些改编作品中,文学仅仅是其中的一个组成部分,其他艺术工作者也参与作品的生产。"当我呈现这种表演时,我不仅仅要回应导演、演员和设计师等艺术家们的潜能,他们的介入推动了表演的发生。"①从文学文本出发的这些跨媒介演出并非文本本身,它们与文本构成互动、互补的关系,深入挖掘文本的潜力,极大地丰富了文本的生产性。

作家的文本不是独立存在的,通常只是作家创作的众多作品中的一分子。作为事件的文学独特性不仅仅是针对单个作品,有时是一系列作品,甚至一个作家的所有作品。"独特性也存在于一组作品或作家全部作品中:我们已经讨论过这种经历,当一个作家的创新特色变得为大众所熟知的时候,他具有辨识度的声音会立即被认出。在这个方面(我们之后再讲其他方面),独特性具有与签名类似的功能。"②对于作家,抑或一个作家群、一个文学团体、一个文学流派或者运动来说,文学风格的形成是通过作品长期累积的效果形成的,它是读者集体的阅读体验,是在长时间的阅读和阐释过程中形成的总体认识。

四、阅读的操演

阅读是一种文学体验,文学的独特性是在阅读的过程中不断被认识和揭示的。阅读是读者与作者的相遇,充满偶然性,具有不确定性,同时也富有活力,能激发读者的各种反应,包括智力的、情感的、行动的。文学事件的潜在力量只有在读者的体验中才能实现。"创新需要对现存规范进行重塑,因此,不是每个语言学上的革新都是文学创新;事实上,大多数的创新都非如此。只有当读者经历这种重塑并将之视为一种事件(这里的读者首先是阅读自己作品或边创作边阅读的作者)——它能够对意义和感觉开启新的可能性(这里的事件是一个动词),或者更确切地说,唯其如此,才称得上是文学事件。"③在这个意义上,文学性不是一种静止的属性,而是一种阅读的操演,是通过读者与作者/作品的互动建构的。

---

① Derek Attridge, *The Singularity of Literature*, London and New York: Routledge, 2004, p. 98.
② Ibid., p. 64.
③ Ibid., pp. 58 – 59.

阅读是个体性的活动,人们常说,"一千个读者就有一千个哈姆雷特"。不仅如此,同一个读者的每一次阅读都是不一样的。"关于这首诗中的独特性还有很多要说的,但是我想表达的是这个独特性的事件性。因为它作为一个事件出现,其独特性不是固定的;如果我明天读这首诗,我将会体验到诗中不同的独特性。"①读者的每一次阅读都是独特的,是一次事件性遭遇,揭示了文学的特殊性。

在阅读的过程中,读者通过想象在脑海里"上演"一个既熟悉又陌生的文学世界,即带给读者丰富的知识,又产生巨大的愉悦,有时读者陶醉在这个文学世界之中忘却了周围的一切,甚至自己。"因此,这种形式上系列组合的功能是'上演'意义和感觉:这种上演在我们所说的操演性阅读中实现。文学作品提供多种类型的愉悦,但其中一个可以称得上独特的文学愉悦的方面就来自这种上演,或者说这种强烈但有距离的表演,它呈现出我们生命中最为隐秘、感受最为强烈的部分。"②更进一步说,阅读文学不只是找寻意义,而是关注它的效果。"小说也塑造了这种相关性。它们开启了一个过程(就如约翰·杜威和其他人注意到的,一件艺术品不是一个客体而是一种体验);而且它们的影响远非信息的传输这么简单。用汉斯-格奥尔格·伽达默尔的话说,一件艺术品不是一个需要凝神观看以期读懂预设的概念意义的东西,相反,它是一个'事件'。"③作为事件的阅读意味着读者经历一次非同寻常的改变,进入一个阈限状态,是对自我的一次超越。"文学事件理论寻找一种中间位置作为它的第一原则。这种处于文本与物质之间的不稳定的位置开启了诠释过程。"④

阅读产生的效果是复杂多样的,难以预测。"我相信,如果读者在阅读作品之后有所改变,这是由于作品展示给读者的他者性;但是我需要再一次强调,我所谈论的这种变化能够从人们生活中的整个道德基础的重估延伸到一个对句子力量的重新鉴赏。"⑤芮塔·菲尔斯基在《文学的用途》中谈到

---

① Derek Attridge, *The Singularity of Literature*, London and New York: Routledge, 2004, p.70.
② Ibid., p.109.
③ Joshua Landy, *How to Do Things with Fiction*, London: Oxford University Press, 2012.
④ Ilai Rowner, *The Event: Literature and Theory*, Lincoln and London: University of Nebraska Press, 2015, p.169.
⑤ Derek Attridge, *The Work of Literature*, London: Oxford University Press, 2015, pp.56-57.

了文学的作用：辨识（Recognition）、着迷（Enchantment）、知识（Knowledge）和震撼（Shock）。①《如何用小说行事》更是谈到文学对于读者的形塑作用。"这就是我写这本书的目的，一种与众不同的文学观念，它不是关于示范性的或者情感的，也不讨论对于认识的启迪。我认为，我们可以把一系列文本称为'拓展小说'，这些文本的功能是调节我们的心智能力……它们自我呈现为精神修炼（神圣的或者是世俗的）、延展空间和积极的参与，这些都可以磨炼我们的能力，因此，最终可以帮助我们实现自我。"②

文学是审美的，也是施行性的；是精神上的，也是物质的；是个体的，也是集体的；是言语叙事的，也是行为动作的。此外，它既是自娱自乐的，也是一种伦理实践。"当我们阅读一部有创新性的作品时，会发现我们负有某些责任：尊重他者性，回应它的独特性，与此同时避免削弱作品的异质性。"③有效的阅读需要读者既能浸入文本世界，又能跳出来，摆脱文字的魔力，反思一下自己的阅读。"然而，它（文学的伦理需求）是作品具有文学性的前提：作品上演的基本过程就是语言影响我们和世界的过程。文学作品需要一种阅读，一种能够公正地对待这些复杂精细的过程，一种表演意义上或者可以放置于行动或戏剧中的阅读，它能够积极参与与抽离，并能够以一种好客的胸怀拥抱他者。"④作为事件的文学意味着，阅读是一种责任，一种积极开放、不断进取的姿态和行动。

结语

文学事件的理论带来认识文学的新视角、新立场、新方法。文学或者文学性既指具体的对象、机构、实践，也可以化为语言的生成过程、作用和效果。它一方面受到具体的时间、空间、文化传统和社会历史语境的限制，同时又超越它们，修正现存的规范，甚至产生断裂性巨变。文学事件是一个动态、不稳定的系统，其所涵盖的要素包括作者的生平、写作动机、创作过程、文本、阅读、接受，甚至包括文学组织、出版、翻译等等，同时它也不限于此。

---

① Rita Felski, *Uses of Literature*, Malden, MA: Blackwell, 2008, p. 113.
② Joshua Landy, *How to Do Things with Fiction*, London: Oxford University Press, 2012, p. 10.
③ Derek Attridge, *The Singularity of Literature*, London and New York: Routledge, 2004, p 130.
④ Ibid., p. 130.

"我们可能要对某些文学因素不以为意,比如作者创作的意图、其自传中的事实、读者的信仰,或刊印文本纸张的质量等。但事实上这些因素的任何一种,还有更多其他因素,可能都可用于一种可以公正对待作品的他者性和独特性的阅读之中。"① 文学事件系统中的这些要素之间彼此联系和相互作用,共同驱动这个文学事件的发生和发展。

在理论层面,奥斯汀的语言学理论、德里达的引用性理论、巴特勒的操演性理论,还有齐泽克、德勒兹等人的事件哲学都可以成为文学事件的思想资源。欧美文学理论界的一批重要学者,如乔纳森·卡勒、J. 希利斯·米勒、伊格尔顿、阿特里奇等已经为文学事件的理论奠定了基础。目前比较缺乏的是从文学的批评实践出发,结合具体的作家、作品、文学现象等方面的研究成果,检验文学事件的理论对于文学批评的启发意义和价值,同时也能够在这个基础上丰富和发展文学事件的理论。本世纪初以来,文学事件的崛起自身已经成为文学批评的一个事件,在这个过程中文学的范畴、文学呈现的方式以及读者的认识论经历了重大的转变。与以往的文学工具性、文学的反映论、文学的审美批评有所不同,文学事件更加注重文学的生成性、能动性、互动、行动力、效果和作用。文学事件与近期人文研究的操演性和事件转向有关,在这一学术大趋势影响下,文学批评的范式发生了移转。文学创作和文学研究在未来会发生何种变化,值得期待。

---

① Derek Attridge, *The Singularity of Literature*, London and New York: Routledge, 2004, p. 81.

论杰基·凯诗歌的苏格兰性*

何 宁**

作为在苏格兰白人社区成长的黑人女性,苏格兰现任民族诗人(the Scots Makar)杰基·凯(Jackie Kay)对自我身份的探寻成为其文学创作的源头。她在首部诗集《收养文书》(*The Adoption Papers*)中,就以同名长诗来探究自己的身世,诗歌中的创伤和遗憾既是主题,也是诗人因为肤色而倍感困扰的真实经历的抒写。在之后的诗歌创作中,对自我苏格兰身份的思考始终是诗人最关注的主题。评论界对凯的身份问题也一直颇为关注。评论家柯兰菲尔德(Peter Clanfield)指出,凯的创作关注身份的形成过程,从而反驳了关于种族和种族属性的简单化定义。评论家波普(Valerie L. Popp)则认为,凯的诗歌创作所诉求的并非护照、身份证这样的机构性证明,而是一种跨越传统民族和国家界限的个人身份,在诗歌中表达的是一种"群体的声音"。从凯的诗歌创作来看,她的确在诗歌中表达出了"群体的声音",但其中的群体并不固定,而是随着凯对苏格兰性探索和理解的不断加深而变化的。

在凯对苏格兰性的探索中,她的诗歌创作首先表现出的是在大不列颠中苏格兰民族群体的声音。在凯的诗歌中,苏格兰与大不列颠、英格兰之间的差异和分歧不仅始终存在,而且似乎难以得到弥合。凯曾在采访中提到,对她影响最大的是苏格兰诗人彭斯(Robert Burns),彭斯让她意识到如何将苏格兰的语言化为己用。因此,凯在表达苏格兰民族群体声音的时候,首先

---

* 本文由作者提供,原文发表于《外国文学》2019 年第 1 期。编辑时有所删减。
** 何宁,南京大学外国语学院教授、博士生导师,南京大学外国语学院院长,教育部青年长江学者,主要研究领域为英美文学、英国诗歌等。曾于 2007、2020 年进入高研院担任第三期、第十六期短期驻院学者。

选择的就是对语言的考察。在《故乡话》("Old Tongue")一诗中,凯生动地展现出苏格兰和英格兰之间不可消解的分歧。诗歌以回忆的形式讲述八岁的"我"来到英格兰不久之后失去苏格兰口音的故事,诗中的叙述者虽然是"被迫"(forced)来到南方的,但是随着时间的流逝,"我的元音开始像我的骨头一样拉长/而我终于背弃了苏格兰"。旧的词语在长夜中渐渐消失,而新的词语开始出现在叙述者的口中。凯以童年回忆的叙述视角,通过语言这一关键因素来呈现英格兰和苏格兰之间的争斗与对抗,为处于弱势的苏格兰发声。虽然诗歌的叙述者没有说明为何被迫南下,但这正是所有苏格兰人面临的现实困境。在20世纪北海油田发现之前,不少苏格兰人不得不离乡背井前往英格兰谋生。即使在获得权力下放之后,苏格兰的经济总量依然比不上英格兰。不少当代苏格兰诗人都有着和诗歌中叙述者类似的经历,桂冠诗人达菲(Carol Ann Duffy)就曾在诗歌中描述过相似的经历。在远离故土的地方,乡音是维系民族群体和情感的关键,而凯的诗歌正是对这一维系群体的关键元素加以考察。由于儿童的可塑性,在迁往英格兰之后很快就入乡随俗,语言也为英格兰所同化。诗歌中叙述者的焦虑感带有儿童的天真,但对于成年人而言,这一经历颇为无奈与痛苦。叙述者乡音的消失"让我母亲血液沸腾"。成年的苏格兰人乡音难改,也希望下一代可以承继苏格兰的乡音与传统,但社会环境使得这一期待难以实现。叙述者不断自问,那些失落的词语去了哪里?答案是它们都埋在"外面英格兰的土地里"。不仅苏格兰乡音,与之一脉相承的苏格兰文化传统,显然也难以在英格兰的土地上生根发芽,最终只能被掩埋。

在《故乡话》中,给苏格兰传统带来挑战的是社会经济差异造成的背井离乡,而在诗歌《英格兰表妹来苏格兰》("English Cousin Comes to Scotland")中,与苏格兰传统产生冲突的则是在大不列颠占据主导地位的英格兰传统。诗歌中的苏格兰表姐觉得英格兰表妹什么都不懂,所有的事都要一一解释:"在我说这些的时候,我的英格兰表妹/张着她的大嘴。真蠢。"然而,当她想对表妹说,我要教你这些的时候,却把教(teach)说成了学(learn),一下子就让来自英格兰的表妹抓住了错误,纠正她说:"不是学你,而是教你。"两姐妹的对话表现出苏格兰与英格兰在文化传统上的差异:苏格兰表姐似乎掌握一切,却在最关键的地方犯了错误;而英格兰表妹貌似规行矩步,却能在关键时刻给予致命一击。这正与苏格兰始终未能争取到民族自决的现实相应和,而诗歌以"好像她赢了"来结尾,则体现出苏格兰人传统的乐观精神和面对英格兰文化传统的自信。诗人将苏格兰和英格兰的关系比作表姐妹,生动地呈现出苏格兰与英格兰之间既相互依存,又彼此争斗的复杂关系。

在为苏格兰民族在大不列颠发声的过程中,凯的诗歌创作通过与英格兰文化厘清界线来确立苏格兰文化的群体声音,强调独立于英格兰传统之外的苏格兰性。从1707年与英格兰缔结联盟之后,苏格兰经历过文艺复兴和工业革命的风光时代;但在二战之后,经济的衰落导致了苏格兰民族失落情绪的兴起,寻求民族独立和维护联合王国之间的对立日趋明显,苏格兰民族成为一个失落与破裂的群体。南希(Jean-Luc Nancy)在论述这一类群体时指出,这类群体所强调的是"其自身内在的统一性、亲密性和自治性"。在凯的诗歌中,苏格兰民族以共同的语言和传统来对抗外来的英格兰文化的影响,以保持民族统一的文化观和价值观,从而维护传统的苏格兰性,使得苏格兰民族群体在其文化传统所代表的一致性前提下,保持一种稳定的内部亲密和自治。

然而,这种建立在统一文化传统基础上的群体性身份,在面对凯的种族身份所带来的挑战时,对内在统一性的维护使得为苏格兰民族文化传统发声、反抗主流英格兰文化的诗人陷入了被排斥在苏格兰民族之外的困境。由此,诗人的诗歌创作对苏格兰性的探究更进一层:以诗歌为苏格兰民族中的非白人群体发声。在与英格兰文化的对峙中处于相对弱势地位的苏格兰文化传统,是以本质主义为基础的统一性文化。传统的苏格兰文化是以白人文化本质主义为基础的,对其他的非白人种族文化具有一定的排他性。凯在诗歌中记了因为肤色而被问询来自何方的经历。"白色的脸"对诗人发问:"你是从哪儿来的?"这是对诗人民族文化属性的彻底否定。貌似小心翼翼的提问,核心却直指诗人不同于苏格兰文化传统的肤色。愤怒的诗人以直白的语言予以反击:"如果我们找不到家园/我们知道一件事情:/我们是黑人;/我们对这一点很熟悉"。这种对于诗人苏格兰性的质疑,正是来自苏格兰由白人男性主导的文化传统。自彭斯以来,一直到20世纪苏格兰民族诗人麦克迪儿米德(Hugh MacDiarmid),苏格兰文化始终都是以白人男性为主导的。进入20世纪中期之后,洛克海德(Liz Lochhead)打破了男性诗人的垄断,成为苏格兰文化传统社会中女性主义风潮的代表。20世纪80年代之后,与英国诗歌的整体发展一样,苏格兰女性诗人辈出,包括桂冠诗人达菲、广受瞩目的杰米(Kathleen Jamie)等。这些女性诗人对男性主导的苏格兰文化传统予以一定的挑战,成为苏格兰诗歌的半壁江山;但她们从来没有动摇过作为苏格兰文化基石的种族界限,非白人的苏格兰人依然被摒弃在苏格兰文化传统之外。

在凯为苏格兰的非白人群体发声之前,与英格兰相比,苏格兰文化传统中的种族界限受到的冲击并不显著。20世纪60年代,政治家鲍威尔(Enoch Powell)曾发表"血河"演说,预言15到20年后英国的白人将被黑人统治(Powell)。虽然鲍威尔受到不少批评,但民众的反移民,尤其是反黑人移民的情绪被煽动了起来,使得英格兰的黑人移民与主流社会处于一种长期的冲突之中。在之后的20年中,随着越来越多的黑人移民融入英格兰文化的主流,不少来自加勒比的黑人诗人,如泽弗尼亚(Benjamin Zephaniah)、达圭尔(Fred D'Aguiar)、尼科尔斯(Grace Nichols)等已经被主流的英格兰诗坛所认可。虽然不少英格兰白人也许并不愿意接受,但黑人诗歌已经成为当代英格兰文化的一部分,这是无法否认的事实。然而,比起文化多元化发展迅速的英格兰,苏格兰始终保持着民族文化传统中的本质主义特征。一方面,"血河"演说之后,对抗和冲突主要发生在英格兰,对苏格兰影响甚微;另一方面,由于历史原因,来自英国前殖民地的移民大多生活在英格兰,苏格兰因此面对的种族问题和由此而来的种族冲突并不严重。也正因此,苏格兰社会对于黑人移民的存在采取了凯在诗歌中所描绘的那种视而不见的态度,将非白人的苏格兰人统一归为外国人。这对于像凯这样从小在苏格兰成长、将苏格兰视为自己唯一家园的非白人苏格兰人是难以接受的歧视。正如凯在采访中提到的,当其他苏格兰人问她"你从哪儿来"的时候,"他们的意思就是'回你的家乡去吧',或者就是源自一种被压抑的好奇心理,因为一直以来他们都在试图否认你是苏格兰人"。

对于苏格兰人种族多样化的选择性忽视,不仅仅是凯个人的独特经历,而是整个20世纪苏格兰文化的选择。在20世纪的苏格兰诗歌中,除了凯的诗歌创作之外,其他诗人的作品几乎不曾为非白人的苏格兰人发声,也极少涉及种族这一议题。在1997年权力下放法案之前,苏格兰诗人群体关注的是苏格兰的社会和文化独立;而在1997年之后,主流苏格兰诗人群体认为苏格兰社会作为共同体业已成型,从而转向生态、哲学主题的诗歌创作,更多地关注人类作为命运共同体的未来。与其他诗人不同,凯的诗歌作品通过对社会生活中不同场合里白色与黑色的对比呈现,来突显苏格兰的黑人群体业已成为苏格兰社会文化的一部分,力图"为黑人作为一个群体在这个多元文化的国家里发声"。在《布隆家最小的女孩是黑人》("The Broons' Bairn's Black")这一诗歌作品中,凯以歌谣的形式直击苏格兰文化传统的核心:"苏格兰发心脏病了/苏格兰发心脏病了/苏格兰发心脏病了/布隆家最小的女孩是黑人。"诗歌中的苏格兰之所以发心脏病,是因为《布隆一家》(The Broons)是苏格兰广受欢迎的漫画代表作。这部自20世纪30年代就开始在苏格兰的《星期日邮报》(The Sunday Post)上连载的漫画,至今依然是这份周报的固定栏目。1914年创刊的《星期日邮报》曾经是苏格兰读者最多、影响最大的报纸。根据统计,在鲍威尔发表"血河"演说的20世纪60年代末期,十六岁以上的苏格兰人中超过80%都是《星期日邮报》的读者。虽然在纸媒面临严厉冲击的当下,《星期日邮报》的影响已经远不及过往,但这并不影响《布隆一家》依然是"最受欢迎的苏格兰家庭"。

布隆这一姓氏是布朗(Brown)的苏格兰语变体,布隆一家的生活是得到苏格兰社会整体认可的苏格兰家庭生活典范,是当代苏格兰文化的标志。在这首简短而有力的诗歌中,凯用英语以直白的方式让苏格兰社会面对一直被忽视的种族问题。在布隆一家的传统生活中,非白人的影响几乎从未出现,而凯正是针对这一点尖锐地指出:如果作为苏格兰典范家庭的布隆一家里出现了一个黑人孩子,苏格兰社会究竟应该如何面对?由于长期不思考种族问题,选择性忽视非白人苏格兰人,当代苏格兰社会显然会震惊不已,犹如发了心脏病。诗人对"心脏病"(heart attack)一词的使用,既生动地说明了种族问题可能在苏格兰社会引发的巨大反响,又暗示出在当代苏格兰社会中种族问题已经是核心议题之一,苏格兰社会再也无法选择视而不见。作为一首跳绳歌谣(a skipping rhyme),这首诗的力量在于其传播的广泛和迅速,而苏格兰诗歌的传统正是以歌谣见长。凯以这一苏格兰诗歌中最具传统特色和批评力量的形式,来呈现一个可能引发全苏格兰社会争议的现象,是为苏格兰非白人群体发声的最为有力的方式,也将对当代苏格兰性的探讨提升为具有全球性意义的话题。

作为苏格兰的典范家庭,布隆一家以对想象中的地道的苏格兰生活的描绘而成为塑造当代苏格兰文化的重要元素和标志。在布隆一家的生活中,种族矛盾的缺失代表着苏格兰社会对种族问题的态度。而在对待英格兰文化的态度上,布隆一家已经通过姓氏的苏格兰语变体来抵抗,体现出塑造纯正苏格兰家庭和文化的坚定性。在凯的创作中,姓氏是重要的文化载体,可以彰显文化和种族冲突。在《骄傲》("Pride")一诗中,诗歌的叙述者在车站与一位陌生黑人相遇:"他的脸上有一种神情/我曾在叫麦克拉克伦的人,叫麦克唐奈的人,和叫麦克劳德的人的脸上看过,/这是最令人吃惊的,这是骄傲,/一种确信的能力。"诗人通过三个苏格兰色彩浓厚的姓氏,来展示种族问题的现实性。在诗歌的叙述者眼中,之前并没有在任何黑人的脸上看到过骄傲的神情。苏格兰的黑人没有白人一样的姓氏,因而缺乏对自身的认同和骄傲。诗歌中的叙述者,以对非洲故乡的描述来获得归属感和对自我的认同感。作为一位黑人苏格兰诗人,凯难能可贵的地方在于,她意识到这种经由故乡想象而来的归属感并不真实,如同诗歌的结尾所描述的那样:"当我抬起头来的时候,那个黑人已经不见了。/只有我自己惊诧的脸映在黑黑的火车窗户上。"在诗人看来,虽然对非洲故乡的想象可以为黑人群体带来一种满足和骄傲,从而得到自我认同,但这种认同是转瞬即逝的无源之水。苏格兰的黑人群体必须面对的现实是他们生活在当代苏格兰,无法再适应非洲的生活,所以他们的唯一选择就是融入当代苏格兰社会,成为当代苏格兰民族的一部分。

在《骄傲》这首诗中,诗人不仅对当代苏格兰黑人的身份认同加以剖析,从而为苏格兰的非白人群体发声,而且更深入思考了当代苏格兰非白人群体的内在矛盾,呈现出黑人群体内部的边缘群体的声音。诗歌中的陌生人指出叙述者来自尼日利亚三大种族之一的伊博族(Ibo)。他认为,伊博族虽然没有另外两大民族约鲁巴族(Yoruba)和豪萨(Hausa)那么身形高大,但却"聪明,可靠,踏实,忠诚,真实"。如果让伊博族来治理尼日利亚的话,就不会有那么多的腐败了。当被问到伊博族的缺点时,陌生人回答:"缺点?没有缺点。一个也没有。"诗歌中的陌生人一再突出伊博族的优秀品质,认为伊博族具有超越其他民族、统领国家的能力,甚至认为伊博族没有缺点。这种明显的民族优越感,与苏格兰白人的优越感异曲同工。事实上,在尼日利亚历史上,伊博族的确为民族独立和国家发展做出了巨大的贡献,但尼日利亚后来的乱局,却也是伊博族一手制造的。1966年1月由伊博族发动的政变成为尼日利亚政府的首场军事政变,也由此打开了潘多拉的盒子,不仅伊博族遭到其他民族的屠戮,整个国家陷入内战,尼日利亚也在一场又一场的军事政变中失去发展的机会,直到1999年才结束军事统治。诗人通过对黑人民族之间纷争的呈现,将对苏格兰性的反思进一步延伸到苏格兰非白人群体的内部,从而进一步体现出当代苏格兰性的复杂与多样。

  凯在诗歌创作中对苏格兰性的探究,说明无论是黑人群体还是苏格兰人群体,都具有对于一种不可分裂的封闭式群体身份的渴求,而凯作为苏格兰黑人的身份则将两个群体的这种渴求都予以遏制,成为"对内在性的破坏"。苏格兰黑人的苏格兰性就受到来自黑人群体的质疑,凯本人曾提到过,"黑人听到我的口音就觉得很有趣,说他们从未遇到过我这样的人"。从苏格兰传统的民族群体意义上来看,非白人群体的出现对苏格兰长久以来的白人民族文化传统造成了破坏,使得群体内在的本质性、统一性特征都在一定程度上被消解了。然而,正如斯坦福(Fiona Stafford)指出的,双重性长久以来一直是苏格兰民族性的特征。经过对苏格兰性不同层面的探索,凯接受了自己的双重身份,"我认为自己既是非洲族裔,也是苏格兰人。我的确花了很长时间才得出这个非常简单的结论"。凯在诗歌中为苏格兰非白人群体发声,反思黑人群体内部矛盾,将黑人性融入当代苏格兰性,在消解传统苏格兰性种族界限的基础上,同时维护了苏格兰性与英格兰性、大不列颠性的边界,"质疑了欧洲和英国的形而上学的基础,挑战了将中心与边缘对立起来的世界观的出发点"。这既是对传统苏格兰性的破坏,也是对当代苏格兰性的拓展和再造,从而将传统的民族性延展得更为宽广。

  当今的苏格兰,随着权力下放和经济的发展,已经位居英国所有地区中经济和出口服务的前列,而外来移民在其中发挥了重要的作用。在社会文化层面,凯通过诗歌创作探索和思考苏格兰性,使得黑人意象和文化进入了当代苏格兰的主流话语,为当代黑人文化和苏格兰文化同时拓展了空间,打破了苏格兰民族作为不可分裂的封闭式群体的幻象,让苏格兰主流文化接受非白人群体作为苏格兰民族的一部分,成为当代苏格兰诗歌和民族文化的代言人。在接受苏格兰民族诗人的任命时,凯表示将继承彭斯的诗歌传统,用地道的苏格兰诗歌来促成苏格兰与自身以及世界的对话和交流。凯的诗歌创作,让当代苏格兰社会逐步地开始接受苏格兰非白人群体作为当代苏格兰民族的一部分,在社会和文化层面上丰富了当代苏格兰的民族性,也使得苏格兰的民族性比以往更具有包容性和多样性。从这个意义上来说,凯已经达成了自己的目标,在世界诗坛发出了苏格兰诗歌的声音,是当之无愧的苏格兰民族诗人。

莎士比亚戏剧语言艺术探魅*

从 丛**

  2016年4月23日,英国皇家莎士比亚剧院(RSC)为纪念莎士比亚逝世400周年,在莎士比亚故乡斯特拉福举办了一场隆重的纪念晚会(Shakespeare Live!)。

  这场别具一格、群星璀璨的盛典,从诸多方面展示了英国引以为豪的莎士比亚文化,让观众看到莎士比亚作为英国的"文化符号",如何对世界各地文化和各种艺术门类有着持久不衰的影响,并不断激发新的互融。晚会不仅有顶尖艺术家领衔表演的经典莎剧片段,也有由莎士比亚戏剧和诗歌改编的歌剧、芭蕾、音乐剧和嘻哈等等多维"嫁接"形式;既有英国本土和欧美对莎士比亚的传承,也有日本的麦克白夫人和非洲祖鲁的三女巫。内容丰富多彩,形式亦庄亦谐。

  晚会的高潮之一,是关于怎么去念一句莎士比亚最著名台词的幽默争论。最著名的台词当然来自《哈姆莱特》:"To be, or not to be, that is the question."当今舞台上最耀眼的莎剧资深演员和中青年明星Ian McKellen(伊恩·麦克莱恩)爵士、Judi Dench(朱迪·丹奇)、Benedict Cumberbatch("卷福"本尼迪克特·康伯巴奇)等八名演员和英国王子威尔士亲王查尔斯轮番登台,就这句台词的重读音节展开了有趣的争论,除了第一个to之外,九位嘉宾把其余九个词分别在自己的念白中予以重读,妙趣横生。

  作为语言艺术的戏剧,演员可以根据实际的情境和自己对台词的理解,以自己的方式说出字面上的台词,毕竟"一千个读者,一千个哈姆莱特",因

---

* 本文原刊于2020年4月21日《语言学世界》公众号。
** 从丛,南京大学英语系教授,南京大学-约翰斯·霍普金斯中美文化研究中心主任,南京大学-伯明翰大学-凤凰出版传媒集团莎士比亚(中国)中心联席主任,曾任南京大学高研院副院长。

而一句台词也可有多种念法。然而，这句四百年来引发各种人生感悟和哲学思考的名句，如何处理重音才最具艺术效果？莎士比亚的外化语言特色与其鸿篇巨制的内在底蕴有何关联呢？我们下面与读者朋友一起加以体验。

一、素韵诗的莎式妙用

"To be, or not to be"一句是悲剧巨制《哈姆莱特》中最著名的素韵独白首句。在谈论素韵诗之前，我们先了解一下莎士比亚戏剧语言的基本形式。很多评论家认为，与文艺复兴时期大多数传统剧作家一样，莎士比亚的作品中，尤其成熟时期的作品，主人公几乎都是英雄人物，情节也以大事件、大问题为主。莎士比亚的历史剧涵盖了英国由封建割据向统一的民族国家发展的过程，其罗马剧加上长诗《鲁克丽丝受辱记》则反映了整个罗马共和国兴衰史，其悲剧大多是关于国王、王子、贵族之成与败，因此莎剧人物语言以符合这些人物身份与气质的语言为主，同时又要符合文艺复兴时期戏剧观众的欣赏趣味。

素韵诗（blank verse，又译"无韵体诗""白体诗"），便是莎士比亚为他的戏剧找到的主体语言。特别是在其最高艺术成就的几部大悲剧中，其庄严的诗体不仅体现出悲剧的崇高，更凸显出悲剧英雄的生存困境在观众内心引起的恐惧与怜悯。比如，《裘力斯·凯撒》中韵文占全剧95％，《哈姆莱特》占75％，《奥赛罗》占80％，《李尔王》占75％，《麦克白》占95％，《安东尼与克里奥帕特拉》占95％，《科里奥兰纳斯》占80％。

所谓素韵诗，即由十个轻重相间的音节组成、以行为基本单位的韵文。它没有脚韵，读起来很像日常语言，不完全像诗。然而每行抑扬格五音步（iambic pentameter）又有强烈的诗歌节奏，比散文更精练，因而它所能达到的境界比散文更高，更适合于传达英雄人物的性格。虽然在演出和朗诵时，不一定严格按照五音步的抑扬刻意读出轻读音节和重读音节，但是对重读位置的准确把握，可以更好地帮助我们把握纸面上的文字与其内在底蕴的深层关联。

我们先用"有韵"的莎士比亚十四行诗第128首最后一行，来看看抑扬格五音步的轻重音节，及其对诗意理解和朗读的影响。

这首诗与莎士比亚其他 153 首十四行一样，其尾韵是标准的 abab, cdcd, efef, gg。这首浓烈的爱情诗的最后一行尤为诙谐幽默：

Gǐve thěm thy fǐngěrs, mě thy lǐps tǒ kiss.
　１　　　２　　　３　　　４　　　５

这是规整的抑扬格五音步诗行。朗读本行，须把诗人安排在重读音节上的"them""fingers"的首音、"me""lips"和"kiss"这五个音节/字词略微夸张地重读，尤其是一般语境中不需刻意重读的宾格代词 them 和 me，在这句中应戏谑地特别予以重读。若非如此，全诗蕴含的年轻人热烈的渴望和难耐的挑逗，将顿然失色。

再如前面提到的长诗《鲁克丽丝受辱记》，使用的是气势比较庄严的乔叟七行诗体（Chaucerian Heptastich），亦称特洛伊罗斯体（Troilus Verse），也因詹姆士一世使用过而称皇家体（Rime Royal）。每节七行，韵脚是 ababbcc。比较轻松活泼的叙事诗《维纳斯与阿多尼斯》是六行体（Sesta Rima），后世亦直接称之为维纳斯与阿多尼斯诗体（Venus and Adonis Stanza），韵脚排列是 ababcc。与十四行诗一样，这两首长诗每个诗行也是抑扬格五音步，与莎士比亚戏剧使用的主体语言是一致的，只是戏剧语言中的诗行不做尾韵押韵安排。

不过，素韵诗并不是莎士比亚本人的发明。在莎士比亚开始其创作生涯时，这种诗体已经在英国剧坛流行多时。其早期剧作即到处显示出对这种诗体的生硬使用。比如他在三十岁前创作的《泰特斯·安德洛尼克斯》，全剧韵文占比高达 98%，散文仅有 2%。该剧从始至终基本都是工整的抑扬格五音步，有时还会用 Ah, Ay, O, Why 等语气词凑足音步。比如：（第一幕第一场第 163 行）

Ǒ, bless mě hěre with thy victǒrǐous hand.
　１　　　２　　　３　　　４　　　５

再比如：（第一幕第一场第 343 行）

Ǒ Tītǔs, see! Ǒ, see what thǒu hast done!
　１　　　２　　　３　　　４　　　５

这就如同我们常见的一些初出茅庐充满激情的"新手诗人",胸缺点墨、捉襟见肘之时用"啊"来凑字,此时在剧坛初试身手的莎士比亚则是"音节不足 O 来凑"。我粗略数了一下,不计其他语气词,仅这个"O"作为一个单音节的语气词,就出现在该剧从第一幕到最后一幕的六十多处,而且基本上都是用来当作一个音步中的抑节轻音。

但到其创作中后期,莎士比亚不仅已熟练地掌握了素韵诗体的技巧,而且非常灵活地加以发挥与改进。正如林同济先生所言,莎士比亚的改革主要在于充分发挥阴尾式的作用,突破行的界限,从而获得根据实际感情或语速需要而安排节奏的长短随机的波浪感。莎士比亚在其戏剧创作中,通过增减音步和音节数量,根据剧情需要控制节奏,减少了千篇一律的感觉。正是莎士比亚的改进,使素韵诗体的表现潜力得到充分的发挥,达到了臻于完美的艺境。

二、素韵诗名句的汉译经纬

回到"To be, or not to be, that is the question"这个著名诗行上来。其五个音步分别是:

To be, or not to be, that is the question.
  1   2   3   4   5

重读落在 be、not、be、is 和 question 的首音节。question 的第二个音节是"阴尾",与下一行的第一个词 Whether 的第一个音节构成下一句的第一个音步,这一"出格"的处理恰好说明,此时的莎士比亚已经脱离了初期严守整齐格律的死板,同时此处也彰显出其匠心独运——两句尾首相连制造出的不停顿语速,凸显出哈姆莱特此刻急于探寻 to be, or not to be 的思想张力。

"To be, or not to be"一句的读法当然见仁见智,可以像前面提到的"Shakespeare Live!"晚会上的各位嘉宾那样,按照自己的喜好重读自己希望突出的音节。但是精通英诗格律的莎士比亚,把上述五个词放在重读音节的位置,尤其是一般语境中通常不需要着重加重语气的"not"和"is",其中之深意,学界已有无数讨论。对于中国读者来说,如果谙熟每个词所在音步和音节的重读与轻读,则对深刻理解这句话和整段独白乃至全剧大有助益。

然而,如何把这简单又深刻的十个英文单词和人生终极之问翻译成中文,that is the question——这的确是难题所在!许渊冲老先生在2016年出版的译作《哈梦莱》的"译者序"中,列出并评论了如下十种译法:

1. 生存还是毁灭,这是一个值得考虑的问题。(朱生豪)
2. 是存在还是消亡,问题的所在。(孙大雨)
3. 存在,还是毁灭,就这问题了。(林同济)
4. 死后还是存在,还是不存在——这是问题。(梁实秋)
5. 反抗还是不反抗。(干还是不干)。(陈嘉)
6. 是生,是死,这是问题。(许国璋)
7. 生或死,这就是问题所在。(王佐良)
8. 生存还是不生存:就是这个问题。(曹未风)
9. 活下去还是不活:这是问题。(卞之琳)
10. 活着好,还是死了好,这是个难题啊。(方平)

许渊冲先生对上述十种译法一一作了评论,在比较之后,得出结论认为"都有改进余地",尽管其中五种他认为"不可取"。许先生将自己以前的"死还是不死"的译法也进行了修正,重译如下:

11. 要不要这样过日子?这就难了。(许渊冲。许先生本人此前译文是:"死还是不死,这是个问题。")

许先生对自己的译法作了解释,并说"如果译文能使读者知之,好之,乐之,那就使翻译的艺术向前走了一步,自然走得越远越好"。本着"使读者知之"的愿望,谨在此将我手头能找到的其他几家译法一并呈给读者:

12. 还是活着的好呢,还是不活着的好呢?——这是一个问题。(田汉)
13. 吾将自戕乎,抑不自戕乎,成一问题矣。(邵挺)

14. 活着,还是不活了,问题就在这里。(裘克安)

15. 要活,还是不要活,这才是问题。(彭镜禧。彭先生另一译法:"要生存,或不要生存,这才是问题。")

16. 活下去呢,还是不活,是问题所在。(黄国彬)

17. 死,还是生?这才是问题根本。(辜正坤。译者附注,此处亦可译作"干还是不干,真是个大疑问"或"行,不行/死,还是生?此问愁煞人"。)

18. 活下去,还是不活,那是个问题。(北塔)

19. 生还是死?问题就在这里。(张沛)

20. 是生,还是死,问题就在这里。(陈国华)

21. 生存,还是死亡,问题就在这儿。(黄艳峰)

22. 是活着,还是死去,我的问题就出在这儿。(傅光明。译者在注释中说明,此译法参考了第一四开本的原文:To be, or not to be, I there's the point.)

23. 在还是不在,就是这个问题。(李健鸣)

以上各家译法各具特色,其背后也各有对其内蕴思想的不同理解。方平先生在2000年河北教育出版社出版的《新莎士比亚全集》诗体《哈姆莱特》中,加了这样一个译者注:"原文'to be, or not to be',天然浑成,译文难于传神,几乎无从下笔。如果不受格律约束,译成散文,拟试译为'一息尚存好,还是了却此生好',语意上亦许庶几近之。"裘克安、周兆祥等境内外老中青学者对这句独白的中文翻译的比较研究有诸多专论,在此不做更多赘述。

回顾前面关于抑扬音步音节的标注,我们可以把按照格律需要重读的音节大写,以增强视觉效果:

To BE, or NOT to BE, that IS the QUESTion

在此基础上,再对上面各家译法进行仔细比较和研究,或可得出自己独特的心得。自从1978年家父把人民文学出版社的十一卷本《莎士比亚全集》请到家中,"to be, or not to be"就成了我四十多年来一直在不断"考虑"的问题。我关于"哈姆莱特并非人文主义者"的讨论和再论,以及关于莎士比亚戏剧所蕴含的人文主义精神等相关思考,均离不开对这句话的反复揣摩和以上各家译文的反复研读。这一行素韵诗不过简简单单的十个英文字,中文译文无论如何磅礴或精细,也不会超出三十个字,但我 to be, or not to be 地"考虑"过的译法远远超过三十种。在这数十种选择中,选择这个,还是选择那个,这的的确确是个大问题!

与大多数翻译家和学者一样,我一直坚持认为"to be, or not to be"只可意会,难以在汉语译文中言传,无论怎样翻译,都会在形或神上顾此失彼。如果一定要找出汉语文字写在纸面上的话,我勉强得出如下拙译:

24. 要活着,还是,不活,这正是那个追问。(从丛)

拙译前半句与前面好几家译法近似,后半句亦是吸收前面各家思想和译法基础上综合所得。这一译文的选择也颇受耳熟能详的上海电影译制片厂《王子复仇记》配音的影响:"活着,还是不活,这是个问题。"但"追问"一词尚未在其他论著和译著中见到。拙译"要活着,还是,不活,这正是那个追问",意在突出体现如下几点。

首先,句首小品词 To 除其语法功能外,亦有"向着、朝着、想要、将要"的语义,故而在此有"向死而生"之"要不要往死的方向上走"之意,因而我为这个通常不需要译出的"to"选了"要"字。第二,由于"be"意味着"人存在着的状态和本质",并考虑到舞台演员发声和观众听音的剧场效果,我在"活"后面加了口语化的"着"。第三,把原文"or"与多数译者一样译成"还是",并在其前面加上一个逗号,以此体现此处思考困境的张力,并作为"舞台指示",提醒演员或朗读者,此处需要有所停顿;亦以此在形式上,反映出原文中另一个音步的开始,并有意识地引导观众体会这里"选择困境"的张力。福尔杰(Folger)等版本,在校勘时删掉了第一四开本(Q1,1603)、第二四开本(Q2,1604)和第一对折本(F1,1623)在此处都有的逗号,似不妥。第四,把指示代词 that 明确译出,写作"这",并着重把重读音节的 is 翻译成有强调意味的"正是"。第五,把 the 译为"那个",以此体现莎士比亚并没有写成"a"来指称一个泛泛的普通问题。生与死的问题,哈姆莱特一直萦绕于怀。此时此刻又一次纠结于此,因此是再一次想起心中的"那个"郁结已久之块垒,这也体现这位从大学返回的青年知识分子心中对生死的"那个终极之问"的思考。莎士比亚把中世纪丹麦王子哈姆莱特的求学之地,刻意安排在几个世纪后具有划时代意义的威登堡这个"因信称义"的宗教改革发起之地,或许这正是莎士比亚为哈姆莱特之问所做的匠心独运的铺陈。

最后,考虑 question 的词根 quest 本意是 seek、search,尤其有"长久找寻"和"探求"之意,这也正是古希腊传统的悲剧精神所在,即俄狄浦斯那种导致自我毁灭的对真理的悲剧性探求。因此,我把"question"翻译为"追问"。这也是意欲突出这部大悲剧的哲学维度及悲剧主人公的"思想者"形象。

三、散文在莎剧中的独特功用

以上对莎剧的主体语言素韵诗的管窥,已经多少可以展示莎剧语言的气势磅礴、博大精深。然而,如果认为对素韵诗体的改进是莎士比亚戏剧语言主要的甚至唯一的成就,那就大错特错了。莎士比亚的戏剧"革新"恰恰在于,他在继承和改进传统戏剧模式的同时,又决不囿于任何传统模式的束缚,一切为刻画人物性格和作品效果的需要而去"自由创造",其戏剧语言的使用也不例外。莎剧的语言尽管始终以素韵诗为主体,但其中散文(prose)、押韵偶句(rhymed couplet)、格律诗体(stanza form)、民间歌谣(song)、打油诗(doggerel)等一应俱全。

特别是散文的运用,在中后期莎剧中已形成了与素韵诗体相映生辉的重大成就。莎士比亚的戏剧经常在素体韵文和散文之间转换,下层人物通常使用散文,上层人物说韵文,尽管有不少人物在不同语境中既说散文又说韵文,有时在同一段话中间也可以随时转换。

莎士比亚早期剧作中的散文很少,比如前面提到的《泰特斯·安德洛尼克斯》,散文仅占 2%。但随着其创作进展,散文的比重逐渐增加,到其中期代表作《哈姆莱特》,散文的比重占到了四分之一。一般情况下使用韵文的王子,在全剧最后关于人生的"终极"感慨用的却是散文:"一只麻雀,没有天意,也不会随便掉下来。注定在今天,就不会是明天;不是明天,就是今天;今天不来,明天总会来:有准备就是一切。"(卞之琳译)这种语言表达上的"错位"给读者或观众以强烈的冲击感,更有利于体现戏剧人物此时极为特殊的心境。这段在格调上超越韵文的散文,又与哈姆莱特散见于全剧中在格调上低于韵文的散文(如疯狂的胡言乱语,有时近乎玩世不恭,有时插科打诨等)形成鲜明对照,成为戏剧文学史上以独特的语言风格勾勒人物性格的经典片断。

莎剧散文应用另一个经典案例是《裘力斯·凯撒》。剧中的布鲁图斯,其先祖是赶走塔昆、推翻王政的功勋,是罗马共和国第一任执政官。布鲁图斯出身高贵,且品性高洁高傲,他这样的身份在剧中通常用韵文说话。但在为避免独裁暴政而刺死凯撒之后,他却以散文文体向平民发表演讲,这种试图把自己摆到平民的位置的做法,彰显其平易近人的高贵,却也恰恰反映出他性格中的悲剧缺陷,这是一场完全输给用气势磅礴、声情并茂的高贵韵文演讲的安东尼的"行动"——一个自我主动选择的致命的行动。自此布鲁图斯个人及其维护共和的大业以猝不及防之势走向失败。正是莎士比亚这一颇具匠心的安排,使这位被但丁放在地狱最底层最后一环的"谋杀恩主的恶人",成为无愧立于世界文学之林的"引起怜悯与恐惧,使情感得到净化和升华"的悲剧英雄。

四、修辞术的多维棱镜

正如曾精研莎士比亚语言的王佐良先生所说:"莎士比亚戏剧语言艺术的成就是莎士比亚艺术的深化。这深化包括了现实化,即使戏剧语言更向口语靠拢,也包括了复杂化。原来是一个平面上进行的现在是几个平面了;原来是一个调子的,现在是繁复的交响乐式的复调了。"根据马文·斯皮瓦克的《莎士比亚用字索引》(*Marvin Spevack's Concordances*),《莎士比亚全集》共由 884 647 个单词组成。莎士比亚使用过的单词约三万个,他使用了很多技巧,使其中的很多词又生出多重含义。

钱锺书先生在《管锥编》中说:"夫'正言若反',乃老子立言之方,五千言中触处弥望,即修词所谓'翻案语'(paradox)与'冤亲词'(oxymoron),固神秘家言之句势语式耳。"借用王佐良先生和钱锺书先生的说法,可以说,莎翁立言之方,乃交响乐式的复调句式语式,莎剧触处弥望,即冤亲式表达、双关式表达(quibble/pun)、悖论式表达(paradox or reversal)、含糊式表达(equivocation)等精彩纷呈的词语和句式。

莎士比亚时期的英国,戏剧是上至皇家、下至市井平民最主要的消遣娱乐方式。莎士比亚创作的灵感，除了来自其目所能及的神话、历史和宗教书籍以及同时代诗人剧作家的作品，还有很多来自民间流传的故事和段子。这一点在 BBC 新近拍摄的情景喜剧《新贵》(Upstart Crow, BBC TV sitcom)中有生动活泼、惟妙惟肖、鞭辟入里的戏仿。

莎士比亚创作最紧要的就是要迎合当时的观众，确保票房收入。要紧紧抓住三教九流前来剧场看戏，舞台上就必须要有他们喜闻乐见的"料"。其中双关语即是吸引观众的一大手段。莎剧大约使用了 3000 个双关语，其中包含很多百无禁忌的情色关联语(bawdy quibble)。

《裘力斯·凯撒》在很多年间都是美国中学指定学习的第一部莎剧，其中的一个原因是为了配合拉丁语学习，因为凯撒的《高卢战记》是极好的拉丁语教材；另一个更重要的原因是，《凯撒》是莎剧中极少的几部不"涉黄"的剧本。然而，就是这样一部"干净"的剧本，一开场的第一幕第一场就有不少黄色关联语。在这一场中，市民之一的鞋匠一共没有多少台词，但是著名莎学家乔纳森·贝特(Jonathan Bate)为皇莎版(RSC)《裘力斯·凯撒》所做的注释，专门标出的色情双关语就有十多个，平均一行一个。比如，awl(锥子/男性生殖器)、shoe(鞋子/女性生殖器)、meddle(干涉/性交)、handiwork(手艺/手淫)等等。皇家莎士比亚剧院立世之本的主业即是演出，其主持编订的《莎士比亚全集》自然是以演出为要，其注释则是从演出效果出发，引导演员把"戏码"演足。

更注重学术性的版本，比如阿登版(Arden)、牛津版(Oxford)、诺顿版(Norton)等，则只有一二处在注释中指出这种联想。而面对大众阅读和学生研读的版本，如企鹅版(Penguin)和多佛版(Dover)则对此种双语只字未提。值得一提的是美国福尔杰莎士比亚图书馆的版本，该馆既拥有世界上最大规模的莎士比亚相关书籍、手稿、艺术品和文物收藏，也有时常演戏的剧院，但是福尔杰版本《裘力斯·凯撒》却是一本极其"干净"的书，是一本完全没有任何情色指向的剧本。也许这正是该图书馆的诉求与追求。很可能，美国中学指定的，正是这样的读本。

英语史和英国文化史上有着划时代意义的《约翰逊字典》(*A Dictionary of the English Language*)的作者、18 世纪的博学大家塞缪尔·约翰逊就莎士比亚对双关语的偏好进行了十分尖刻的批评。他说莎士比亚甘冒任何风险去搜寻那些粗俗、贫乏、无聊的双关语,"这定会使他走上歧途,定会使他深陷泥潭"(sure to lead him out of his way, and sure to engulf him in the mire)。绝大多数莎学学者和莎剧爱好者一定会反对约翰逊这个居高临下的武断判断,然而,莎士比亚的汉译者们却肯定感同身受——在搜寻合适的双关语译法的险途上,历尽千辛万苦,仍然感到自己身处歧途和泥潭,叹奈何!

最为广大读者熟知的双关语大概是哈姆莱特出场后的第一句话:"A little more than kin, and less than kind",这里的 kind 是个典型双关语,既有与 kin 意思相近的同族亲戚之意,又有同类和亲切、仁慈之意。除了大家最熟悉的朱生豪先生译文:"超乎寻常的亲族,漠不相干的路人"之外,也像 to be 一句一样已有二三十种汉译,每种译法各有特色,其中最令人拍案叫绝的是彭镜禧先生的神来之笔,"亲有余,而情不足"。这一译法,不但充分体现出来"亲族"与"亲情"的神似,也做到了合辙的形似——kind 比 kin 多一个尾字母;qing 也比 qin 多一个尾字母。

现如今,莎士比亚研究者们也竞相效法莎翁此道,绞尽脑汁给译者出难题,比如近些年来几部莎学名著书名中的 Will 一词,既是莎士比亚的昵称,又有意愿、遗嘱等意,如 *Will in the World: How Shakespeare Became Shakespeare* (Stephen Greenblatt, 2004); *Contested Will: Who Wrote Shakespeare?* (James Shapiro, 2011); *A Will to Believe: Shakespeare and Religion* (David Scott Kastan, 2014)。想必这些莎学大家们相当了解和理解读者与译者的难处,因此每人都为自己的大作取了个平淡无奇直奔主题的副标题,这的确是对读者的极大体谅,但是对于译者而言,恐怕永远也不能为这个双关或多关的 Will 找到几全齐美的译名了。

被钱锺书先生称为冤亲词的 oxymoron 本意是聪明的傻瓜(witty fool),这也是莎士比亚常用修辞法之一,比如用 heavy lightness, sweet sorrow, foolish wit 等两个相互对立的奇妙意象组合,来表达矛盾复杂的情感。《罗密欧与朱丽叶》冤亲式表达使用最多,恰到好处地体现了这对"小冤家情人"的"爱恨"与"情仇"。以"Fair is foul, and foul is fair""I must be cruel only to be kind"等名句为代表的悖论式表达亦与冤亲词有异曲同工之妙。篇幅所限,不再例举。

莎剧中还有一种含糊式表达（equivocation），这是一种含糊其词、有意使人误解的模棱两可的表达方式。哈姆莱特在第五幕墓地一场，直接提到这个词："equivocation will undo us"（"一含糊就被掐住了"林同济译）。《麦克白》中的看门人在他那著名的一大套醉意朦胧的喋喋不休中反复抱怨"说话含糊其词的家伙"（equivocator），并说这种人再怎么混淆是非也混不到天堂去（yet could not equivocate to heaven），这里莎士比亚也在暗讽当时流行一时的天主教认可的"模棱两可对答法"，即做出一些虚假的、使人误解的讲道或逃避回答问题是合乎教规的，因为用含糊其词的语言可以有效应对来自新教徒的挑衅性质问。麦克白在其末日即将到来之时，不无悲怆地说："我的决心已经有些动摇，我开始怀疑起那魔鬼所说的似是而非的暧昧的谎话了。"（第五幕第五场，朱生豪译）（To doubt th'equivocation of the fiend）《麦克白》中有多处此类用法，比如 peace 一词，既指生活中的安定，也指已经被杀升上天堂后的安宁。尤为突出的是，女巫模棱两可的语言在戏剧构作上和麦克白的悲剧性格塑造上都起到了卓有成效的作用。

正因莎士比亚在语言使用上的这种自由化、复调化，使得当时和后世都有严守传统的学者与戏剧家攻击莎剧"有损典雅""有损规律""不成体统"。但唯其如此，莎剧特别是其中期悲剧创作才超越了以往所有戏剧的成就，攀上了马克思所谓"莎士比亚化"的戏剧人物性格塑造的历史高峰。以上种种仅是浩瀚的莎士比亚语言汪洋中的几滴水珠。希望读者能从中窥见莎士比亚语言的魅力，并享受在莎剧海洋中畅游之欢喜。

最后，可能有读者朋友会问，那么，莎士比亚除了经过艺术加工的戏剧语言和诗歌语言，有没有留下自己的"非虚构"文字呢？作为莎士比亚戏剧和诗歌的作者——那位不知是否躺在斯特拉福三一教堂墓中的绅士——莎士比亚是否存在，这也"是个问题"。培根说、牛津伯爵说、马洛说，甚至伊丽莎白女王说，等等，每种主张都堪称一部推理侦探大片。而莎士比亚其人是否真实存在的争论理由之一，便是莎士比亚没有留下什么手稿。但是，不管这位"威尔少爷"或"莎士比亚先生"是否真实存在过，在《莎士比亚全集》中的确有"非虚构"作品：把长诗《维纳斯与阿多尼斯》和《鲁克丽丝受辱记》献给南安普顿伯爵的献词。其中一篇全文抄录如下，供读者朋友们赏析与品味。也说不定，这就是莎翁跨越四百年时空，飞临遥远异域山川，他乡遇知音时,发自真心的诚惶诚恐之笑谈——

给南安普顿伯爵的献词

The love I dedicate to your lordship is without end; where of this pamphlet, without beginning, is but a superfluous moiety. The warrant I have of your honourable disposition, not the worth of my untutored lines, makes it assured of acceptance. What I have done is yours; what I have to do is yours; being part in all I have, devoted yours. Were my worth greater, my duty would show greater; meantime, as it is, it is bound to your lordship, to whom I wish long life, still lengthened with all happiness.

Your lordship's in all duty,

WILLIAM SHAKESPEARE.

梁实秋先生译文

区区对于大人之敬爱无穷无尽,此一小小著作无头无脑,实不足以表达区区敬爱之忱于万一。拙作鄙不足道,而大人向来慷慨为怀,深信必将惠然予以接受也。吾所为者,吾应为者,以及吾所有之一切一切,均为大人所有。吾苟有较大之能力,自当做较大之贡献,区区之力不过尔尔,但已全部奉献于左右矣。谨祝大人长寿无疆,幸福无量。

——大人之忠仆　威廉·莎士比亚

讽寓阐释的异域回响
——江户时代《古诗十九首》日本注本考论[*]

卞东波^{**}

江户时代产生了四部《古诗十九首》的注本,其中两部是汉文注本,另两部则是假名注。本文对两部汉文注,即原公逸的《古诗十九首解》、石作贞的《古诗十九首掇解》的学术背景与阐释特色进行了考论,发现这两部注本皆注重对《古诗十九首》进行"讽寓阐释"(allegoresis),多从君臣关系、君子—小人的角度来解诗。江户时代四部《古诗十九首》注本至少有三部与当时的折衷学派有关,折衷学派不满当时的"古文辞学派",不喜流行一时的伪唐诗、明诗,揭橥古朴的《古诗十九首》应是出于此目的。

一、引言

以《古诗十九首》(下简称《十九首》)为代表的汉魏"古诗"在"世说新语时代"[①]颇为流行,《世说新语》中多次可见当时名士称引"古诗"诗句者,如《世说新语·文学篇》载:"王孝伯在京行散,至其弟王睹户前,问:'古诗中何句为最?'睹思未答。孝伯咏'所遇无故物,焉得不速老?'此句为佳。"此二句即见于《古诗十九首·回车驾言迈》。《十九首》乃一组流行于汉魏之际的无名氏所作的诗歌,这组诗歌当然不止十九首,[②]然以收入《文选》且定名为

---

* 本文由作者提供,原文发表于《江西师范大学学报》(哲学社会科学版)2019年第5期。
** 卞东波,南京大学文学院教授、博士生导师,南京大学域外汉籍研究所专任研究员,曾在美国哈佛大学、日本早稻田大学、京都大学等校担任访问学者、客座教授和交换研究员。研究领域包括中国古代文学、域外汉籍研究、国际汉学研究、陶渊明研究、苏东坡研究等。曾于2012年及2018—2020年四次在高研院担任第八期、第十四期、第十五期、第十六期短期驻院学者,并从2018年起连续三年担任高研院驻院本科生导师。
① "世说新语时代"一词出自宗白华《〈世说新语〉与晋人的美》,见《美学散步》,上海:上海人民出版社,1981年。
② 关于汉魏之时流行的"古诗"及其形成,参见宇文所安《中国早期古典诗歌的生成》,北京:生活·读书·新知三联书店,2012年。

《十九首》的诗歌最为著名,钟嵘《诗品》列为上品,且称:"文温以丽,意悲而远,惊心动魄,可谓几乎一字千金。"《十九首》风格高古,几无用典,不过正如田晓菲教授指出的,这组诗歌"文字表面上直白透彻",实则机关重重,有着很多"隐含的信息",盖缘于其"自身的隐性诗学属性"。①

中国历代也产生了不少《十九首》的注解和注本,如唐李善与五臣《文选·古诗十九首》注、元刘履《古诗十九首旨意》、明陆时雍《古诗十九首解析》、清吴淇《古诗十九首定论》、清张庚《古诗十九首解》、清姜任修《古诗十九首绎》、清朱筠《古诗十九首说》、清张玉縠《古诗十九首赏析》、清方东树《论古诗十九首》、清饶学斌《古诗十九首详解》、清刘光蕡《古诗十九首注》等,基本见于今人隋树森所编的《古诗十九首集释》中,但很可惜隋先生《集释》没有收入日本的注本。

日本文人接触《十九首》主要是通过《文选》,《文选》很早就东传到日本,而且是平安时代贵族必读之书,《十九首》就收录在《文选》中,早已为日本人所阅读。另外一个渠道就是书法,文徵明书写的《十九首》行草真迹流传到日本,②在日本产生很大的影响,江户时代汉诗人本多忠统(1691—1757)《摹文衡山真迹跋》云:"文衡山《古诗十九首》行草书一卷,虽晚笔哉,遒丽风骨,殆苍然晋人之后,似者谁也。"③明治时代书法家日下部鸣鹤(1838—1922)跋文徵明真迹云:"文衡山真迹《古诗十九首》,古健遒爽,神采飞动,清俊之气,弈弈行间。款曰年八十八,而通篇无一懈笔。"受此影响,日本书法家也专门手书过《十九首》,如江户时代书法家细井广泽(1658—1736)就书有《古诗十九首》。④ 通过阅读与书法,《十九首》在日本汉诗界颇有影响。明治时代著名汉诗人森槐南(1862—1911)尝云:"《古诗十九首》直不野。"⑤

---

① 田晓菲,《高楼女子:〈古诗十九首〉与隐/显诗学》,卞东波译,《文学研究》,2016年第12期。
② 真迹原是石桥犀水(1896—1993)的藏品,《书学》第24卷第12号特集:文徵明《古诗十九首卷》(日本书道教育学会,1973年12月)收录了此幅作品。参见石桥犀水《文徵明古诗十九首卷的传来》,载《书学》第24卷第12号。
③ 本多忠统《猗兰台集》(卷四),富士川英郎、松下忠、佐野正巳编,《诗集日本汉诗》(第14卷),东京:汲古书院,1989年,第140页。
④ 见下中弥三郎发行《细井广泽古诗十九首》(《和汉名家习字本大成》第三十卷),东京:平凡社,1934年。关于对细井广泽手书《古诗十九首》的研究,参见平野和彦《细井广泽与其时代——文衡山影响日本近世书坛之一侧面》,载李郁周主编《尚古与尚态:元明书法研究论集》,台北:万卷楼,2013年。
⑤ 森槐南《槐南集》,富士川英郎、松下忠、佐野正巳编,《诗集日本汉诗》(第20卷),东京:汲古书院,1990年,卷2,第25页。

森氏又有诗云:"《古诗十九》婉多风,兴到新词愧未工。天籁休将人籁较,不妨好句偶然同。"①森槐南用"直不野""婉多风"来评论《十九首》,甚为精到。用"直"来评价《十九首》也呼应了刘勰《文心雕龙·明诗》称《十九首》"直而不野"之语。特别是"婉多风"道出了《十九首》诗意含蓄委婉的特质,"风"即"讽",即《十九首》有"言此意彼"的"讽寓"(allegory)性质,②则颇符合日本江户时代《十九首》注本的阐释特色。日本近代汉学家川田瑞穗(1879—1951)有诗云:"苏、李唱酬皆五言,《古诗十九》是渊源。最欣无缝天衣似,长为后人开法门。"③此诗则指出了《十九首》是汉魏五言古诗的渊源,而所谓苏武、李陵的唱和可能亦导源于《十九首》,而非汉初之作;《十九首》在艺术上似乎天衣无缝,为后世创作开启了法门。

除书法传播与诗歌评论之外,日本对《十九首》的接受还有另一种形式,就是江户时代还产生了多部《十九首》的注本。长泽规矩也先生所编的《和刻本汉诗集成·总集篇》第一辑收录四部《十九首》的日本注本,其中原公逸《古诗十九首解》、石作贞《古诗十九首掇解》为汉文注释,中西淡渊《文选古诗十九首国字解》、山景晋《古诗十九首国字解》为假名注本,下文对《古诗十九首解》《古诗十九首掇解》两部汉文注本略作考证。

二、原公逸《古诗十九首解》考论

《古诗十九首解》(下简称《十九首解》)不分卷一册,原公逸撰,江户藻雅堂舟木嘉助刊本。该书四周单边,白口,单鱼尾,版心刻"十九首解",下记叶数,第二叶版心有"狂斋藏"三字,则此书可能是原公逸家刻本。该书每半叶八行,行十六字,注文为双行夹注。书前有天明三年(1783)鸠陵盖延龄《古诗十九首解序》,以及原公逸本人之序。该书在关西大学图书馆长泽文库、宫城县图书馆小西文库皆有收藏。

原公逸(1735—1790),字飞卿,号狂斋、修真道人,通称豹藏,淡路(兵库县淡路岛)人。狂斋家世仕于稻田氏,"性不好官,廿一岁托家事于三弟,辞

---

① 森槐南,《槐南集》,富士川英郎、松下忠、佐野正巳编,《诗集日本汉诗》(第20卷),东京:汲古书院,1990年,卷20,第207页。
② 关于"讽寓"及"讽寓解读",参见苏源熙著、卞东波译《中国美学问题》,南京:江苏人民出版社,2009年。
③ 川田瑞穗,《青崖先生寿言三十章》,雅文会编,《昭和诗文》(第195辑),东京:雅文社,1933年,第22页。

禄漫游于浪华、京师,应接诸名流,五年于此。后到江户,入于井金峨之门,寓塾五年"①。井金峨,即江户儒学家井上金峨(1732—1784)。井上金峨,名立元,字顺卿(纯卿),通称文平,号金峨、考槃翁、柳塘闲人等。金峨乃江户儒学折衷派之代表,《先哲丛谈后编》载:

> 金峨之学不偏主一家,取舍训诂于汉唐之注疏,折衷群言,磅礴义理于宋明之诸家,撰择稳当,以阐发先圣之遗旨,匪前修之不逮焉。与近世经生胶滞文字,恣意悍言,求异先儒,联比众说,务事博杂,夸诞后学者不同日而语也。宝历以降,人知物赤城、太宰紫芝以韩商之学,误解六经,绕缠圣言之害者,其辨斥攻击,自金峨始焉。关东之学,为之一变。近世所谓折衷家者,若丰岛丰洲、古昔阳、山本北山、大田锦城等诸家,皆以经义著称,其实皆兴起于金峨之风焉云。②

当时江户思想界流行着朱子学、阳明学、反朱子学的古文辞学派,井上金峨能够"不偏主一家""折衷群言",诚有识见。上文中的"物赤城"即荻生徂徕,"太宰紫芝"即徂徕弟子太宰纯,皆为古文辞学派的代表人物。当时古文辞学派风行一时,影响甚巨,而井上金峨能在此风偃草靡之时,对古文辞学派"辨斥攻击",显示其卓见和勇气,遂使"关东之学,为之一变"。原公逸虽仅小井上金峨三岁,但能师事之,受其影响甚深,二人对当时最为流行的荻生徂徕的古文辞之说多所攻击,《先哲丛谈续编》云:

> 宝历初,井金峨专唱折衷经义于汉宋历代之众家之说,排击物徂来(徕)修古文辞始知古言之说,其业行于一时,狂斋奉崇其说,能赞成之,继而和者数家,蘐园、赤羽之学为之寝衰。故坚守旧习者,视金峨、狂斋等,殆若仇雠而不能与之争,妒忌者甚多。③

狂斋受到井上金峨极大的影响,而金峨亦非常喜欢狂斋,《先哲丛谈续

---

① 东条耕,《先哲丛谈续编》,东京:千锺房,明治十六一十七年(1883—1884)刊本,卷十一,叶16a。
② 东条耕,《先哲丛谈后编》,大阪:心斋桥群玉堂等,文政十三年(1830)刊本,卷七,叶20a。
③ 东条耕,《先哲丛谈续编》,东京:千锺房,明治十六一十七年(1883—1884)刊本,卷十一,叶16a-b。

编》称,"至其(狂斋)到东,入于金峨门,始识学之所向,而信服之。金峨爱之,逾他弟子"①。以至于金峨去世之后,狂斋"郁悒不乐,自髡,号修真道人"②。狂斋"自视缺然,绝意仕进,放浪艺苑,故其学术之醇,识见之粹,实非时流之所能企及也"③。著有《周易启蒙图说》《周易汇攻续》《古诗十九首解》等。

《十九首解》前有盖延龄序云：

> 余读原子所著《古诗十九首解》,喟然叹曰:美哉! 此君子之志也。盖自有《十九首》之传于世数千百年,人玩其华、珍其词,则世有之,而独至于其发作者忠厚之志、微意所存者,则寥寥乎无所闻。则其传于世,亦犹不传也,不可惜哉! 南海原子学识卓立岸然,恒存古人之志,故其为古人之诗,所以取义逆志者,殊出人意表,乃所以有此解也。呜呼!《十九首》之传于世,数千百年,而后乃今始有原子之解,而终不隐没作者之志者,岂可不谓奇遇哉? 天明三年,岁在癸卯秋九月,鸠陵盖延龄识。

序称《十九首》一千多年来没有注解,当然是不正确的,作者这样说,无非是要强调"原子之解"的重要性。据序称,原狂斋解《十九首》的特色就在于能够以意逆志,"发作者忠厚之志、微意所存","不隐没作者之志"。序者反复强调"作者之志"或"微意",也就是强调《十九首》并非像传统解读那样只是写游子思妇之情。这种对"作者之志"的强调,在原狂斋之前的清人吴淇(1615—1675)《六朝选诗定论缘起·以意逆志》已有类似的说法:"诗有内有外,显于外者曰文曰辞,蕴于内者曰志曰意。……意之所到,即志之所在。"④可见,吴淇和原狂斋都相信,诗歌表面的"文""辞"与诗歌蕴含的"志""意"之间存在着一定的张力,也就是说"文""辞"并不等于"志""意",这就为阐释提供了空间。我们不能说,原狂斋是受到吴淇的影响,但这种在《十九

---

① 东条耕,《先哲丛谈续编》,东京:千锺房,明治十六一十七年(1883—1884)刊本,卷十一,叶17b。
② 东条耕,《先哲丛谈续编》,东京:千锺房,明治十六一十七年(1883—1884)刊本,卷十一,叶20a。
③ 东条耕,《先哲丛谈续编》,东京:千锺房,明治十六一十七年(1883—1884)刊本,卷十一,叶18a。
④ 吴淇,《六朝选诗定论》,汪俊、黄进德点校,扬州:广陵书社,2009年,第34页。

首》阐释中注重以意逆志,强调解诗者的能动性,两者惊人地相似。

原狂斋本人的序云:

> 钟嵘曰:"古诗体源出于《国风》,文温以丽,意悲而远。"夫主文风谏,诗家之第一义。予有取诸斯,讲业之间为之解。盖为诗之方,缘辞而不拘于辞,要观其情已矣,故各为之序,见大意以冠其首。采古人之成语注之于行间,述其所为作之意于篇末。惟其时世不可知,抑在东汉桓、灵之际欤?览者以意逆志,则人心如面,不必予解矣。李善以"燕赵多佳人"别为一章,今从之,定为二十首,暂存其旧,曰《十九首解》。天明癸卯六月望,书于狂斋南窗下。

天明癸卯,即天明三年,可见《十九首解》当成书于该年。从狂斋之序看出,该书是在其授业之讲义的基础上整理成书的。他认为,诗之"第一义"在于"主文风谏",而非言志、缘情,也就是说,他更看重诗歌的社会或政治功用。本序也介绍了其解《十九首》的方法,首先是学习《诗小序》的方式,给《十九首》每首写了一篇小序,概括此诗之大意,如"行行重行行"一首,序云:"贤者放逐,不得立朝,苟全身害而已。""今日良宴会"一首是:"燕友伤时也。""西北有高楼"一首则是:"刺听谗也。"这种解诗方式与《诗小序》如出一辙。

比较有特色的是其对诗句的解释,传统的注释注重训诂,解释词义,疏通诗意,而该书则是"采古人之成语注之于行间",即对诗句的注释直接引用成语或古诗原句来解释其意,如注"行行重行行"一首如下:

> **行行重行行**,日斯迈,月斯征。**与君生别离**。悲莫悲兮生别离。**相去万余里,各在天一涯**。山川悠远。**道路阻**天涯且长,**万里余**,会面何可知。如之何勿思?**胡马依北风,越鸟巢南枝**。狐死首丘。**相去日已远**,不日不月,曷其有佸。**衣带日已缓**。慱慱日瘁。**浮云蔽白日**,维日于仕,孔棘且殆。**游子不顾返**。畏此罪罟。**思君令人老**,无背无侧,无陪无卿,维忧用老。**岁月忽已晚**。不我与。**弃捐勿复道**,我躬不阅,遑恤我后。**努力加餐饭**。稼穑维宝,代食维好。

这种用古诗原句来注释诗歌的方式在东亚诗歌注释史上也是比较罕见的,而且据笔者观察,注中所引诗歌之成句大部分来自《诗经》和《离骚》,如"日斯迈,月斯征",见于《诗·小雅·小宛》(原句是"我日斯迈,而月斯征")。"悲莫悲兮生别离",见于《楚辞·九歌·少司命》。"无背无侧,无陪无卿",见于《诗经·大雅·荡》(原句是"不明尔德,时无背无侧。尔德不明,以无陪无卿")。"我躬不阅,遑恤我后",见于《诗经·邶风·谷风》。全书对《十九首》的解释基本如此。这种"以诗注诗"的方式,虽以韵文为之,但亦能发诗歌之意。用如"悲莫悲兮生别离"解释"与君生别离",确实道出了诗句后的"悲"字,而且"生别离"出典也确实出自《少司命》。用"狐死首丘"来解释"胡马依北风,越鸟巢南枝"亦比较恰当。

但是在"述其所为作之意于篇末"的部分,狂斋的解释又回归传统。日本古代注释中国文学的传统,基本可以分为两派,一派是专注于对诗句文字、典故的训诂和解释,如廓门贯彻的《注石门文字禅》、拙庵元章等的《冠注祖英集》等;另一派则注重对诗歌背后微言大义的发挥和阐发,如室町时代的《中兴禅林风月集注》等。江户中期海门元旷所作的《禅月大师山居诗略注序》中曾云:"余所注者,只在质于事实耳,其如演义,余岂与也哉!余岂与也哉!"这里海门元旷将"事实"与"演义"分得很清楚,所谓"事实"就是语典、事典,而"演义"则是诗意的推衍、发挥。狂斋的《十九首解》属于"演义"一脉,其诗歌解释注重诗意的发挥,且看对"行行重行行"一诗的解释:

> 赋也。凡忠臣冀君从其谏,庸主忌臣不从其欲,是以其相违不啻胡越也。忠爱之情,不忘其始,憔悴枯槁,欲进尽忠,恐为谗佞所中,虽忧其无辅弼,亦未如之何。岁事其逝,前路可知矣。自知有命苟安焉,是箕子所以为奴也。

用赋、比、兴来解释诗歌是《诗小序》固有模式,《十九首解》又重拾此种阐释方式,其解"青青河畔草"为"兴而比也",解"青青陵上柏"为"兴也",不一而足。同时,从君臣关系角度解释《十九首》自唐人注《文选》时即已为之,如"行行重行行"一首,《文选》五臣之张铣注云:"此诗意为忠臣遭佞人谗谮见放逐也。"解诗中"浮云蔽白日,游子不顾反",李善注云:"浮云之蔽白日,以喻邪佞之毁忠良。故游子之行,不顾反也。"五臣之刘良注云:"日喻君也,浮云谓谗佞之臣也。言佞臣蔽君之明,使忠臣去而不返也。"可见,无论从被讥为"释事而忘意"的李善注,到五臣注都比较注意此诗背后的微言,盖"浮云""白日"之类的意象,在中国古典诗歌中确实有隐喻之意,正如李善注引陆贾《新语》所云的:"邪臣之蔽贤,犹浮云之障日月。"但将此诗解释为臣子对君主的"忠爱之情"则是狂斋的发挥。

原狂斋对《十九首》的阐释基本上都是从君臣大义的角度切入,虽然也可以从中国古典诗歌阐释传统中找到其渊源,但《十九首解》无疑将其发挥到极致,每一首都用这种方式解诗,再如解"西北有高楼"一诗云:

> 比也。乾位西北为君,宜体仁以临下,而小人蔽贤者之与居焉,故佞臣得志,姻亚焜耀于膴仕,赇以成私家,不为社稷深思远虑,是以上下否塞,民人怨讟,谁莫亡国之哀乎。悲哀之情,不自胜也。盖事君致其身,安爱其劳,然君莫知之,微子去殷,岂其情乎?《北门》之叹,不唯《卫风》矣。

李善解释此诗为:"此篇明高才之人,仕宦未达,知人者稀也。"这种解释比较朴实,也可以理解此诗背后的隐含义,但没有将此诗发挥到"小人""佞臣",以及君臣关系的高度,《十九首解》的解释显然有过度阐释之虞。不过,不能将其简单视为牵强附会,而应从东亚诗歌解释史的脉络来观察。狂斋的解释基本与《文选》五臣注的理路颇为相近,如"西北有高楼"一首,李周翰注云:"此诗喻君暗而贤臣之言不用也。"而且将《十九首》中的物象与君臣关系、君子、忠臣、贤人、小人和佞人等进行比附也是五臣注的特色,[①]再如"迢迢牵牛星"一诗,吕延济注云:"以夫喻君,妇喻臣,言臣有才能不得事君而为谗邪所隔,亦如织女阻其欢情也。""东城高且长",张铣注云:"此诗刺小人在位,拥蔽君明,贤人不得进也。"狂斋的解释与五臣注如出一辙,不过五臣注比较简单,往往只有一两句话,而狂斋之注则将这种模式贯彻全书,而且较为系统化。

---

① 关于这一点,李祥伟《走向经典之路:古诗十九首阐释史研究》第四章《经学的诗法——教化性比兴解读》(暨南大学出版社 2011 年版)有详细和非常好的论述,可以参见。

另外,用赋比兴定义诗意也见于元代刘履《选诗补注》,我们比较一下《选诗补注》和《十九首解》两书的解释,可以发现:《十九首解》用赋比兴的方式解释《十九首》一方面是受到《诗集传》的影响,另一方面也可能是受到《选诗补注》的直接影响。但我们也可以看出,二书对《十九首》的理解并不完全相同,如"涉江采芙蓉"一诗,《选诗补注》认为是"赋",而《十九首解》则认为是"比",就这首诗而言,可能《十九首解》更有说服力,《文选》五臣注早已指出了此诗用了"比"之法:"翰曰:此诗怀友之意也,芙蓉、芳草以为香美,比德君子也,故将为辞赠远之美意也。"这种对《十九首》的阐释方式,在后代并没有断绝,如宋代唯一一部《文选》注释书曾原一所著的《选诗演义》卷上在注《十九首》时亦用相似的方法,①如解"青青陵上柏":"是藏意于言外,意谓戚戚之甚迫也。纵情之过戚忧,随之,不迫者乃所以深迫。其感叹微讽之辞欤?此兴也、风也。"曾原一解"青青陵上柏"为"兴也",与《选诗补注》《十九首解》相同。虽然《选诗演义》在中国本土失传,但在元代时其依然存世,并对《选诗补注》产生了一定的影响。② 上文提到的清人吴淇,在《古诗十九首定论》中认为,《十九首》"要皆臣不得于君,而托意于夫妇朋友,深合风人之旨"③。清人朱筠《古诗十九首说·总说》中提出:"诗有性情,兴观群怨是也。诗有寄托,事父事君是也,诗有比兴,鸟兽草木是也。……叹《十九首》包涵万有,磕着即是。凡五伦道理,莫不毕备。"④可见,从比兴寄托的角度解释《十九首》是东亚诗歌解释的长久传统和共通之处,那么将原狂斋《十九首解》放在这个脉络中加以观照的话,也就可以理解其阐释方式的渊源了。

另外,从日本的中国诗歌阐释史来看,《十九首解》这种解诗方式也是渊源有自。仅举一例,如南宋人所编的宋代诗僧文集《中兴禅林风月集》,有日本中世时期僧人之注(即《中兴禅林风月集注》),其解诗亦从君臣关系切入,以君子、小人作喻,如解卷上僧显万《乘槎图》"昆仑初不隔悬河,逆浪吹槎去若梭。莫信银湾清且浅,料知高处更风波"云:

---

① 参见卞东波《曾原一〈选诗演义〉与宋代的"文选学"》,载《文学遗产》,2013 年第 4 期。
② 参见芳村弘道撰、金程宇译《南宋选学书〈选诗演义〉考》,载《域外汉籍研究集刊》第 7 辑,北京:中华书局,2011 年。
③ 吴淇,《六朝选诗定论》,汪俊、黄进德点校,扬州:广陵社,2009 年,第 76 页。
④ 隋树森,《古诗十九首集释》,北京:中华书局,1955 年,第 51 页。

> 昆仑山比朝廷大臣也。大臣如城郭藩篱也。悬河比朝廷,今君不明而朝廷暗昧,君臣矛盾,故大臣不在朝廷,邈居荒僻之地也。梭,比贤人进欲拔身也。银湾,高处,比朝廷。风波,比逆政险。言图面虽似浅,定知高处波浪恶也。君子不入污君之朝,不食于不义之禄,故逃野急。①

我们可以看到,《中兴禅林风月集注》认为诗中每个物象背后都有政治隐喻意,一首诗歌就像一篇政治寓言。②《十九首解》虽然没有这么穿凿附会,也没有指出诗歌物象后的隐喻意,但我们看到其解诗方式其实是相同的。③ 笔者曾将这种解诗方式称为"讽寓阐释"(allegoresis),④所谓"讽寓"(allegory)指的是一种"言此意彼"的解释方式,诗歌的字面意与隐含意之间存在着"张力",这种张力就为诗学阐释提供了空间。"讽寓性解读"是日本解读中国古典诗歌的传统,《中兴禅林风月集注》、《演雅》解释、《十九首解》一以贯之都用了这种方式。从这种角度来看,就能理解《十九首解》在日本出现的背景了。

三、石作贞《古诗十九首掇解》考论

《古诗十九首掇解》(下简称《掇解》)不分卷一册,石作贞撰。该书四周单边,白口,单鱼尾,版心刻"古诗十九首",下记叶数。该书每半叶六行,行十二字,注文为双行夹注。书前有石作贞之序,末有"翠山楼藏版"字样。该书在关西大学图书馆长泽文库、实践女子山岸文库、安昙野市丰科乡土博物馆藤森桂谷文库皆有收藏。

石作贞(1740—1796),字子斡,一作士斡,号驹石,通称贞一郎,信州(长野县及岐阜县之一部分)人。累世仕于信浓福岛之邑主山村氏,特别是得到山村氏冢子山村良由(号苏门)的赏识。明和三年,往伊势桑名,从学于儒学

---

① 大塚光信,《新抄物资料集成》,大阪:清文堂,2000 年,第 397 页。
② 关于《中兴禅林风月集注》解诗方式,参见卞东波《〈中兴禅林风月集〉考论》,载《南宋诗选与宋代诗学考论》,北京:中华书局,2009 年。
③ 日本关于黄庭坚诗歌《演雅》的阐释也用了相似的方式,参见卞东波《宋代文本的异域阐释——黄庭坚〈演雅〉的日本古注考论》,载《吉林大学社会科学学报》,2019 年第 1 期。
④ 参见卞东波《曾原一〈选诗演义〉与宋代的"文选学"》,载《文学遗产》,2013 年第 4 期。

家南宫大湫(1728—1778),"日夜诵习不怠,寝食共废,其学大进"①。学成后,归乡福岛,邑之子弟,皆从其学。有吏才,深受山村氏重用,为邑计吏,三年而后邑中为之不匮。后为室老,"治下举措决于其手"②。宽政八年卒。著有《论语口义》《翠山楼诗集》《莫逆集》《劝学言志编》《古诗十九首掇解》等。从上可见,石作贞并非一个纯粹的学者,而是一个地方的儒士,长于吏事,雅爱汉学,多有著述。

值得注意的是,驹石的老师南宫大湫乃中西淡渊(1709—1752)弟子,而中西淡渊也著有《文选古诗十九首国字解》,那么石作驹石著《掇解》亦是承师门之习。上文考证原狂斋乃江户时代所谓折衷派之学者,而中西淡渊、南宫大湫亦被视为折衷派学者。中西淡渊,名维宁,字文邦,号淡渊,通称曾七郎,三河(爱知县)人。名古屋藩家老竹腰氏之家臣,宽延三年(1750)至江户,于芝三岛街开讲堂,号丛桂社,"四方之士,向风辐辏"③。中西淡渊为学尚折衷,"其讲经不拘汉宋,而别新古,从人所求,或用汉唐传疏,或用宋明注解"④。石作驹石之师南宫大湫,名岳,字乔卿,号大湫,通称弥六,美浓(岐阜县)今尾人。本姓井上,后改姓南宫。大湫"蚤有神童之称"⑤,师事中西淡渊,其"学既渊茂,立志以笃实忠诚自勖,其教子弟也,抑浮华而先德行;自处也,履实理而无虚动。居趾进退好依礼义,不苟言笑"⑥。大湫先游于京都,后往伊势桑名,"侨居授徒,从游甚众,三都之士,莫不识名,声价著闻于一时"⑦。驹石正是在桑名师从大湫的,自后学问大进。可见,驹石的学术渊源亦是折衷派。

《掇解》前有驹石所作之序:

> 诗者,景情之二,而有六义焉。若夫三百篇,善美之至,毋论尔,次之《古诗十九首》辞情婉曲,实所宜师法者也。其在昭明之《选》中,不便

---

① 东条耕,《先哲丛谈后编》,大阪:心斋桥群玉堂等,文政十三年(1830)刊本,卷八,叶22b。
② 同上书,卷八,叶23b。
③ 同上书,卷五,叶11a。
④ 同上书,卷五,叶11a。
⑤ 同上书,卷六,叶13a。
⑥ 同上书,卷六,叶13a-b。
⑦ 同上书,卷六,叶13a。

诵读,余别为一册子,删六臣旧注以附之,而聊以愚管为增注,且概以大意,标各篇之首。盖窃拟卜氏《小序》云。呜呼! 虽不免蛇足之讥,抑亦训蒙之一助而已。

该序透露了驹石本人所持的诗学观,他认为诗分为景和情(南宋周弼《三体诗法》称之为"实"和"虚")两部分,同时又有赋、比、兴、风、雅、颂之"六义"。又认为,《诗经》是最高的美学规范,所谓"善美之至"。他用"辞情婉曲"来概括《十九首》,这也暗示了《十九首》诗意并非如其字面明白如话。明人谢榛《四溟诗话》卷三曾云"《古诗十九首》,平平道出,且无用工字面,若秀才对朋友说家常话,略不作意"[1]。但此语明显低估了《十九首》意涵的复杂性,也被《十九首》表面上的语言遮蔽了,所以用"辞情婉曲"来概括应是比较独到的见解,这也与后来的森槐南用"婉多风"来概括《十九首》异曲同工,田晓菲教授也说,《十九首》的佚名性存在着"对诗意确定性的抵制"[2]。驹石之所以作《掇解》一书,因为《十九首》收录于《文选》之中,不便阅读,故单独将其抽出并加以注解。其体例是,注解以六臣注为主体,间出以己见,用"贞曰"表示。每首诗之前,或引六臣注,或以自己的话概括每首诗的大意,这种体例与原狂斋的《十九首解》如出一辙,俱是模仿《诗小序》。

该书开篇,有驹石关于"古诗十九首"诗名的解题。关于"古诗",其先引五臣之一吕向的观点:"不知时代,又失姓氏,故但云'古诗'。"这是从成书时间上来定义的,而驹石认为:"古诗者,体裁之名,诗中所说亦不一焉,故但云古诗。"则从"体裁"(驹石理解的"体裁"可能更多是"题材"之意:"诗中所说亦不一。")上来定义。关于这组诗是"十九首"还是"二十首"的问题,驹石先引"或曰":"'东城'与'燕赵'明是二首,不应合而为一,宜为二十首。"这里的"或曰"可能即原狂斋之说,狂斋《十九首解序》中即云:"李善以'燕赵多佳人'别为一章,今从之,定为二十首。"但检李善注,并没有将"燕赵多佳人"以下"别为一章"之说,显系误记。《十九首解》成书早于《掇解》,驹石可能见过该书,不过他不同意"二十首"之说:"贞按:此说非也。至'燕赵多佳人'一转,说出心曲,不得剖为二首,今随旧,标为十九首。"驹石关于"古诗"之意及

---

[1] 丁福保,《历代诗话续编》,北京:中华书局,1983 年,第 1178 页。
[2] 田晓菲,《高楼女子:〈古诗十九首〉与隐/显诗学》,卞东波译,《文学研究》,2016 年第 12 期。

篇数的看法应该是受到中西淡渊的影响,在《文选古诗十九首国字解》前一段类似解题的文字,淡渊说:"古代有种说法,因为分段多种多样,认为有二十首。这种说法难以被认同。"

与《十九首解》注重诗意发挥不同,《掇解》还有对诗歌语汇的训诂,如"今日良宴会"一诗中"弹筝奋逸响",训"逸"曰:"纵也。""奄忽若飙尘",训"飙"曰:"暴风从下而上曰飙风。""西北有高楼"一诗,释"阿阁"曰:"《说文》曰:阁,楼也。阿,四柱重屋也。曰高楼、曰阿阁,互言也。"这些注释都是《文选》六臣注没有的。再如释"西北有高楼"中"清商"曰:"五音之中,唯商最清,故云清商。商,伤也。其气遒劲,凋落万物,配之四时,则秋也。"这种解释毫不穿凿,清晰准确。《掇解》也注意诗句诗意的串讲,他解"中曲正徘徊"曰:"愁人操曲,不觉入风起商声,却自感哀,终不能成其曲,舍琴而起徘徊也。"可谓得诗人心曲。

《十九首解》的注释对《十九首》多作"讽寓性解读",而《掇解》则发挥较少,显得比较朴实,如解"涉江采芙蓉"一诗曰:"涉江,羁旅怀友,且起故国之思也。"而《十九首解》谓此诗"哀弃贤者也",显然《掇解》的理解比较切合诗意,故其诗句的解释也不作"演义",而围绕着怀友的主题来展开:

涉江采芙蓉,贞曰:荷华。**兰泽**贞曰:兰多生之泽。**多芳草**。翰曰:芙蓉、芳草,以香美比德君子也。**采之欲遗谁?所思在远道**。贞曰:采香美之物,忽怀友生之德,故为诗以赠。**还顾望旧乡**,贞曰:因怀友生,遂生乡思。**长路漫浩浩**。曰:无穷也。**同心**向曰:友人也。**而离居**,贞曰:离群索居。**忧伤以终老**。贞曰:离忧与乡思交伤,人故老也。

再如"客从远方来""明月何皎皎"两首诗,驹石皆解释为"妇人思夫也",而《十九首解》释前诗"风信谖也",释后诗"戒君虽不君,臣不可以不臣也",则是从臣君关系角度解读这两首诗。可见,《掇解》的解释平实可靠。

但五臣注以来的诗歌阐释传统特别强大,对《十九首》的解释产生了非常大的影响,《掇解》对一些诗歌的解读也不免运用这种模式,有的时候他是直接引五臣之注,有的时候是自己直接从君臣关系角度发表意见。如解"东城高且长"引张铣之说:"东城,刺小人在位,拥蔽明君,贤人不得进也。"这些诗,驹石自己没有发表意见,说明他是同意五臣观点的。而如"迢迢牵牛星"一诗,驹石释"终日不成章"曰:"不成锦也,喻臣虽有勋劳,不见用也。""青青河畔草"一诗,驹石释"今为荡子妇"曰:"贤者有才而不见用,偶遇主则君暗昧,而唯好征役,譬若倡家女有伎艺而不沽,偶嫁则夫远行四方而不归者也。"这些解释在书中还有一些,固然是受到传统解释的影响,恐怕亦是驹石在本书序中所言的注重诗句"辞情婉曲"有关。即使如此,与《十九首解》比较起来,《掇解》的解释还算平实,"辞"与"意"之间的诠释张力没有《十九首解》那么夸张。

四、余论

除了《掇解》《十九首解》两种汉文注本之外,日本还有两种假名注本:中西淡渊的《文选古诗十九首国字解》、山景晋的《古诗十九首国字解》。此两书注重对《十九首》诗意的串讲,对日本人理解《十九首》的诗意较有帮助。中西淡渊在《文选古诗十九首国字解》前的解题中对《古诗十九首》的含义、作者、分篇、内容都有所评论。其中,淡渊认为"古诗"是"古代的诗",这其实是《文选》五臣之一吕向注的看法。他又否定了《十九首》是枚乘、曹植所作的观点,认为"还是应当采用'佚名说'",这种观点在今天看来已经稀松平常,但在几百年前亦属卓识。正如田晓菲教授所言的"佚名性只是《古诗十九首》多种隐晦特质(dark qualities)中的一项"[1],而"佚名性"也导致了《十九首》阐释的开放性。故淡渊下文又言《十九首》"有着难以言喻的意趣",这也与古人尝言的《十九首》含蓄或"婉多风"的特质相近,而与陈绎曾称《十九首》"澄至清"[2]有一定的距离。从上我们可以看到,日本的《十九首》阐释比较偏向于"讽寓阐释"一面,即强调《十九首》直白如话的语言背后有"难以言喻的意趣",故《十九首解》《掇解》都倾向于从微言大义的角度解读《十九首》。淡渊虽然学术思想上属于折衷学派,但上文中他多次引用明人的诗句和诗话来评论《十九首》,这也是受到古文辞学派影响的痕迹。

《古诗十九首国字解》前有山景晋之《古诗大意辨题言》汉文序:

---

[1] 田晓菲,《高楼女子:〈古诗十九首〉与隐/显诗学》,卞东波译,《文学研究》,2016 年第 12 期。
[2] 隋树森,《古诗十九首集释》,北京:中华书局,1955 年,第 2 页。

萧太子之《选》冠弁艺文,苟抵掌词苑、妆饰藻翰者,无不倚赖之者也。古人谓"《文选》烂,天下半"焉。今古宇宙中,中华、吾邦与经史并驱也,复那待余言乎哉?积翠散人尝喻予曰:"《古诗十九首》,其句温柔,其意敦厚,宜写一通贴诸壁上,而晨昏目视肄之,口诵习之,务之不已,则风韵格调浸润肺肝,而俗意日退,雅音月进也。"是仲英服先生之言也。尔后一奉教喻,卧而诵,起而吟,积累日月,换替裘葛,体裁熟目,声律上口,于是乎始览往日喻方之效,为诗肠针砭,斗酒嘤鸣,不啻是以欲授诸后学,而童子辈目熟之、口诵之不解,熟风调、气格之为益,有欲晓其意者,是亦非无益,因删改训点,解释以国字,虽然其字古而雅,其意仿佛至可解、不可解之妙旨幽致,非国字所尽,聊拳大纲而塞童蒙之责云尔。壬子之春,山景晋孟大识。

本段首先介绍了《文选》的重要性,无论是"抵掌词苑"者,还是"妆饰藻翰"者都倚赖于《文选》。之所以讲到《文选》,就因为《十九首》是见载于《文选》的,故从学习文学的角度而言,《十九首》的重要性不言而喻。接着又引用积翠散人对《十九首》的评论"其句温柔,其意敦厚",所谓"温柔敦厚"是对《诗经》的定评,这里用来评论《十九首》,无疑抬高了《十九首》的地位。而且学习《十九首》还有另一层功效,即如果浸润其风韵格调的话,则作诗"俗意日退,雅音月进"。正因为《十九首》的重要性,有必要向日本学人阐释其大意,故山景晋才决定以"国字"即日本的假名解释《十九首》。最后又提到《十九首》"字古而雅",而且其意也在可解与不可解之间,假名注释可能并不能阐发出其"妙旨幽致",但对于《十九首》在日本的普及意义还是非常重大的。

在《古诗十九首国字解》前亦有一段假名写成的解题,山景晋介绍了其用"国字"解释《十九首》方法与原则:"如果按照理解近体诗的方式,句句字字都加以翻译,反而会脱离了古诗的旨趣,因而止于介绍梗概。"[①]所以国字解以介绍大意为主,并无发挥。汉文序中,山景晋提到《十九首》可以使人"俗意日退,雅音月进",而在假名的解题中,他也提出相似的观点:"有益于

[①] 李沧溟《送李相府》诗,即李攀龙《送新喻李明府伯承》。徐祯卿之语见其所著《谈艺录》。本文原为日文,承早稻田大学文学学术院伊丹博士相助译为中文,特此感谢。因为假名注本牵涉到日本国语学、国文学,本文暂且不论。

清洗俗肠。"

  江户时代中后期的汉诗坛,先是荻生徂徕为首的"古文辞学派"(又称"蘐园学派")主张学习唐诗和明诗,明代七子之诗风靡一时,后堕入剽窃、剿袭恶习之中,故山本北山、大窪诗佛等人组成的"江湖诗社"提倡"清新自然"的宋诗,陆游、杨万里、范成大等南宋三大家成为当时诗坛学习的典范,但并没有兴起学习汉魏六朝诗的风习,何以当时会出现四部《十九首》的日本注本,很值得玩味,而且这四部注本中至少有三部与当时儒学发展中的折衷学派有关联,这就更值得仔细探究了。不过,这些《十九首》的注本成书就在"蘐园学派"大行其道之时,从上文所引《先哲丛谈续编》可见金峨、狂斋等人还排击过徂徕之学。其时徂徕等人倡导的伪唐诗流行一时,折衷学派应是不满于当时的诗风,故有意以古朴的汉魏诗代之,遂取《十九首》而注之,这可能是江户时代《十九首》注本出现的学术背景。后来山本北山等人兴起宗宋诗风,肃清了伪唐诗和明诗之风,而山本北山亦为折衷派学者,可见江户诗坛诗风的变化其实背后都有其思想史背景。

数字化社会

极限与常态:后 2020 的新型人类聚居问题*

鲁安东**

2019 年底至 2020 年春季,世界各国先后暴发了新型冠状病毒性肺炎疫情。2020 年 3 月 11 日世界卫生组织宣布疫情已构成全球大流行。世界各国为应对疫情采取了禁足(lockdown)、数字监控等史无前例的强制性措施。人类历史上首次在和平年代出现如此规模的公共生活停摆,至 2020 年 3 月底全球超过 1/4 的人被居家隔离,医疗危机、社会危机与政治经济危机前所未有地交织在一起。尽管疫情的深远影响尚不清晰①,但已被普遍认为是一个重大变革的历史性节点。② 此次疫情本身或许带有偶然性,但是其异乎寻常的扩散方式和引发的次生危机,却反映了当代全球范围以城市为枢纽的快速流动、密集聚居等条件的不利一面。我们在热衷于全球化城市的创新力和消费力的同时,也不得不面对它们潜在的巨大风险。或许我们可以引用法国哲学家阿兰·巴迪欧(Alain Badiou)的"双重构连"(double articulation)的提法③,即"一方面是遵从老旧习俗的无序市场中自然-社会

---

* 本文是作者 2020 年 6 月 3 日在高研院学术前沿第 340 期的演讲,讲稿由作者提供,原文发表于《建筑学报》2020 年 Z1 期。
** 鲁安东,南京大学建筑与城市规划学院教授、建筑系主任、博士生导师,南京大学可沟通城市实验室主任,曾任英国剑桥大学沃夫森学院院士、德国德绍建筑研究所客座教授、澳大利亚昆士兰大学访问教授、美国宾夕法尼亚州立大学亨利·鲁斯基金访问教授,并在众多社会机构和学术期刊担任理事、主编和编委。曾在 2018—2020 年连续三年在高研院担任第十四、十五、十六期驻院学者,并兼任高研院"中-加城市研究中心"中方主任。

① Friedman Thomas L., Our New Historical Divide: B.C. and A.C. — the World Before Corona and the World After, *The New York Times*. https://www.nytimes.com/2020/03/17/opinion/coronavirus-trends.html.
② Zizek Slavoj, Biggest Threat COVID-19 Epidemic Poses Is not Our Regression to Survivalist Violence, but Barbarism with Human Face, *RT*. https://www.rt.com/op-ed/483528-coronavirus-worldcapitalism-barbarism/.
③ Badiou Alain, On the Epidemic Situation: Alain Badiou on the COVID-19 Pandemic, Translated by Toscano Alberto. https://www.versobooks.com/blogs/4608-onthe-epidemic-situation.

交点,另一方面则是资本主义世界市场及其对持续不断的高速流动的依赖导致了它的全球扩散"[1]。城市不可避免地成为这对主要矛盾的载体:它既是流行病跨区域传播的连接站,又是产生问题和应对问题的地方(local)前线。

同时,有别于环境危机和经济危机,公共卫生危机的应对措施,无论是社交疏离(social distancing)或是数字监控,都必须精确作用于空间中的个体,以切断人与人之间的接触带来的传染。"传染"的概念将生物层面的个体风险转化为社会层面的空间威胁。市场、医院、车站、机场、宾馆、影院、学校、公园……一切支撑着城市中社会交往的空间类型都成了空间威胁的前线。另一方面,高铁车厢、飞机机舱和海上游轮等临时性的转移空间又构成和延伸了危机的空间链条,后者甚至成为海上漂浮的"监狱"。转移空间在建立跨区域空间连接的同时,也极大地加速了危机的传播速度。转化为空间威胁的公共卫生危机改变了建筑空间与它们的使用者之间的关系,并进一步揭示了"使用者"这一现代建筑习以为常的中心概念的复杂性,特别是凸显了它至关重要的个体生命体(organism)和行为能动者(agency)的双重意义,后者体现在社会行为和文化习惯对传染病扩散造成的深层影响。

"空间"不可避免地成为对个体接触进行监控和干预的核心手段,社交疏离、社区"网格化"防控和由新科技支持的"无接触化"也成为应对疫情的关键策略。这无疑包含着对工作、教育、休闲、社交等日常生活的全面改变。问题在于,这种激进的改变究竟是公共卫生事件下"生存社会"的暂时措施,还是将会永久性地逆转我们的生活方式?有别于之前的历次危机,城市人对他人、环境、事物的接触需求,被以个人移动设备、智能机器人和无人机为代表的新型中介所替代,生鲜电商、在线教学和居家办公全面进入了日常生活,并以一种突变的形式完成了对个体需求的升级迭代,或许正如意大利思想家乔吉奥·阿甘本(Giorgio Agamben)预言的那样,"机器取代人类之间的一切接触——一切传染"[2]。

---

[1] 《阿兰·巴迪欧论"大流行":太阳底下无新事》,司昶译,澎湃新闻。https://www.thepaper.cn/newsDetail_forward_6664126.

[2] Seamon David, *Place, Place Identity, and Phenomenology*, in Casakin Hernan, Bernardo Fátima, edi., *The Role of Place Identity in the Perception, Understanding, and Design of Built Environments*, Sharjah: Bentham Science Publishers, 2012.

显然，此次全球化的公共卫生事件揭开了新型人类聚居复杂领域面纱的一角。它揭示了当代条件下跨区域与地方的根本矛盾，揭示了空间与它们的使用者之间的复杂关系，也揭示了当代技术对于日常生活及其意义的深刻改变。如果当代建筑学要完整和有效地应对当代人类聚居条件，而不只是停留在对公共、愉悦、传播等"消费空间"的象征性表达，那么此次疫情期间的极限状态将提供一个审视和反思我们专业的工作范围和核心能力的机会。我们所习惯的常态已然改变，而新冠带来的极限将是专业变革的"导火索"。本文将对这些极限状态进行分析，并试图揭示其对未来人类聚居的常态意义。

一、场所：在网络流动属性和生命环境属性之间

阿兰·巴迪欧的"双重构连"的思想有助于重新理解"场所"这一人居环境营造中至关重要的概念。场所通常被视作是地方化的实践，关注其中开展的日常参与过程，以及在这些过程中建立起来的人与地的归属感，例如由美国人文地理学家大卫·西蒙（David Seamon）提出的由"地理整体"（geographical ensemble）、"场所中人"（people-in-place）和"场所精神"（geniusloci）三要素构成的人地关系。[①] 而此次疫情凸显了场所的另外两重维度，一个是"超地方的"，另一个是"泛人类的"，二者与以日常空间实践为中心的人地关系深入地纠缠在一起。

在疫情全球扩散的过程中，跨区域的聚集场所成为这种复杂性最极端的体现。伊斯兰教民间宣教团体（Tablighi Jamaat）在马来西亚吉隆坡组织的1.6万人大会聚集了来自近30个国家的朝圣者，使得马来西亚成为东南亚疫情传播的中心之一。事实上，亚洲的几个主要的疫情中心，韩国大邱、伊朗库姆、马来西亚吉隆坡，均与宗教朝圣集会密切相关。与此相对的是另一个标志性的超级传播事件，109名来自各国的商务人士参加了在新加坡君悦酒店举办的一次商务会议，其中一位英国人返程途中在法国某滑雪胜地停留度假，先后感染了11个人。这当然并非特例，国际酒店、滑雪度假村、旅游胜地、豪华游轮这样的跨区域的消费场所，与朝圣、巡回工作一起，

---

① Agamben Giorgio, Contagio. https://www.quodlibet.it/giorgio-agambencontagio.

构成了流动性的场所网络,人们由于不同理由加入了空间迁徙和短暂逗留。过去几十年中日益加强的全球尺度人、物、资本的流动,使得场所的网络-流动属性凌驾于其在地性之上,或者说这种流动网络创造了一种暂时性的场所,例如高速公路休息站、宾馆客房、机场和购物商场,人以匿名的方式使用这些空间,并且无法也无需建立深度的情感联系,法国人类学家马克·奥吉(Marc Auge)称之为"非场所"(non-place)。[1]

此次疫情以极限的方式,凸显了场所的网络流动属性与另一个通常不易察觉的生命环境属性之间一直存在的关联。"传染"击穿了"传播"和"感染"这两种交换系统之间的概念之障。我们不得不认识到,场所的"地理整体"不只是物质环境及其塑造的氛围,同时更是生态意义上的、活性的流动系统,并处于不稳定的变化之中。生物的循环与社会的运作之间的链条并没有绝对的分界点。人类的意义世界与生物的自然世界之间无法简单地分离。尽管人类的场所实践中包含着对"自然"的创造性干预,并将其转化为感受与意义,但是作为"泛人类的"自然永远在抵抗着简单的"人类化"。正如布鲁诺·拉图尔(Bruno Latour)所说,"社会状态始终取决于诸多行动者间的联系,其中大多数不具有人类的形态"[2]。

我们需要一种新的场所理论框架来理解新型人类聚居。场所或许应该被视作3个彼此共生的循环:一个网络流动的、一个人地交互的和一个生命环境的。值得注意的是,其中第一个和最后一个都需要在地球尺度下来认识。"人地交互"依然是建筑学科的焦点,但网络流动改写了人地交互的时空坐标和介质,生命环境则将人地交互置于一个更加全面和紧密的共生系统之中。正是通过这样的方式,在地的日常实践才能够将对空间的生产和对自然的生产整合起来。[3]

二、栖居:从居住单元到增强场所

至2020年3月26日已有82个国家30亿人被要求居家隔离,同一天

---

[1] Auge Marc, *Non-Places: Introduction to an Anthropology of Supermodernity*, London & New York: Verso Books, 2009.

[2] Latour Bruno, Is This a Dress Rehearsal? https://critinq.wordpress.com/2020/03/26/is-this-a-dress-rehearsal/.

[3] Angelil Marc, Siress Cary, *Terrestrial Tales: 100+Takes on Earth*, Berlin: Ruby Press, 2019.

的《时代周刊》封面则讲述了6位来自世界各地的普通人如何适应这一异乎寻常的日常现实,其中4位居家,1位在养老院,还有1位是来自中国的快递员。在全球范围的居家隔离中,公共空间被近乎缩减到零,社会被隔离成一个个彼此独立的居住单元(也包括隔离酒店客房、养老院等)。疫情危机在强化了"居所"作为最后的庇护所的同时,也加速了对"家"这一私人领域的颠覆性改变。居家办公、在线教学、线上休闲等全面进入了日常生活;同时,生鲜电商、上门服务则围绕着个人衍生出定制化的服务。史无前例的居家隔离催生了一种"宅"的日常经济学。大量曾经局限于公共领域的活动,在新技术的支持下,在"居所"建立了接口,与此同时发生的是对个体需求更加精准的定制化回应,而这在传统的公共领域是很难实现的。这种变化当然并非刚刚出现,但是疫情极大地扩大它的范围和规模,催生了相应的市场、技术和产业链条,并以一种突变的形式完成了对个体需求的重塑。1960—1970年代境遇主义者们(Situationist)对普遍个体化的超现实想象成为了日常现实,"栖居感"(sense of dwelling)通过个人移动设备和物联网无限扩散,"共享"的公共领域将融入一种无所不在的私人定制和亲密需求。"自媒体"(We Media)成为对"个体的公共性"(individual publicity)的暗喻,而"公共的亲密性"(public intimacy)则成为公共领域的前提。

技术不仅模糊了公共与私密之间的传统界限,更重要的是它将人从具体场所的时空中释放出来。屏幕(以及在5G条件下可穿戴设备的实际应用)将成为不同时空的场所之间的连接通道。我们不再一个时刻只能在一个场所,而是可以同时置身于多个不同场所,在它们的并置、组合和剪切中获得全新的体验,并且是由我们决定场所并置、组合和剪切的方式。人不再是场所的被动使用者,而是场所之间关系的主人。一种新的栖居关系,让人成为场所的创造者,"场所精神"不再作为人地关系中的先验存在,而是人场交互的产物,一种处在持续改变和创造过程中的"形成"(becoming)。

从这个意义上来说,当代新兴的技术人文条件内爆了传统的空间规则。建筑设计操作的不再仅仅是时空连续体,而是大量全新的空间组织形式和相应的认知体验模式。事实上,这些空间组织形式早已在构建我们的日常经验,并影响着我们与世界的交互方式,例如在使用百度地图或者大众点评这类手机应用时,"在虚拟空间中发生的展示及其诱发的公众参与(例如点评)和互动,反过来成为对物质空间的导览和索引"①。基于传统的"时空连续体"(spacetime continuum)的经验空间无法支持当代人与环境之间面向内容和主体的交互需求,只有正视新兴的技术人文条件下的空间组织形式,才能真正将当代设计用于支持人的日常存在和他们的情感、意义与文化。在新的空间关系谱系下,以片段呈现的"场所"之间产生了新的连接和秩序,它们构成了建筑设计需要面对的全新场地。

当代技术人文条件使得场所能够精准和细腻地交流内容信息,并与身心主体进行交互。值得注意的是,这种技术增强的场所已构成了普遍的真实日常。在这种新的场所中,"地理整体"与新的技术系统密不可分。因此,有别于将建筑视作完整设计对象的既有认识,我们需要一个"增强场所"的概念,即将建成形式视作一个更有包容性的设计的组成部分,正如电影中的视频与音频,它通过对媒介的合成来创造一个更加精准的场所感,并为主体的参与留下充足的空间。我们被许多不以或部分以建造形式为载体的空间关系所包围。我们将栖居于各种合成的世界,并在其中建构意义与价值。我们正处于一个"增强场所"的时代。

三、人:行为能动者与环境生命体

此次疫情中一个被广泛讨论的问题是:为什么东亚对疫情的控制似乎比欧美有效?这既包括是否佩戴防护口罩这样的生活习惯的差异,也包括大规模数字监控背后的个人数据采集和交换问题。对此的解释有来自地缘文化视角的,例如韩裔德国哲学家韩炳哲认为,亚洲文化条件下(儒家思想),"人们比欧洲人更顺从、服从,也更信任国家,其日常生活从根本上说组织得比欧洲更严格"②。而文化心理学家米歇尔·盖尔芬德(Michele Gelfand)则用"紧密型社会"(例如新加坡和奥地利)和"松散型社会"来解释,"灾害频仍的国家……(拥有)严密的规则和秩序可以挽救生命。与之相

---

① 鲁安东,《棉仓城市客厅:一个内部性的宣言》,《建筑学报》,2018年第7期,第52—55页。
② 韩炳哲,《为什么东亚对疫情的控制比欧洲有效?》,苏子滢译,澎湃思想市场。http://m.thepaper.cn/newsDetail_forward_6676893。

对,几乎没有受到灾害威胁的文化地域,例如美国,还能享有保持松散的奢侈"①。无论如何,全球抗疫的过程中反映出社会行为和文化习惯对个体行动的深刻影响,我们几乎无法在忽视行为习惯差异的情况下讨论抗疫措施是否有效。

  与此同时,传染病再次揭示了在1830年代业已出现的"在活的生命体和它们的物理环境之间的交换"的意识。② 这种"生命体-环境连续性"的意识基于19世纪的大量医学研究,例如1854年约翰·斯诺(John Snow)发现的不洁净水源与霍乱之间的联系,这些发现推动了后来遍及全世界的城市卫生运动。"卫生"概念针对的即是生命体与环境之间的关系,因此包括了医学的、物质的和空间的内涵。③ 在某种意义上,对生命体的医学认识构成了现代建筑的潜台词,"建筑物被理解为或者说被期待是一种医疗的设备或机制,用以保护和提升身体的健康"④。另一方面,当代生命科学特别是生物化学的飞速发展使人们对自身肌体有了更多的认识、干预和改造的可能。我们正前所未有地需要一种医学化的认识将生命体与建筑乃至城市整体联系起来,因为环境同时也构成了生命体之间的触媒。

  在新型人类聚居条件(生物密度和社会密度)下,我们需要人与环境交互的新认识。一方面,生命体与环境之间存在着密切但常常是不可见的交换关系;另一方面,作为行为能动者的人受到社会文化的深刻影响,他的空间活动是主动的,并且与自我叙事的构建密不可分。人是寻求意义的生命体。

四、空间:监控 vs 韧性

  "传染"是人类聚居的自然机制之一,文化习惯、思想观念、社会信息的群体传播也可以视作"传染"。它将生物个体的风险转化为社会空间的威

---

① Gelfand Michele, To Survive the Coronavirus, the United States Must Tighten Up, *The Boston Globe*. https://www.bostonglobe.com/2020/03/13/opinion/survive-coronavirus-united-states-must-tighten-up/.
② Anthony S. Wohl, *Endangered Lives: Public Health in Victorian Britain*, Boston: Harvard University Press, 1983.
③ 鲁安东、窦平平,《环境作用理论及几个关键词刍议》,《时代建筑》,2018年第3期,第6—12页。
④ 窦平平,《从"医学身体"到诉诸于结构的"环境"观念》,《建筑学报》,2017年第7期,第15—22页。

胁，而对空间进行紧急管控的传统措施依然被证明是抗疫的有效工具。从佩戴防护口罩到社交疏离、居家隔离、社区网格化、封城和封国，不同程度和层级的空间管控有效地阻断了病毒的传播，这在某种程度上回归了建筑最原始的意义——不同环境系统之间的隔离。然而人居环境毕竟不是可以完全切割开的独立实验舱，因此有必要对隔离本身进行审视。公共走廊、电梯间和楼梯间有着显而易见的空间威胁，而在 SARS 期间香港公寓大楼的公用通风管、公用排污管中都曾检测出病毒，成为最初分楼层隔离封锁无效的原因之一。这提醒我们，在相对独立的空间单元之间的可见的和不可见的（如空气、给水、排污）连通是当代城市中无法回避的问题。对传染的空间管控在实质上是对人与环境的生态连续体中发生的"自由循环"的管控。而后者是以人为载体的、动态的时空过程。

在此次疫情中，通过生物识别技术、时空大数据、人工智能和个人移动设备，我们在人类历史上首次做到了对每一个人的实时监控，例如在中国、韩国和以色列。[1] 在与新型冠状病毒的抗争中，通过严密监控智能手机、数以亿计的面部识别摄像头、地铁高铁闸口联网，以及对体温的检测（包括由个人提交的数据），我们不仅可以从空间行为上追踪每个人的活动轨迹，并发现密切接触者，还可以对体温、血压、心率变化乃至情绪等进行识别，进而通过移动应用随时提醒其他人与感染患者保持距离。在 1960—1970 年代的环境危机中出现的对空间隔离的建筑表征，例如巴克敏斯特·富勒（Buckminster Fuller）想象的"曼哈顿穹窿"或者维也纳先锋建筑组合豪斯-拉克（Haus-Rucker-Co）的"环境转换器"这类对技术调节环境的形式设计，让位于一个更加不可见的、技术化的全景监狱。或者说，技术本身正变得更加隐匿、更加无法被表征。

建筑学在失去对空间隔离进行物质表征的传统领域的同时，在提升建成环境抵抗风险的韧性方面则发挥着日益重要的作用。换一个角度来看，"环境转换器"也可以被视作是一种个人尺度抵抗风险的韧性；而 1970 年代的移动建筑、充气建筑和可变形建筑则提升了建筑尺度的韧性。移动式医疗救助空间，相比 120 急救能够相对长时间地在现场提供救治，压缩转移时

---

[1] 尤瓦尔·赫拉利，《疫情中我们将创造怎样的世界？》，《三联生活周刊》。http://www.lifeweek.com.cn/2020/0325/53393.shtml.

间和缓解医院压力。快速搭建式医疗安置空间能够大量集中安置病人,并提供简单医疗。这些都需要对空间的使用,对性能和新材料、新体系进行整合,从应急设计到为具有应急能力的新空间类型而设计。另一个潜在的作用领域是对常规类型空间的韧性进行提升。在抗疫过程中起到重要作用的方舱医院临时改建凸显了准医疗空间的重要性。准医疗空间是日常不具备医疗功能,但是在突发紧急情况下可以被迅速征用的机构空间,比较可行的是体育场馆、中小学校、会议培训中心、酒店度假中心等。这需要在设计时考虑应急需求,增加有限的初始投入,定期(如利用寒暑假、淡季等空档期)测试检查,使其在突发情况下发挥巨大的作用。此外,复合功能的空间同样值得反思。1990年代兴起的功能混合为稳定繁荣的社会提供了高效的、促进交往的空间,然而这类建筑在紧急情况下或将制造麻烦甚至灾难——各类人员不易分流、分级管理难以实施、空间和设备的交叉使用无法隔离。如何发挥单一空间与复合空间的各自优势,或许我们应该呼唤一种适应模式切换的空间组织方式来加强空间的韧性。现代城市虽然极度庞杂、紧凑,但是在智慧化的空间管理下,可以极速地改变人群的聚集模式,从而切换物质空间的使用状态。

如何更好地支持空间模式的切换,而不增加空间的冗余,则依赖于我们对同时作为生命体和能动者的人的更深入的理解。1960年代兴起的结构主义赋予社会形式相应的空间形式,两者之间是同构关系,但它也没落于社会形式的日益不确定。未来人类社会的组织运行方式将更加扑朔。与结构主义将社会形式"降维"至物质空间相反,未来需要将物质空间"升维"去对接社会形式,"维度"的升级将是提升韧性的关键。建筑学现有的防灾和抗风险知识,基本都在应对如火灾、地震、台风等带来的物理破坏上。这次疫情对建筑和城市的物质层面毫发无伤,而建筑和城市又实实在在地影响甚至决定着其中每一个人的健康和命运。因此,空间韧性设计的核心问题不在于新建或者修复,而更多是对现有资源的整合。如何在应对下一次突发情况之前,对现有空间资源进行归类、再认识、重组,从而在应急状态下更从容、高效和创造性地利用空间资源,是我们面临的挑战。在公共健康的视角下,我们完全可以整合现有的技术和资源建立一个反应系统,让我们时刻具备良好的应急能力。

五、增强人：精确面向个体的技术人文及其建筑学

人类一直与各种动物、植物、微生物共同生活在城市之中，一座城市就是一个特定的生态系统。城市的持续密集化促进了自然要素和生命资源在全球范围的流动，也使细菌和病毒的传播获得了前所未有的速度、规模和广度。可以说，快速度、高密度的当代人类聚居状态使得不同城市的生态系统之间构成了全球性的共生关系。而此次疫情暴露了在全球维度和生命体维度这两个时空尺度之间的深刻断裂。正因如此，疫情的暴发（特别是在全球城市的暴发），主要取决于生命体之间流动和交换的强度，而较少受到发达程度、医疗水平、环境质量或空间形态等的影响。如何在个体层面应对这种全球共生，在当代科技与社会条件下实现人的栖居，成为不可回避的专业问题。

另一方面，人类自身也是一个复杂系统。随着现代科学的发展（包括自然科学和人文社会科学），人类对自身的认识不断深入，医学、生物化学、神经科学、生态学、心理学、社会学、文化人类学、生物政治学等学科领域都为"人"的全面认识提供了新的认知视角和思维方式。令人遗憾的是建筑学对"人"的认识还常常局限于人体尺度、使用功能以及偏重视觉的空间感知，飞速发展的"人"的科学未能有效地进入建筑学的知识范畴。与此同时，全新的针对"人"的技术，例如传感、交互、媒体和大数据，已经刺破建筑学科的壁垒直接深入到日常生活的方方面面。如果说文艺复兴建筑用具有象征意义的"普遍人"（universal man）取代了神性，现代主义建筑以符合人类共性规则的"标准人"（generic man）为基点，那么当代的技术人文条件则使我们能够前所未有地精确地面向个体。在这个意义上，我们或许又一次站在了人文主义的全新起点。

高密度条件下的生态共生、"超地方的"和"泛人类的"流动交换，以及技术带来的全新的增强环境的可能性，共同构成了当代新型人类聚居的特征。对其应对之道需要基于对"人"全面地重新认识。在精确面向个体的技术人文条件下，建筑学将成为人类知识体系中至关重要的整合者和能动者。它将日益细分的人类知识体系整合进一个回应个体人的生命环境连续体之中，并通过支持日常实践将对空间的生产和对自然的生产连接起来。可以确信的是，对"人"的新认识将带来建筑学的巨大飞跃，也是这个古老学科持久的生命力所在。

透视种草带货:基于传播政治经济学的视角[*]

胡翼青^{**}

为支援被新冠疫情严重影响的湖北经济,头部网红李佳琦与央视主播朱广权所组成的"小朱配琦"组合联手为湖北的产品"种草带货",在两小时的直播过程中,共售出约4014万元的商品,累积观看逾1亿人次,不能不说是社会和经济效益双丰收。一时间,受新冠疫情影响而沉寂的"种草带货"再度登上公众的注意力头条。所谓"种草",最通俗的说法是指网红通过视频、直播等内容分享方式引导其他用户购买商品的过程;而所谓"带货",说的是网红通过其影响力和号召力,将粉丝转化为产品消费者,将粉丝对自身的信任转化为品牌消费行为。社交平台、算法、网红、微视频、促销、直销等元素在"种草带货"的情境下形成了一个特殊的行动者网络。

在新冠疫情之前,"种草带货"就逐渐成为消费神话的新缔造者。李佳琦曾在5分钟内创纪录地售出15 000支口红,2019年"双十一"更是创造了总成交额10亿元的纪录;而火遍全世界的"文化使者"李子柒也在2019年"双十一"总成交额突破8 000万元。尽管"种草带货"的方式多种多样,多数网红也并没有想象得那样成功,而且可以预计的是在不久的将来,"种草带货"的神话一定会祛魅并让位于下一个来自5G时代的消费神话,但"种草带货"和像李佳琦、李子柒这样的"KOL"已经成为一种值得深入研究的现象。如果用凯尔纳的话来说,头部网红正在创造一种新的媒体奇观。对于凯尔纳而言:"那些能体现当代社会基本价值观、引导个人适应现代生活方

---

* 本文为作者2020年6月1日在高研院学术前沿第338期所作的"传播政治经济学视野下的种草带货"报告,原文发表于《西北师大学报》(社会科学版)2020年第5期。

** 胡翼青,南京大学新闻传播学院教授、博士生导师,新闻传播学院副院长,传播与社会研究所所长,主要研究领域为传播学理论、传播思想史。先后于2014、2018、2019、2020年在南京大学高研院担任短期驻院学者,并从2015年起一直担任高研院驻院本科生导师。

式,并将当代社会中的冲突和解决方式戏剧化的媒体文化现象,它包括媒体制造的各种豪华场面、体育比赛、政治事件。"[①]不过凯尔纳基于大众传播媒体的"美式文化研究"显然既老套又肤浅,根本无法说明消费文化如何在取得巨大市场成功的同时完美诠释了政治正确。

在去年东华大学的一场演讲中,我试图分析"种草带货"的行动者网络可能对时尚传播带来的影响,其灵感既来自直播间的中台效应,也来自"种草带货"对于时尚品牌内涵的重新界定。由于直播间交流与"高高在上"的T型台展示体现了两种不同的传播技术"可供性",通过流量平台的组织,粉丝从以往"吃瓜群众"般观看时尚变成了某种形式的"体验"时尚,这种虚假的"上手"状态极大地激发了他们的消费潜能。与此同时,粉丝个体(主要与其生命周期和社会角色扮演有关)对高档奢侈品牌的购买能力有限,因而能够忍受的上限往往是轻奢品。有鉴于此,高度强调社会区隔和饥饿营销的奢侈品牌并不是"种草带货"的对象,这些大众传播时代时尚界的宠儿,在"种草带货"的机制中正被边缘化,更具"民粹主义"气质的时尚方式正在生成,轻奢品的消费狂欢被建构,时尚的内涵因而被再度媒介化。

然而,"小朱配琦"和李子柒的"讲好中国故事"提醒我,"种草带货"所涉及的权力关系问题绝对不可能仅仅是一个市场营销方式的再度媒介化问题,背后有更多值得探讨的社会权力关系及其转换。别的不说,仅就"孵化"网红、保障内容持续输出并实现推广变现的 MCN 机构(Multi-Channel Network)纷纷涌现而言,就意味着一堆新的权力关系的涌现。所以,透视"种草带货",传播政治经济学是绕不过去的,而分析这些新的社会权力关系,可能对传播政治经济学的理论建构也有启发。所以,我特别想知道,传播政治经济学的视角到底能为理解"种草带货"带来什么,而"种草带货"又能为传播政治经济学的研究带来什么样的想象力?

一、传播政治经济学主流路径视野下的"种草带货"

在一本经典的教材中,文森特·莫斯可将传播政治经济学定义为,"关于社会关系,尤其是权力关系研究的学科,它们互相构成资源的生产、分配、

[①] 道格拉斯·凯尔纳,《媒体奇观:当代美国社会文化透视》,史安斌译,北京:清华大学出版社,2003年,第2页。

消费,包括传播资源的生产、分配和消费"①,"商品化、空间化、结构化"是传播政治经济学的三种研究路径,商品化指的是"把事物的使用价值转化为能够为其带来交换价值的市场商品",空间化是"利用大众媒介和传播技术来克服地理空间所造成的障碍",结构化则指"对社会关系的创造,它主要是围绕社会阶级、社会性别和种族来组织社会关系的"②。从这个定义来看,虽然莫斯可已经提到了技术的传播政治经济学和微观权力的传播政治经济学,以及传播政治经济学中的劳动和商品的主题,但这个理解就传播政治经济学研究而言,既是狭隘的也是非主流的。说它狭隘,是因为这一定义将传播政治经济学的研究对象限定在传播的过程中;说它非主流,则是因为北美传播政治经济学的主流一直是基于自由主义思想对各种权力垄断的批判,这个传统最早始于哈钦斯委员会(又译新闻自由委员会)。

哈钦斯委员会在其报告《一个自由而负责的新闻界》中指出,新闻自由正处在危险之中,原因有三:

> 首先,作为一种大众传播工具,新闻界的发展对于人民的重要性大大提高了,同时,作为一种大众传播工具,新闻界的发展大大降低了能通过新闻界表达其意见和观点的人的比例。其次,能把新闻机构作为大众传播工具使用的少数人,未能提供满足社会需要的服务。最后,那些新闻机构的指导者不时地从事受到社会谴责的种种活动。这些活动如果继续下去的话,新闻机构将不可避免地受到管理或控制。③

所以,北美传播政治经济学的主流思想担心的是经济垄断和商业化对新闻自由的侵蚀,担心的是对新闻媒体有话语权的政治或社会力量滥用自己的自由:"新闻自由之所以面临这种危险,部分是新闻界的经济结构所致,同时是因为新闻界的主管未能意识到一个现代国家的需要,未能估计出并承担起那些需要赋予他们的责任。"④相比于后来类似于阿特休尔等传播政

---

① 文森特·莫斯可,《传播政治经济学》,胡春阳等译,上海:上海译文出版社,2013年,第3页。
② 同上书,第2页。
③ 新闻自由委员会,《一个自由而负责的新闻界》,展江等译,北京:中国人民大学出版社,2004年,第1页。
④ 同上书,第2页。

治经济学者的语篇,哈钦斯委员会的表述还比较稚嫩,但主要观点已经很明确:新闻业的表达受到政治权力与经济权力(市场权力)的双重制约,这其实就为以后的传播政治经济学奠定了一个政治权力和经济权力共同作用和相互博弈的理论框架。

这个框架是如此的牢固,以至于赫伯特·席勒的文化帝国主义研究、赫伯特·甘斯的新闻生产研究都基本沿袭了这种范式。达拉斯·斯麦兹在"盲点之争"中指出,对于垄断资本主义对新闻和娱乐的操纵,以往传播政治经济学(包括席勒、默多克和戈尔丁)的讨论处理的只是肤浅的表象,甚至包括他自己:"包括撰写此文之前的我本人。"[①]这种框架导致的结果必然是一种放之四海而皆准的结论,即传播业受到政治与经济权力的宰制。

如果沿用这种思路来讨论"种草带货",我们基本上可以想到一个必然的结论:"种草带货"在流量经济的逻辑之下,通过市场力量与政治力量的合谋与博弈,成为一种合法存在的媒体奇观。"种草带货"的背后是互联网流量经济形成的强大市场力量,它代表着一个产业集群及其相关社会资源的共同利益。流量平台及其分支机构的利益诉求,MCN机构的利益诉求及其所在地政府对于新技术公司拉动互联网经济的强烈需求,制造业的线上销售需求,网红及其运作团队的利益诉求形成了合力,从而以"种草带货"这种公众喜闻乐见的方式垄断了公众的闲暇时间,操纵了公众有限的注意力。这形成了一种巨大的社会力量,以至于任何想要利用这种力量的社会需求,比如扶贫或赈灾都必须与这种力量合作或合谋,从而形成了"种草带货"的政治合法性和影响力。

不过,这种解释的背后还存在着一些无法说清楚的细节问题,比如说为什么是"种草带货"这种传播形式,为什么是李佳琦或李子柒而不是别人获得了巨大的社会影响力,为什么对于这种垄断注意力甚至是诱导性消费的做法公众并无疑义。斯麦兹可能已经看出,批判宏大的政治权力与经济权力极易成为空洞教条的陈词滥调。当主流传播政治经济学针对新闻传播业的任何研究结论都变成了政治力量与市场力量的合谋或博弈,传播政治经济学本身就成了一种意识形态:"任何市场经济国家的传播政策都一定是资

---

① 达拉斯·斯麦兹,《传播:西方马克思主义的盲点》,刘晓红译,姚建华编著,《传播政治经济学经典文献选读》,北京:商务印书馆,2019年,第20页。

本与国家权力之间的合谋;任何非完全意义的市场经济国家的传播政策一定是资本作恶,政府背黑锅。到最后,这种研究就不再是理论发现,而是政治站队或表态,表明研究者是愤怒的左派知识分子——理论退场的地方,剩下的只会是彻底的意识形态。"①因此,沿着传播政治经济学底色单薄的主流路径往下走,对于种草带货的分析就只能得到一堆缺乏阐释力的常识。

今天看来,传统主流传播政治经济学结论的贫乏,主要是对两个维度的忽略。

其一是忽略了以福柯为代表的学者所提出的社会微观权力视角,这是导致宏观政治-经济视角无视研究对象偶然性和细节丰富性问题的根本原因。所以,宏大的政治经济批判总是无法很好地回应个体的劳动如何与社会的资本复制相连接等重要议题。

其二是忽视了早已登上历史舞台并且不断变化的媒介技术维度。这一缺憾与传播政治经济学所脱胎的"母体"政治经济学有关,持人道主义立场的马克思并没有赋予技术过多的重要性,相比于其他技术哲学传统而言,仍然将重点放在了社会政治批判之上,使得承袭自此的传播政治经济学常常没能关注以透明的方式嵌入日常生活的技术。这一点,似乎斯蒂格勒看得比谁都清楚,他不仅批判法兰克福学派完全不懂媒介,而且认为马克思也一样不了解媒介工业:"马克思(和休谟一样)是一个研究工业的伟大思想家,但是他一直没有能够进入'计算和持留领域的工业化'这一问题,而且和他的前辈们一样,马克思最终也没有谈到这一概念。"②

二、受众商品论视角下的"种草带货"

困境的转机出现在20世纪70年代以后,传播政治经济学通过吸收相关理论资源,极大地拓展了研究路径,突破了原本单薄的二元视角。这其中最有代表性的便是达拉斯·斯麦兹的受众商品论。

1977年,达拉斯·斯麦兹在《传播:西方马克思主义的盲点》一文中提

---

① 胡翼青、杨馨,《解构神话:传播政治经济学学科合法性问题辨析》,《南昌大学学报》(人文社会科学版),2016年第4期。
② 贝尔纳·斯蒂格勒,《技术与时间3:电影的时间与存在之痛的问题》,方尔平译,南京:译林出版社,2012年,第109页。

出受众商品论,用传媒的二级传播理论来解释受众是如何被媒体与广告商转变为可交换的商品的。这篇文章揭示出资本主义的残酷现实:受众工作之余看似在通过电视等媒介进行休闲娱乐,实质上是一种非职业劳动,这种价值建立在注意力上的劳动,将受众转变为可被售卖的商品。"客观的现实就是在垄断资本主义社会中,大多数人的非睡眠时间都是劳动时间。这些劳动时间被用于普通商品的生产(人们既获得工作报酬,又成为受众)以及劳动力的生产和再生产(这方面工作报酬已经包括在收入中了)。在非职业劳动时间内,最大的一块时间就是售卖给广告商的受众时间。售卖的人,并不是劳动者本人,而是大众传媒。"①也就是说,受众闲暇时间的媒体使用行为变成了一种劳动,被广告商用于生产和再生产。

费斯克等文化研究者认为受众商品论忽视了受众的积极性与自主性,将其片面描述为消极的牺牲品。然而,这恰恰就是斯麦兹的睿智所在,唯独遗憾的是,斯麦兹把过多的注意力放在了广告商和传媒身上,广告商和传媒不能完全代表这种将受众商品化的力量,其实他本人也看到了大众传媒的独特性:"一般认为上层建筑本身并不参与基础的生产活动,然而,大众传媒却同时身兼二者,既是上层建筑的一部分,又在基础的生产活动的最后阶段——引发需求,并且通过购买消费品而得到满足——成为绝对必要的一环。"②但斯麦兹还是缺乏足够的想象力,大众传媒也是一种资本再生产的机构,它的出现为资本再生产提供了这样一种可供性,即资本的再生产可以做到全时全域。如果说大众传媒的时代看到这一点还有点困难,那么在平台媒体的今天,全时全域的资本再生产显然已经成为确凿的现实。因此,受众不仅仅是媒体和广告商的商品,他们是全球资本自我复制的重要资源,这种资本没有确指,而是一种弥散的形态。

不管有多少非议,正是这篇具有里程碑意义的文章,完成了对传播政治经济学的重要推进,使得这一理论拥有了紧跟平台经济时代的延展力。首先,斯麦兹提醒我们经由媒介平台的中介,劳动与休闲娱乐、生产与消费之间的边界已经相当模糊,其表征就是劳动和劳动时间的外延在进一步扩大,

---

① 达拉斯·斯麦兹,《传播:西方马克思主义的盲点》,刘晓红译,姚建华编著,《传播政治经济学经典文献选读》,北京:商务印书馆,2019年,第21页。
② 同上。

诸如点赞、评论等更具互动性的媒介使用行为也成了劳动的一部分,使用媒介本身就是在为资方创造剩余价值。其次,如果说斯麦兹当时还天真地以为垄断资本主义制度下所有不睡觉时间才是工作时间,那么从整体性的视角来看,就可以发现当下正在逐渐步入乔纳森·克拉里所说的"睡眠的终结",人们无限延长使用媒介亦即数字劳动的时间,以至于其生命时间与媒介时间重合,从而无时无刻不处于剩余价值被剥削的状态之中。最后,资本与数字劳工之间剥削与被剥削的关系被偶像与粉丝之间的关系所掩盖,在精心培育的信任感的作用下,粉丝便义无反顾地为偶像贡献出自己的劳动。可以说,平台经济发展至今,受众商品论并未过时,而是以更加激进的方式日复一日地上演着。

受众商品论在当下最为典型的延伸便是数字劳工与玩工相关研究。玩工(playbour)最早指的是发布技术贴、修改版本的游戏模组等爱好者群体,其后增加了游戏代练者群体,随着游戏的媒介化程度日益加深,甚至所有游戏玩家都在通过生成数据、参与互动而被裹挟进来为游戏公司创造利润,为资本的复制贡献力量,由此娱乐与劳动的边界彻底合二为一。玩工在主观上并不认为自己是在劳动,相反,他们会认为这顶多算是在为他们的娱乐付费。然而在客观上,玩工就是在自己的非劳动时间为弥散的资本制造剩余价值。而"种草带货"似乎比"玩工"现象更符合受众商品论的原型。一方面,参与网红主播的直播间本身就是一种休闲和娱乐,另一方面,直播间里"带货"就是直接在帮助相关品牌完成从生产到消费的"惊险的一跃"。对于个体而言,其所有的媒介使用行为均会被转化为无偿劳动,无论是个体的收入还是时间均成为资本的囊中之物,个体也就不单在替商品厂商同时还在为流量平台生产剩余价值,无论从其消费内容还是形式来说,消费者早已成为一名被深度剥削却又十足狂热的消费劳工。最令人感到痛苦的是,这一境遇恰恰是资本通过参与感、满足感等糖衣包裹的同意制造,剥削于是显得既隐匿而又无可逃遁,最后成为现代人的终极归宿。

于是,参与者直接购买物质化的商品和参与者作为流量平台的商品两者以完美的方式统一在一起,可以说,参与者的一切行动都自动地在帮助资本有效地再生产,参与者的行动逻辑与资本复制的逻辑完美地统一在一起。这是一种比"二级销售模式"更为强大的资本复制模式,远远超过网红经济早期的打赏模式,直销、促销、数字劳工三种模式叠加在一起,开创出了一种前所未有的强大而复杂的资本复制模式。在这里,与熟悉的"陌生人"的社会交往成了资本复制的载体,对熟悉的"陌生人"的情感及信任被转化为巨大资本复制的动力。

"种草带货"的完美和强大就在于,这种剥削剩余价值的强大捍卫者恰恰是被剥削者本人。对于"种草带货"的任何指责,都会受到粉丝们的强烈反击,因为这会被看作是对其精神寄托和存在意义的否认。也许我们可以这么说,如果马克思所面对的是"人与人关系的经济物化颠倒",那么德波的景观社会就是在此之上的二重颠倒,即在景观的王国里,物性的商品经济世界已经转化成景观的总体存在,存在转化为表象,从而"已经颠倒的物化本身的表象化再颠倒"①。进而言之,在前两重颠倒的基础之上,"种草带货"所混淆的是娱乐休闲与异化劳动之间的边界,也就是说异化劳动变成了娱乐和休闲,变成了个人的绝对需求,这是社会关系倒置的最新呈现,同时也是最为彻底和最不容乐观的颠倒,"资本完成了对人类劳动全方位剥削的最后一道工序"②。

三、空间的传播政治经济学与"种草带货"

在传播政治经济学上可以与受众商品论相提并论的里程碑之作是列斐伏尔的《空间与政治》一书,在这部书中列斐伏尔通过对空间的定义,拉开了空间生产的序幕,同时也开创了传播政治经济学的空间路径。

在马克思那里,空间体现为资本主义生产方式和资本扩张中需要加以征服的市场与距离,属于实体的物理空间范畴。列斐伏尔、大卫·哈维等学者则大大地将这种空间的观念向前推进了一步。列斐伏尔认为,以往关于空间有四种不太相同的理解:其一是空间被看作一种被掏空了所有内容的纯粹形式;其二是空间被看作可以被经验的社会场所;其三是把空间看作一种中介或媒介,"一个这样的空间,既是意识形态性的(因为是政治的),又是知识性的(因为它包含了种种精心的设计)";最后,空间被看作各种生产关

---

① 张一兵,《颠倒再颠倒的景观世界:德波〈景观社会〉的文本学解读》,《南京大学学报》,2006年第1期。
② 余晓敏、胡翼青,《再度解蔽:为法兰克福学派辩护》,《全球传媒学刊》,2017年第1期。

系或社会关系汇集并再生产的场所。① 列斐伏尔尤为赞成第四种对空间的理解,要求注意空间在超越物理范畴以外的意义,强调空间实践及其组织之于资本主义剩余价值生产的基础性意义,即从"空间中的事物生产"(production in space)转向"空间本身的生产(production of space)"②。

也就是说,在列斐伏尔那里,空间之于资本的再生产起码有三种基本类型:其一是基于物质空间中的事物的资本再生产;其二是基于精神空间(当空间作为媒介)中的事物的资本再生产;其三是空间本身作为资本的再生产。空间既是资本自我复制的手段,也是资本自我复制后的产物。当然,由于列斐伏尔对空间中意识形态的再生产,对意识形态对日常生活的殖民等问题更为重视,因而他的研究只能被称为空间的政治经济学。当代传播政治经济学的空间路径其实更多受到大卫·哈维的影响。

受到"空间本身的生产"这一观点的影响,大卫·哈维指出,当代资本主义的发展体现出两个明显的特征:其一是"资本的空间化",说的是资本围绕着空间不断自我复制;其二为"空间的资本化",即资本以空间为工具来全面控制整个社会。为了克服空间的障碍或者说为了增强空间复制资本的能力,资本不得不通过不间断的商品交换来实现空间整合、空间重组,不断地减少商品、货币流动过程中遭遇的空间阻碍。空间从某种意义上也是资本主义发展最重要的资源,因为它是克服资本主义扩张危机的最佳方法。哈维曾用"时空修复"这一概念来阐述资本主义是如何通过空间扩张缓解过度积累所带来的危机,譬如发达资本主义国家通过空间转移将危机输出到发展中国家。哈维认为空间修复能够部分地修正马克思对资本主义即将灭亡的预言,这种思路在某种程度上可以启发我们,无论是资本主义的危机还是生机,均系于空间之手。一方面,随着资本征服空间的能力越来越强,资本主义可以利用的空间越来越大,直到步入真正的全球化语境;但另一方面,可以拓展空间也就越来越少,因而资本主义的危机便不可避免地来临了。

然而,随着1991年万维网成为国际性的商用互联网——因特网,即将到来的空间危机似乎迎刃而解。这不仅是因为凭空出现了一个无远弗届的

---

① 亨利·列斐伏尔,《空间与政治》,李春译,上海:上海人民出版社,2015年,第21—26页。
② 亨利·列斐伏尔,《空间:社会产物与使用价值》,王志弘译,包亚明主编,《现代性与空间的生产》,上海:上海教育出版社,2001年,第47页。

赛博空间,而且物理空间与赛博空间、线上空间与线下空间之间一旦发生多元的互动与整合,空间将成为取之不尽,用之不竭的资源。而像"种草带货"这样的空间,就是线上线下复杂整合谋划后的成果。

"种草带货"本身就是极为典型的空间实践。用户与主播分别所处的物理空间经由媒介技术得以接合,主播能够通过阅读实时评论与用户互动,回应他们的疑问与关切,营造出平等而亲密的谈话体验,令用户对其产生朋友般的依赖与黏性,有限的物理空间承载的其实是无限的心理空间。除此之外,用户还能够在不同的线上空间以及线下空间进行自由切换,或是赶场子一般蹲守在各个平台不同的直播间,或是在上班上课的同时悄然点开某个应用程序,或是利用好坐地铁坐公交这样的碎片化时间。而用户们的参与所带来的流量效应,吸引着一切想要获利的资源进入这个空间、谋划这个空间,获得更大的效益。通过上述空间实践,小小的直播空间就被媒介转换成了具有巨大经济效益的生产性空间,以此来实现社会关系的再生产与资本的自我复制。"种草带货"必然不会持续火下去,多数的网红主播也只是时代的炮灰。然而流量平台对空间的谋划却注定不会停止,技术对于空间扩张的执着兴趣,势必会创造出比"种草带货"更能占据公众注意力的媒介项目。

面对永动机一般似乎没有停歇的空间生产,大卫·哈维对于资本主义终将因空间枯竭而衰亡的期许恐怕只能成为一种不切实际的愿景。那么,大卫·哈维到底哪里错了?

四、技术批判的传播政治经济学

如果仔细分析,我们不难发现,大卫·哈维的时空观脱胎于牛顿的时空观,这可能是他深受马克思关于"时间消灭空间"论述的影响所致。这种时空观,其实也是一种世界观,是牛顿物理学中隐藏的世界观与秩序感。"牛顿所宣扬的思想认为,宇宙、世界及其固有的运作方式与一台机器相类似,这是一个钟表般的宇宙,它在一个巨大的空间-时间结构中运行,具有神圣的和谐性,人与自然居于这种结构之内,那么也势必只有透过这种结构关系,才能被最好地理解。"[①]然而,今天的时空正因为新媒体的技术而发生着

---

① 罗伯特·哈桑,《注意力分散时代:高速网络经济中的阅读、书写与政治》,张宁译,上海:复旦大学出版社,2020年,第13—14页。

根本的变化，因为不是空间和时间决定了速度，而是速度决定了空间和时间。

"种草带货"中所体现的媒介速度，根本不能用牛顿的时空观来解释。从网红主播开始直播的一刹那，所有用户都时刻处于预备姿态，唯恐落于人后，只待购买渠道开启便立即下单。在几乎同一时间中，无数空间便联结在了一起。无论是用户间刷屏的评论，还是主播的倒计时、"买它！"等营销技巧，均烘托出一种你追我赶、时不我与的竞赛氛围。一旦倒计时结束，用户如洪水"管涌"一般，大有决堤之势。如此种种，使得用户全然忽略了品牌与商品的内容和质量本身，而只关注是否抢货成功。这样的消费早已经是形式消灭了内容，甚至商品的符号价值都让位于其社交价值。因此，没有用户为抢到了什么有价值的商品而欢欣鼓舞，他们欢欣鼓舞的只是如愿抢到了网红主播所推荐的品牌或产品。如果鲍德里亚还活着的话，他一定会吃惊地发现，消费社会的拜物教远远不如"种草带货"来得疯狂。

换句话说，在那一刻几乎所有"在场"个体的时间感都被"种草带货"的速度所创造出来的时间感所取代，这是一种急剧的共时性所导致的时间感，而以往这种时间感通常是抽象的、历时性的和机械的钟表时间。这种时间感上的变化，相比劳动与娱乐的颠倒，似乎又是一种完全不同的批判维度。这种时间感变化的背后，是一系列复杂的技术操作，尤其是算法如何推送的问题，怎么推送才能形成最大程度的共时感。所以，大卫·哈维的问题在于，资本主义的时空向度绝不只是牛顿意义上的时空向度，而他对这一向度丰富性的忽略，与他无视技术与媒介技术内在时空逻辑是有关联的。

在这种速度的冲击之下，很多既有价值观的阶级区隔不断被刷新。在大众传播时代，奢侈品品牌严格遵循饥饿营销法则和标识阶层的社会法则。时尚的"示异"功能在齐美尔、布尔迪厄等学者看来象征着身份认同与阶层区隔，反之，时尚的大众化和民粹化则可能意味着时尚的转移和终结。今天，"种草带货"在短时间内就能极大地拉动高端品牌旗下轻奢品的消费，并不断刷新成交额纪录。由此可见，直播平台上无论是"代言者"还是时尚规则，均呈现民粹主义的倾向，即通过不断下沉，试图辐射更加广泛的地域与阶层。正如李佳琦那句"涂上它，你就是贵妇"所表征的那样，在某些场合社交价值正在取代一切的价值。

这当然不仅仅是一个时尚的议题。提升速度必然会重塑社会的意识形态。直播平台之所以明显地民粹主义化,就是因为速度消灭内容。"我们所面对的交流的现实是,网络化的公共领域急剧变动,它并不是多元化的'反公众'的'话语空间',而是充满了喧嚣嘈杂,在其中,对政治行动进行恰当讨论、反思、规划与安排的时间在飞速减少。"①嘈杂和喧哗解构了一切严肃与崇高的内容,用户本身潜在的民粹主义倾向或思维模式得到释放,他们的行为与偏好也在进一步建构着平台与主播。当民粹主义以如此符合媒介化社会逻辑的方式被组织起来时,它所具有的破坏力将越来越大。

对于能够快速收获海量忠实拥趸的网红主播而言,一旦语境由消费、娱乐转变为政治、社会议题,其煽动和迎合民粹主义的话语必然会对社会秩序产生冲击。而与之形成鲜明对比的是,被民粹主义所排斥的专业媒体,尽管不断地在线性的内容生产上下功夫,但在吸引流量上无法与平台上的网红主播匹敌,而只能占据相当有限的注意力。这些媒体已经完全不能理解,为什么这个时代不需要专业的内容,他们更无法理解的是,这一切都是速度的结果。而对于网红主播背后的 MCN 机构而言,它们可能会越来越获得资本的青睐,机构之间必将从分散走向联合甚至寡头,试图攫取更大的市场权力和话语权力。MCN 机构通过工业流水线一般地"制造"、推广网红主播,这将在极大程度上决定何种景观在平台上以何种方式被呈现,并以超真实的方式形塑个体的认知、情感与记忆,进而组织起不同类型的关系与行动,建构一种不确定的社会现实。

上述这些存在于"种草带货"中的问题都亟待传播政治经济学去关注和批判。所以尽管受众商品论和空间的政治经济学已经试图将传播政治经济学从囿于政治和经济的二元视角中解放出来,但这种解放由于没有真正重视媒介技术的问题而显得很不彻底。在莫斯可那里,传播政治经济学将传播视作意义的社会生产与交换。② 但是,这学说到目前为止,最大的问题是不关注媒介技术与传播本身,他们顶多关心的只是传播业导致社会的信息化、数字化,在他们的观念中,媒介仍然是工具,是载体而不是社会的组织方

---

① 罗伯特·哈桑,《注意力分散时代:高速网络经济中的阅读、书写与政治》,张宁译,上海:复旦大学出版社,2020年,第175页。
② 文森特·莫斯可,《传播政治经济学》,胡春阳等译,上海:上海译文出版社,2013年,第8页。

式。在我给莫斯可的《云端》中译本写的译者序中，我就发现，即使是莫斯可这样的传播政治经济学集大成者，媒介技术观也是有问题的："不管他承不承认，莫斯可的技术观在很大程度上来自丹尼尔·贝尔，因而其技术观无可避免地打上了技术进化论和结构功能主义的色彩。在莫斯可那里，技术仍然是工具性的，功能性的，独立的和表象性的范畴。"①他们似乎只是想把政治经济学的各种理论运用到传播业中来，而且从来没有想过，传播业尤其是媒介技术本身的独特个性足以颠覆政治经济学的陈词滥调。有一段时间，关于注意力经济的讨论似乎注意到了媒介技术的组织方式如何宰制注意力的问题，但似乎也没有得到传播政治经济学的响应。几乎可以这么说，传播政治经济学可能被看作最不了解传播的一种传播学说。如果说在传播业以机构化和产业化方式出现的大众传播时代，这种视角并没有露出太多马脚的话，那么到了人工智能媒体和平台媒体的时代，这种视角的局限性则已经明显地呈现出来。

在平台媒体和人工智能媒体的今天，媒介技术的进步推动资本复制进入了前所未有的新时期，这表现为现代传播体系极大地提高了资本流通的效率，媒介使用极大地拉动着商品消费的增长并成为资本增殖不可或缺的前提。随着现代传播体系深度嵌入日常生活之中，媒介成了麦克卢汉所说的"活生生的力量漩涡"，以媒介技术为基础的平台成为联结人与人、人与非人行动者的最重要方式。我们已经无法想象没有了微信、QQ等即时通信平台，淘宝、京东等电商平台以及抖音、今日头条等娱乐资讯平台的生活，个体沦陷进了一个又一个时空连续体之间，看似具有采纳、评价平台的主导性权力，实则只有选择观看短视频、直播还是阅读广告软文的自由，抑或是选择为李佳琦还是李子柒买单的自由，因而无时不在媒介与资本的枷锁之中。可以说，媒介技术的革新每一分每一秒都在试图创造新的速度，与此同时也就创造出了千变万化的时空组合。在人类社会的复杂网络中，媒介技术正在作为一个积极的行动主体建构和转译着整个世界。

具体说来，平台经济深刻植根于当下媒介化社会之中。这种经济模式之所以得以可能，正是由于随着媒介技术的进步，媒介下沉为整个社会各个

---

① 胡翼青，《传播政治经济学的洞见与局限》，《新闻界》，2017年第1期。

场域的技术座驾。用延森的话来说,今天的媒介是一种数字元技术。用库尔德利的话来说,媒介已不单单是文化资本,而是成了可以对其他社会场域施加影响的元资本。[①] 原本强势的经济场也需要遵从数字元技术的流量逻辑,接受媒介技术的他律。在政治场中,美国总统特朗普被称为"推特总统"就更说明了一切。因此,传播政治经济学如果把媒介技术抛到一边,就意味着它将离活生生的社会实践越来越遥远。

有鉴于此,在受众商品论与空间资本扩张两条路径创新之外,我认为当下的传播政治经济学还应该存在第三条路径,即技术的传播政治经济学。这条路径在当下的平台经济时代有了更加广泛的应用空间,也就特别适合用来进行平台经济批判。拉图尔倡导通过网络分析来综合考量人类与非人等异质行动者是如何在转译过程中互相影响的。运用这一理论视域便可以看到,面对作为非人行动者的算法、软件、平台,人类并非总能保持其主体性。注重消费者逻辑的抖音式算法和注重生产者逻辑的快手式算法分别组织起不同的空间场域和游戏规则,通过不同的筛选、推送和管理机制将短视频的生产者与消费者联系起来,以此呈现出迥异的媒介景观,而深度浸染于其中的用户很有可能将景观作为社会现实本身,从而用户头脑中的知识图景被轻易改造。这一切的研究和批判,都应当在技术的传播政治经济学视角下展开。这条路径将前所未有地聚焦和批判媒介技术本身及其后果,尤其是媒介技术内在的时空逻辑带来的社会后果。通过对媒介技术及其后果的洞悉与批判,对媒介化社会之中的个体命运进行解蔽与救赎。

长期以来,很多传播政治经济学研究者一直在为单数形式的宏大叙事的传播政治经济学发愁,思考如何摆脱宏大的政治经济叙事,如何在复数形式的传播政治经济学研究中取得突破。所以当我们通过"种草带货"去反思各种传播政治经济学的视角时,突然欣喜地发现,"种草带货"这一现象给几乎已经变成教条的传播政治经济学带来了很多值得思考的新角度,它似乎能够带领我们穿过宏大政治—经济框架限定的理论空间。而在另一方面,带着形式的传播政治经济学的视角来审视种草带货,同样可以发现这一领域所具有的前所未有的丰富性与延展性,易于激发理论的想象力。

[①] 尼克·库尔德利,《媒介、社会与世界:社会理论与数字媒介实践》,何道宽译,上海:复旦大学出版社,2014年,第146页。

"种草带货"提供了一个观察数字元技术的窗口,帮助我们去透视市场、政治、技术等多种元权力作用下趋于不确定的平台时代。在面对"种草带货"这类媒体奇观时,传播政治经济学的视角可以帮助我们避免沉溺于纷繁的大众文化现象本身,在文化批判之外剖析背后更为深刻的结构性动因。显而易见,传播政治经济学将在平台媒体时代大放异彩。相应的,这些现象也为反思传播政治经济学理论路径提供了难得的契机,让传播政治经济学真正具有"传播"的视角。可见,理论与现象总是在相互拉扯之中携手共进。

复数的数字人文
——比较视野下的中国数字人文[*]

陈　静[**]

比较何为？在一个新兴领域尚未得到全面、深入发展的时候，就对之进行一种回顾性的比较，况且还是在一种颇有人为、武断且不科学色彩的"中西"二元对立的框架之下，是否合适？其合理性何在？若回溯数字人文发展、繁荣的这短短十多年来（以数字人文正式改名算起），我们会发现有关数字人文的反思性争论持续不断，而且常常以比较的方式出现。比如在有关数字人文名称的讨论中，就有关于"数字人文"与"人文计算"的比较，讨论前者如何对后者取而代之；在对数字人文的价值质疑中，"数字人文"学者反复被质疑的就是如何能突破"传统人文"所能达到的高度，得其不能；在面对有关"数字人文"是一群野心勃勃的掘金者为攫取资源所打造的幻象之质问时，数字人文学者则一再高呼不会技术的守旧派将在技术的洪流中被社会淘汰。诸如此类的争论，持续不断。这些争论中尽管有很多来自数字人文外部的批评，但也有内部社群因为合法性焦虑而引发的建设性反思。但无论是哪种争论，体现的都是数字人文作为一种基于数字知识生产范式逐渐渗透到各个领域的同时，也在持续地自我发展，逐渐建立起合法性身份、合理性内涵以及反思性自省。然而，如何在全球范围内评价数字人文这种新的知识生产范式的有效性，其合法性、合理性是否在全球多样性语境中同样成立，其结果是否能为"数字人文"带来不一样的批判性反思，这些都成为本文的一个起点。以比较为策略，在中国语境内对全球知识生产体系中的数字人文进行审视，对数字人文作为一种新的知识生产方式所具有的决定性

---

[*]　本文由作者提供，原文发表于《中国比较文学》2019 年第 4 期。
[**]　陈静，博士，南京大学艺术学院副教授，南京大学高研院"数字人文创研中心"成员，硕士生导师。研究方向为文化和媒介研究、新媒体、数字人文等。

作用和巨大潜力进行说明。本文特别提出，在大数据、数字技术、人工智能、双一流建设和"新文科"背景下，数字人文将有助于中国人文社会科学实现从印刷知识型向数字知识型转变，并构建与国际人文学术进行对话的新格局。

一、作为数字知识生产转型期的"数字人文"

在全球信息时代，以计算机为代表的数字技术、媒介与相应的一整套方法及知识话语已经渗透进了以高等教育、学术研究和出版为代表的知识生产系统中，改变着学术研究的对象、相关知识和合法性边缘，也由此产生了应用于人文研究的、新的数据工具、资源以及相应的机构和体制。从微观来看，人文学者除了利用计算机及文本处理软件写作、数据库查找资料、社交平台营造社群以及搜索引擎查询信息外，也都开始使用包括计算、统计、GIS、可视化、多媒体等数字技术和方法，对文本、图像、声音、实体对象等等传统人文科学研究对象进行多角度再现、分析与再创造，生产出基于信息技术的新型学术成果。而从宏观来看，我们可以将这样一场变革描绘为以印刷术及书籍为物质基础和认识论前提而建立起的印刷知识生产体系正在向以数字技术和电子终端为物质基础和认识论前提的数字知识生产体系转变。西方学界从1960年代开始就对这场知识生产转型进行了一系列的讨论。比如从罗兰·巴特、雅克·德里达（Jacques Derrida）、马克·波斯特（Mark Poster）、斯坦利·费什（Stanley Fish）到乔治·兰道（George Landow）所开启的信息批判理论，尤其是后结构主义文本理论与信息技术的融合反思，如弗德里克·基特勒（Frederick Kittler）、沃尔夫冈·恩斯特（Wolfgang Ernst）、艾瑞克·胡塔莫（Erkki Huhtamo）、西格弗里德·齐林斯基（Siegfried Zielinski）等学者从媒介哲学、媒介文化、新媒体研究和媒介考古学等方面开展的媒介本体、媒介和文化、媒介与社会的关系的论述，抑或是由麦克卢汉（Marshall McLuhan）、杰·戴维·博尔特（Jay David Bolter）、理查德·格鲁辛（Richard Grusin）、列维·曼诺维奇（Lev Manovich）、马克·汉森（Mark Hansen）和 N. 凯瑟琳·海尔斯（N. Katherine Hayles）所致力的新媒体研究、电子文本研究等。这些理论脉络共同绘制了一个信息时代的知识生产转型期的丰富图谱，其中人文学者如何在信息方式变化了的社会语境中重新构建一个知识系统,如何从信息技术、媒介、新媒体和数字媒体的角度来探寻作为主体的人是如何认知、思考和传播知识等问题成了新一轮知识系统/体制构建场景中的核心议题。与此同时,自1990年代以来,作为知识存储和传播最主要方式之一的图书馆在大力发展基于数字技术的数字图书馆(digital library)的同时,也开始重视图书馆在科研技术中对学术研究的支持实践。比如在美国高校图书馆开始普遍流行的数字学术(digital scholarship),就凸显了图书馆对多学科的研究人员进行快学科合作这一日益增长的需求的积极回应。而作为数字技术与人文研究结合的典型代表,数字人文可以说纵横贯穿了各个人文研究及数字技术的领域,从个人学者到理论建构,再到技术研发和资源建设。尽管直至今日,"数字人文"都并没有形成一个公认的明晰定义,抑或是特定的某些群体性特征,但"数字人文"已经普遍被接受为一种在一定群体内具有共识性的自我身份认知,一种新的科技发展生态环境中的人文学术发展的新路径,更是一种不可避免的数字生产转型期的范式形态。

当然,这里并不是说,数字人文就能取代传统人文研究。事实上,对数字人文的争论在近10年以来一直不断。数字人文经由早期的文本批评(textual critics),尤其是电子编辑(electronic editing)与"人文计算"(humanities computing)所开辟的两种范式,形成了一个丰富、多元且复杂的开放谱系格局,其内涵与外延都处在一个不断地被定义、被争论、被批判从而再被定义的过程中。研究边界的日渐扩张、参与者队伍的日益壮大、教学和科研机构的迅速增多以及出版成果的井喷式出现,都持续为数字人文的发展提供了机遇和条件,但也同时引起了一系列的争议和讨论。这些论争不仅发生在数字人文外部,也发生在数字人文的内部;既发生在推特、微信这样的社交媒体或者像博客、新闻媒体和开放获取的电子书这样的网站平台上,也发生在讲座、会议这样的学术场合,或者报纸、书籍和期刊等传统出版物中,常常可以看到各个学科的学者、文博馆员、计算机工程师、统计学家、设计师们在文字间唇枪舌剑、刀光剑影。这些议题既包括量化方法施用于人文研究的正当性及合理性(Nan Z. Da、Ted Underwood、Richard Jean So、Hoyt Long)、数字人文是否是对科学和算法的迷恋(Timothy Brennan、

Eric Weiskott、Alan Liu)、数字人文所具有的学术价值(Stanley Fish),还包括对数字人文从业者的身份确认的疑问(Stephen Ramsay)、数字人文与文化及媒介研究的关系(Alan Liu)、数字人文与种族和后殖民主义的关系(Tata McPherson、Roopika Risam)等。在数字人文的社区内部,还有过这样一个项目,试图讨论数字人文学者到底在干什么。① 结果却引发了持续3年的在线讨论,甚至作为历史文献收录到了印刷文本之中。但所有这些,也都从一个方面揭示了数字人文作为广泛获得关注、接受和质疑的新的学术领域,已经在全世界范围内形成了值得重视的强大力量,并且愈来愈深入地进入学术生态、知识生产的核心之中,成为一种数字时代人文学术知识生产的重要内在驱动力。

二、参照系:西方数字人文发展

在以英美为代表的西方学术世界中,数字人文所涉及的议题和领域已经非常广泛。苏珊·霍基(Susan Hockey)、威廉姆·马克卡特(William McCarty)和哈罗德·绍特(Harold Short)等人都曾以英文出版物及学术发表为主,从历史和学科结构的角度揭示"数字人文"涉及多个学科,比如语言学与文学、计算机科学、信息科学与图书馆学、哲学、神学与宗教研究、历史学、心理学、工程学、艺术与人文、文化研究等;研究议题具有交叉性,比如高瑾就指出,目前数字人文研究呈现出"学科技术应用与回顾、数字人文技术探索、文本分析与作者研究、不同语言的计算语言研究4个子分区研究"领域。在数字人文项目运作及机构设置方面,国外高校中的数字人文机构多数是以中心的方式存在,有少数是以研究生教育项目或者系出现。这种中心往往会跨越专业和学科的限定,强调跨学科合作及多学科的参与,且往往学校本身会提供一定的技术人员,尤其是图书馆馆员及相关的技术专家参与其中。而从数据资源、工具及技术开发等"硬件"和"系统"资源来看,因为

---

① 2009年,一个名为"数字人文项目的一天"(The Day of Digital Humanities Project)、旨在聚集全世界数字人文者的社区营造项目在线开放,从"数字人文学者到底在干什么?"的问题开始,引发了在线社群中持续3年的对于"数字人文"定义的论争。正如Melissa Terras, Julianne Nyhan, Edward Vanhoutte在《定义数字人文读本》(Defining Digital Humanities: A Reader)中所说的,这场论争其实到最后并没有形成一个普适性的定义,更多的是体现了数字人文学者们有关"数字人文应该是以及可以是什么"问题的思考范围。但就读本中所选择的部分内容来看,很多内容都涉及数据、数字技术、新媒体所带来的挑战,以及传统人文研究及人文研究所面临的转型困境。

1990年代以来西方对于人文社会科学的"研究基础设施"(research infrastructure)[①]的日益重视(其中也包括了上文提到的数字图书馆和数字学术等),新一代研究基础设施——"网络基础设施"(cyberinfrastructure)在过去10年间引发了一场杰弗里·洛克威尔(Geoffrey Rockwell)称之为"基础设施转向"的革命。与之前的人文基础设施相比,数字人文的网络基础设施更强调融合性、合作性以及新兴的研究形式所具有的分散性特质,同时与科学-技术导向或者驱动的基础设计建设有着非常大的差异。这个差异在一些西方的数字人文网络基础设施建设的成果上有显示,比如在1990年代数字人文"新发展"阶段(霍基语)出现的文本编码倡议(TEI, Text Encoding and Interchange),都是开源编码编辑语言协议,通过开放、协作和分享,多种类型的文本编辑与标记在更大的学术范围内得以施用,同时,个人学者又可以根据具体项目的特殊性对TEI标准进行修订和改进,促进语言的丰富性和更大的适用性。类似的项目还有弗吉尼亚大学的杰米·麦甘恩(Jerome McGann)牵头建设的罗塞蒂档案(The Rossetti Archive)[②]和19世纪电子学术网络基础设施项目(Networked Infrastructure for Nineteenth Century Electronic Scholarship)[③],都是从数据资源建设开始,以人文学术研究的方法和规范标准对人文文献进行收集、数字化、清理和分享,大大减少了获取数据的成本,也因此促进了以学者为主的数字人文研究的普及和推广。近几年来西方学界对于网络基础设施也有了进一步的讨论,其中主要着力点就在于基础设施的建设重点问题。乔安娜·朱可就很明确地指出:

> 对于开展学术活动的新环境的设计工作不能留给技术人员以及图书馆专业人才。图书馆在规划和构想保存、使用甚至创造学术资源的方面是至关重要的伙伴。有同样作用的还有那些技术专业人员。但如果用盖房子来打比方的话,他们就是建筑师和施工队。创造档案库、分析工具以及对人文和社会科学中的综合数据(aggregate data)进行统计

[①] 在美国多称为"网络基础设施"(cyber infrastructure),在欧洲和澳大利亚称为"e-科学"(e-science),在加拿大则称为"研究基础设施"(research infrastructure)。
[②] 罗塞蒂档案 The Rossetti Archive, http://www.rossettiarchive.org/。
[③] 19世纪电子学术网络基础设施项目 Networked Infrastructure for Nineteenth Century Electronic Scholarship, https://nines.org/。

分析的一系列工作只能由一个汇聚了技术、专业和学术的个人专家团队来执行[……]建立学术模型是一个智识上的挑战，而不是技术的。①

朱可所谈到的问题其实是一个究竟谁是数字人文学者、谁又来主导数字人文研究的问题。关于前者，西方数字人文学界已经有诸多讨论，包括上文提到的洛克威尔、朱可在内，还有斯蒂夫·拉姆齐（Stephen Ramsay）、杰佛瑞·施纳普（Jeffrey Schnapp）、托德·普莱斯勒（Todd Presner）、彼得·路勒福尔德（Peter Lunenfeld）等人都发表过颇为激进的宣言，要求数字人文学者必须会写代码，必须制定某种东西的标准，引起了极大争议。他们中的部分人在《数字人文宣言2.0》中更提出了一种普遍性的数字全球主义的观点，倡导用"数字的工具、技术和媒介"来实现学术话语的结构性调整，改变已有的知识系统、生产与传播方式：

> 印刷不再是知识生产及（或）传播的唯一或标准媒介；相反地，印刷发现自身被吸收进了新的、多媒体形态之中；而数字的工具、技术、媒介则深刻地改变着艺术、人文和社会科学中的知识生产与传播。数字人文寻求在世界中发挥首要作用。在这个世界中，是大学，而不再是知识和文化的独家生产者、管理者或者传播者，被号召起来去为当下新兴的公共领域中的学术话语打造天然的数字模式，去树立这些领域中的卓越和创新，去实现全球和地方的即时知识生产、交换和传播网络形式。②

当然这种对数字人文应当由学者来引导，而数字人文学者必须具备一定技术技能的要求，一方面呈现了研究问题及学术导向在数字人文中的重要性，另一方面也在一定程度上体现了数字知识生产对跨学科合作生产的要求。事实上，从这些年来看，跨学科、多学科协作已经成为数字人文一定

---

① 详情参见 Drucker, Johanna, "Blind Spots: Humanists Must Plan Their Digital Future," *Chronicle of Higher Education* 55:30 (2009, http://chronicle.com/free/v55/i30/30b00601.htm)。又，这是作者自译，本文未标注译者处均为作者译。

② 详情参见"The Digital Humanities Manifesto 2.0," *Digital Manifesto Archive*, 2009年6月22日（发表时间）。https://www.digitalmanifesto.net/manifestos/17/，最后访问时间：2018年5月27日。

程度上的"标配"。很多数字人文的中心和团队都是由数据分析人员、图书馆员、计算机专家、设计师及人文学者共同组成,这些人往往能在项目框架内对人文研究的目标、技术实现方式和跨学科工作流程达成共识。比如曾经主编过数字人文里程碑著作《数字人文指南》(*A Companion to Digital Humanities*)的苏珊·施赖布曼(Susan Schreibman),就曾强调数字人文的跨学科性不仅存在于科研项目中,也在课堂教学甚至是学位项目的课程设置中,而且需要参与者具备对数字技能的理解和使用的能力(2016)。而另一位数字人文学者霍伊特·朗(Hoyt Long)也提出了类似的观点:成为数字人文学者必须要具备一定的技术能力,开展一些跨学科的合作(2017)。同时,数字人文中的"跨学科"指的不仅仅是人文与技术之间需要开展交流,还指在人文学科内部知识生产以及地方与全球知识生产之间要进行跨学科的交流与合作。瑞贝卡·瑞瑟姆(Roopika Risam)针对数字人文近年来在理论和实践方面,数字人文与文化研究、性别研究、阶级研究等方面产生的争论提出,数字人文的跨学科研究必须突破理论与实践之间的二元对立,同时必须将数字人文放置在美国1980到1990年之间的学术背景之下,考察其出现的历史语境和意义,从而实现该学科的多样性实践的真正意义。姜文涛也从文学研究学科史的角度对数字人文文学研究的兴起进行了文献学的考察,指出数字人文的出现与发展与西方近代文学以及作为大学学科体制的文学研究有密切关系。这一点对我们理解数字人文的跨学科有着重要意义。我们在数字人文的发展过程中也必须保持清醒的反思意识,对数字人文产生及发展的社会语境要有所认知,才可能真正地发展出适合中国历史、社会及学术语境的数字人文学术范式。与此同时,我们也必须清楚地意识到,西方数字人文发展的过程充满了争议,而中国数字人文学界,如何在后发的时空框架中以西方已有的经验为参照,发现中国语境中数字人文的核心问题及理论体系,建立中国本土化的数字人文理论框架及实践路径,就成为比较视野下中国数字人文发展探索的核心议题。

三、复数的数字人文

数字人文是单数的还是复数的,这个问题由芝加哥州立大学英语系的凯瑟琳·菲茨帕特里克在2011年提出。她在《高等教育纪事报》(2011年5

月8日)上发文,以此问题来引出数字人文因其突出的可见性而从者众多,由此引发了对之如何界定的众多分歧和争议。实际上,无论是前文所谈到的布伦南·费什这样的基于印刷的传统学者,还是像苏真、泰德·安德伍德、霍伊特·朗、艾瑞克·威斯科特和斯蒂夫·拉姆齐这样的数字人文学者,或是像阿兰·刘这样的基于数字但非数字人文学者,尽管他们对数字人文的观点不同,但都意识到了信息时代数字技术革命对学术界及社会所带来的整体性影响,并在不同程度上承认,学术界必须对此影响做出反应。虽然三条批判的路径不同,但依然可以放在知识生产转型这个过程中来看。凯瑟琳·海尔斯将之总结为在知识生产转型期基于印刷的学者和基于数字的学者之间一种充满张力的状态。其矛盾性是因为基于印刷的学者在印刷传统中所形成的研究方法和思维,使之倾向于忽略数字媒介所带来的差异性;而基于数字的学者要么不断地努力向基于印刷的同事解释其数字项目的重要性、意义和价值,要么干脆放弃了与基于印刷的学者的交流,而采取自己的方式来进行更有意义的交流,由此造成了双方之间的对抗和误解。

　　西方数字人文所面临的知识生产方式转型及其所带来的张力状态在中国语境中同样存在。尽管这一趋势在"数字人文"这个概念被引入中国之前就已经出现,但中国数字人文的发展却整体处在一个起步阶段。一方面,中国学界与西方学界一样,对全球信息时代的科学技术发展以及相应的大数据浪潮做出了自觉回应,但另一方面,尽管西方数字人文兴起较早,对中国数字人文的发展有着很大的影响,但我们依然无法以一种西方模式来定义或者描述中国数字人文的发展历程和学术形态。这种差异,一方面是因为人文与科技的互动以及跨学科研究自身在中西方语境中存在着历时性的差异,另一方面是因为科学技术在具体人文学科中的施用,需要根据人文学科自身的资源、问题和学科特点进行具体化、定制化和特殊化。因此如何面对中国数字人文发展的浪潮,如何在保持清醒的自觉反思的同时,能有针对性地发展中国模式的数字人文理论与实践路径,就成了中国数字人文学界所必须面对的核心问题。

　　首先,我们必须意识到,数字人文在中国的发展具有其先在的特殊性,即文本与语言的特殊性。可以说,在中国或者中文语境中,开展数字人文研究的最大障碍之一是语言障碍。一是因为中文字符及文本有很多特殊性,而目前很多成熟的数据库、文本数字化的基础手段（比如光学字符识别［OCR］）、断词方法等都是基于像英文这样的拉丁字母语言的，造成了在中文文本，尤其是基于古代汉语的古典文献处理上的很多困难。具体举例来说，中文字符单字多字皆可成词，连断词这个在英文中并不那么困难的问题在中文文本处理中都成了首要问题。同时目前已有的方法高度依赖于大量人工标注的大规模训练语料库或者专业词典，在发现新词和新句上还都是基于监督学习方法，这些都造成了在用数字手段和计算方法处理中文文本上需要进行专门的基础技术研发。这些技术难题也成了中文语境中的数字人文研究深入开展的障碍。此外，另一障碍则体现在主要的计算机基础编程语言都是英语，这就使得学习编程语言，尤其是人文学者学习编程语言有一定的门槛，需要花费一定的时间和精力。举例来说，作为计算机存储符号的二进位形式的 Unicode 用一个字节就能表示一个英文字符，但表示中文字符则需要 3—4 个字节。虽然常用汉字不过 3 500 个（《现代汉语常用字表》），但汉字实际多达近 10 万个，3 个字节不足以表达全部汉字，因此中文的超大字符集是用 4 个字节来表示的。而目前最常用的关系型数据库 MySQL 的 UTF‐8 编码实际上只支持 3 个字节，导致很多特殊中文字符无法被识别，也无法出现在 MySQL 支持的中文数据库中。而 MySQL 直到其软件发布的 15 年后，即在 2010 年才发布了一个"utf8mb4"的字符集来解决这个问题。如果像后者这样的困难，人文学者或许可以通过个人学习克服，但前者的难度则往往超越了人文学者的专业知识和个人能力的边界，更加需要不同学科的学者参与。这一方面要求中国的数字人文学者在开展相关研究时，必须意识到在技术上我们与西方数字人文学界有着巨大差异，像前文提到的 TEI 编码倡议在中国事实上就很难开展。当然这一方面因为 TEI 并没有真正进入中文文本处理的实践领域，另一方面也因为 TEI 一定程度上并不真正适用于中文文本的处理，此外还因为 TEI 出现及盛行的 1990 年代中后期和 2000 年代早期，中国数字人文尚未得到全面发展。但就目前而言，除了计算语言学、计算机科学、图书馆学等偏向技术研发的学科，在处理中文文本时有专门的技术方法和软件外，大部分人文学科的学者还尚未真正掌握专门的文本处理和计算方法及技术。可喜的是，这两年像 R 语言和 Python 语言这样的编程语言的普及，也为人文学者开展自主的文本处理研究提供了机会和可能。比如王涛就用 Python 语言编写代码,对《德意志人文志》这套工具书进行了结构化处理,并进行了基于统计的人文研究,取得了具有一定影响力的数字史学研究成果。而台湾大学数位人文研究中心的"DocuSky 数位人文学术研究平台"[①]也针对人文学者的特殊性和个人研究需要,整合了多种工具,为人文学者进行个人文本的格式转换、标记与建库、探勘与分析以及视觉化、GIS 整合等学术研究提供助力。

其次,我们还必须承认,虽然在过去 3 年间,"数字人文"作为一个特定领域,在中国也得到了越来越多的重视,各种会议、文章呈井喷之势,却并没有如在西方语境中那样引发巨大的争议。尽管有一些警惕数字人文的文章出现,但目之所及,大多文章都是在为数字人文叫好。理解此现象,我们并不能就简单认为中国语境对于数字人文更为友好或者更为宽容,事实上更多的原因是数字人文在中国学界并没有像在英美社会那样"强大"或者"威胁"传统研究范式,故而没有引起更大范围的讨论和争议。尤其是我们将其放置在中国的科学技术传统之中,就会发现,对于技术的盲目迷信与无知往往也会导致一种无反思性接受。如许煜在《数码化时代科技和人文的契机》中所论及的,如斯蒂格勒所述,技术与文化的互动在欧洲哲学中是被压抑的,但同时也有着一种连贯性。而在中国,因为科技是由外输入的,所以有关现代科技的哲学诠释是缺席的,从而致使"中国可以像美国一样加速发展技术,甚至超越美国,因为在中国,技术发展是几乎没有阻力的;在美国,当一种新的技术出现的时候(如克隆)就会有一个伦理小组来制衡它,但这在中国却是另一个故事"。由此,许煜提出,"因为这个特殊的语境,我们必须谨慎地思考这样一个'人文危机',而不只是一窝蜂地去追逐数字人文、网络文化等在西方已发展起来的学科"。在此,我并不想对许煜对于中国科技哲学的评述做过多评述。但我想说的是,他的论述确实在一定程度上说明了中国人文学术界对数字技术及相应的问题普遍缺乏批判与反思能力。由此,我在此处指出的是中国及中文语境对于技术的某种"宽容度"恰恰是因为对科技的"不讨论"(许煜)。这种不讨论并非是说不论及科技,而是说,对于科技本身的探究并不深入。仅就数字人文领域而言,尽管这几年来相关

[①] "DocuSky 数位人文学术研究平台",网址:http://docusky.org.tw/DocuSky/ds01.home.html。

研究和论文日益增多，但主要还是集中在图书馆及出版等领域，而文学、历史、哲学及艺术等领域中的学者涉及较少，具体参与一些技术性工作，能懂得软件及代码编写的学者更是少之又少。这一点与西方数字人文群体相比，差异比较明显。当然，人才的培养需要一定的时间，但从深层来看，更严重的是人文学者普遍对于科技无知与无感。尽管从20世纪90年代以来，关于互联网对于学术研究及写作的影响，已经有颇多讨论，例如网络文学、新媒体、数字文化等研究俨然蔚为大观，但很多时候研究者对于像数据库、文字处理软件、互联网这样的数字技术的认知还存在不足，将之视为一种"中立"的工具或者单纯的数字产品，而对技术内在的深层运作机制、技术原理、逻辑方法、意识形态和伦理问题还缺少认知和批判性反思。尽管这种技术中立论的观点并非存在于某一特定语境，但就对新媒体、互联网和软件的相关研究而言，中文研究成果较之英语世界尚显得比较单一。

数字人文学者就一定对技术有感了吗？未必。事实上很多从事数字技术的人未必对数字技术本身所具有的偏见、意识形态以及伦理问题有足够的认识。数字人文中具有技术优势的学者往往强调技术的重要性，以至于对某种算法或者模式推崇备至，似乎在建设一个行业壁垒，并没有考虑到人文研究所具有的特殊性，即更高、更快、更有效并不适用于解决人文问题。这种情况也正是本文开始所谈到的一些有关争论的关节点。在这点上，阿兰·刘对西方数字人文学界此类问题的批评在中国也已经存在：

> 一方面，数字人文学者担心这个领域太"工具"[……]；另一方面，数字人文学者们又担心数字人文不够"工具化"，无法与有些工程领域相比，在其领域中，工具性彰显了"创新"和"建造"。

中国数字人文学者在适用于人文学科的工具性建造问题上尚未形成蓬勃之势，但也出现了类似的两难问题。数字人文学者有时也会有意识地回避"工具化"的问题。比如为了获得更多发表机会、更大范围的认同和降低理解难度，数字人文学者往往强调研究对象、算法模型和结果，而对像数字化、数据库技术有效性、数据格式及清理等前期准备过程中大量看似烦琐实则重要的基础性工作一笔带过，然而，数据结果呈现效果往往取决于这部分的工作。

第三,基于中文的数字人文网络基础设施已经做出了很多有益且具有影响力的成果,但目前中国数字人文发展中技术导向模式比较明显,而"学术问题意识"尚有所欠缺。

近10年来,很多团队针对大量有学术及商业价值的数据资源被重复建设,而看似不那么有价值或者开发难度过大的资源却长期被忽略的情况,建立了多个资源平台,开放或半开放给公众使用。这其中比较具有代表性的除包弼德亲自领导创建的哈佛大学的"中国历代人物传记资料库"(China Biographical Database Project)①外,还有德龙(Donald Sturgeon)创办的"中国哲学书电子化计划"(Chinese Text Project)②、法鼓文理学院经营多年的"中华电子佛典"数据库③、荷兰莱顿大学魏希德(Hilde De Weerdt)教授与何浩洋博士研发的线上古典文献阅读分析工具"码库思"(MARKUS)④、台湾"中研院"的时空地理数位人文研究平台、台湾政治大学古籍数位人文研究平台、上海图书馆"中文古籍联合目录及循证平台"⑤、中华书局"籍合网"⑥、搜韵网⑦等等。这些平台都在对文献进行了一定的前期积累的情况下,开发了适合人文学者使用的工具和工作环境,不仅像之前的传统数据库那样可以查询,还允许用户与数据库进行互动,部分还提供应用程序接口,使得其他数据库和系统可以方便地调用数据,并灵活地以不同的方式呈现。但由于平台的研究和有影响力的成果尚未大规模出现,人文文本数据有一定的特殊性,在数据规模、体量上,其实并不如科学数据那样庞大。而与此同时,图书馆、博物馆和档案馆等机构在建设数据库方面具有一定的先天优势,因此,目前中国数字人文的发展主要还是以信息科学、计算机科学、计算语言学、图书馆学等技术方面比较具有优势的学科主导,论文发表主要还是集聚在这些领域,而向历史、文学、艺术、哲学等传统人文学科渗透得并不深

---

① 详情见"中国历代人物传记资料库"(China Biographical Database Project),https://projects.iq.harvard.edu/cbdb/home。
② 详情见"中国哲学书电子化计划"(Chinese Text Project),https://ctext.org/。
③ 详情见"中华电子佛典"数据库(CBETA),http://cbeta.org/。
④ 详情见"码库思"(MARKUS),https://dh.chineseempires.eu/markus/beta/。
⑤ 详情见"中文古籍联合目录及循证平台",http://data.library.sh.cn/index。
⑥ 详情见"籍合网",http://ancientbooks.cn/。
⑦ 详情见"搜韵网",https://sou-yun.cn/。

入。但正如朱可所提到的,数字人文想要成为一种普遍的、深入的研究范式,成为传统人文研究的有益补充,产生一系列同样有效且影响深远的成果,就必须要以研究问题优先。对此,中国学者也有着比较明确的认识,比如史睿曾撰写系列文章,对古籍数字资源存在的问题以及文史学者面临的困难进行说明,提出古籍数字化建设需要人文学术研究者的积极参与。而数字人文也算得上顺势而为,台湾数字人文先驱、台大资讯工程系特聘教授项洁就描述过从数据库建设向人文研究转向的必然性:

> 1995年我开始规划并执行台湾大学的台湾史料与藏品的数位典藏工作,这也是在技术上,将新的科技媒体与传统类型史料结合的开始。这项工作进行10年后,我们累积了相当数量的高品质的数位史料,但是我的不安也越来越深。我开始思考,到底如何才能运用资讯科技,在庞大的数位史料基础上从事历史学的学术研究。闭门造车10年多后,才发现在国际已经隐隐约约有一个类似的学问浮现,这就是"数位人文"。近10年来,我找到了越来越多志同道合的朋友,大家均是被数位人文所隐含的可能性深深吸引,也做了不少相关的研究工作。

从此描述也可以看到,数字人文从资源建设转向问题研究是一种必然趋势。要形成中国数字人文的研究方式,就必须从人文学科发展的自身理论资源出发,从一种方法的借鉴和价值的判断回到学理建构。尤其是中国目前正处于数字人文的蓬勃发展期,正在从以数字化方式进行人文资源抢救、整理为主转向以数据驱动的学术研究主导,因此在这个时期必须更好地实现资源整合,并最大限度地支持人文学术研究,以问题导向来驱动、指导、参与数字资源建设,这样才能对中国数字人文发展的未来大有裨益。

第四,亟须提倡"数字人文"框架下的跨学科合作。跨学科合作之于数字人文研究的核心作用,西方学者已经讨论了很多,虽然这个问题在西方数字人文界也存在一定的难度,但就跨学科研究在中国发展的历史经验而言,中国数字人文想要突破学科边界,难度更大。一方面是因为目前大学的院系以学科为主,所有的考核和成果都强调学科导向,跨学科成果的认定存在困难;另一方面则是因为资源的分配和各类扶持政策多以专业或者院系为主,而跨学科研究项目较难获得资助。回顾中国数字资源的建设,数据库建设多为国家或者商业经费,参与学者则主要集中在图书馆、情报及出版专业,人文学者参与不多或者说并不占主导地位,主要原因之一就是数字资源的建设必须团队作战,而文史哲学者更习惯于单打独斗。其次,图情及出版专业有着先天的学科优势,数字图书馆与数字学术在图情及出版专业都有着较长的发展历史,且成果斐然。再则,长期以来人文学科单个项目的资金有限,而数据资源的建设耗时久、代价高、劳动密集,单个学者或者小规模团队往往力不能逮。然而,西方数字人文学界所面临的一些问题,却是作为后发的中国数字人文学界或许能避免的,尤其是在目前国家大力提倡"互联网+""人工智能"等政策的前提下,借势推动科学技术与人文的结合,从而实现数字人文跨学科快速、顺利地发展,也未必没有可能。在当前建设"新文科"的倡导之下,利用政策红利来呼应新文科战略的"求变"策略,有望实现科学技术与人文社会科学的深度融合,以科学的求真性、可验性和可重复性来推动人文科学研究的科学化发展,同时以数字技术及人工智能的新技术、新方法和新工具来回答新时期人文社会科学问题,并拓展人文社会科学在新时代的研究广度和深度。与此同时,数字人文的跨学科路径突破还有可能在创新人才培养方面实现,尤其是新时代创新型人才培养要求兼顾多科学面向,在具备基础的人文社会学科、自然科学素养、艺术素养的同时,还要兼具数字素养、批判思维和创新素养。数字人文强调理论性与实践性的结合,要求以创新思维突破学科边界来解决与研究社会问题,因此也强调多种理论、能力与技术的融会贯通;以问题为导向来选择工具及方法,以创新为方向来寻求发展路径。在综合型人才的培养上,数字人文强调"数字"所指涉的研究范围,不仅包括使用编程语言进行文本计算、数据库搭建,也包括开发和利用软件开展相关研究,这就要求数字人文实践者不仅会使用一定的科技方法进行人文知识研究、传播与管理,还要介入科学技术的实际研发中,参与到更具人文素养和人文精神的科学技术发展实践中去。可以说,面对新一轮科技革命与"新文科"发展需求,数字人文无疑指出了一条可能且可行的发展路径,而数字人文相关会议和课程的日益增加也体现了学界的一种自觉性响应,如何进一步推动数字人文与"新文科"发展战略实现深度的融合,以更高的战略性角度来思考数字人文在中国的发展模式与路径,建设具有中国特色的数字人文,从而更好地助力"新文科"战略在理论体系创新和专业改革中的实施力度与深度,成了数字人文发展的重要命题和时代任务。

什么不是数字人文?*

王 涛**

最近几年,笔者参加了许多冠以"数字人文"的主题会议,欧洲的、日本的、中国台湾地区的,当然也包括大陆许多高校组织的。这些数字人文会议有一种共性的观感:议题极为宽泛,从传统学科的角度看,涉及不同研究领域,其差别之大,让人很难想象竟然能够出现在同一个学术会议之上。会议的讨论虽然精彩纷呈,但是由于专业差别过大,与会者很难达成专业讨论的共识,无法从专业的角度给予充分回应。比如,当有研究者用社会网络分析(SNA)的方法来研究流亡犹太人的互助网络时,没有学者能够从德国史的角度提出 SNA 分析模式与犹太人研究的契合度问题,也没有学者从纳粹政治史角度提出互助网络存在的权力空间问题。

笔者在几年前的文章中就表达过对这种现象的担忧,最近,随着数字人文会议愈加火爆,领域专家知识结构不对等的现象愈加突出。这成为数字人文发展的一个极大陷阱,让人感觉似乎数字人文的方法论远远高于研究的问题本身:议题是否获得了解答、解决的逻辑是否合理,这些都不重要,重要的是这个研究课题(表面上)使用了数字人文的方法。

之所以会这样,乃是因为数字人文还没有落地到学科专业本身,也就是说,数字人文依然需要关注传统人文学科的价值观,讨论和分析人文学科(历史、文学、哲学等)试图解决的问题,而不是热衷于奇技淫巧之"术"的层面。被视为数字人文标志性人物之一的莫雷蒂,早些年接受采访时曾对数

---

* 本文由作者提供,原文发表于《澳门理工学报》2019 年第四期。
** 王涛,南京大学历史学院教授、博士生导师、数字人文研究中心主任,主要研究领域为德国史、教会史、数字史学等。曾于 2016 年进入高研院担任第 12 期短期驻院学者,并长期作为高研院"数字人文创研中心"的主要成员组织参与学术活动。

字人文发出尖锐的质疑。他的态度在当时看来似乎很难理解，而如今却越来越能体会，在没有结合具体专业讨论的时候，数字人文的意义确实值得怀疑。

那么，数字人文是否需要限定自己的学术领域，讨论"什么不是数字人文"这样的问题呢？笔者一直很好奇，有一些学术领域，比如环境史、社会医疗史，从来都具有不言自明的研究范畴，研究者也不会热衷于讨论"什么不是环境史"这个不成问题的问题。为何数字人文领域的研究者非要讨论"什么不是数字人文"不可呢？

当然，数字人文有其特殊性。尽管数字人文是一个方兴未艾的学术新领域，最近几年在国内学界也日益成为话题，但是实践者们对于数字人文的概念还没有达成共识。大家都依照自己对这个方向的理解进行概念界定、指导自己的研究活动。中国的学术传统讲究先正其名。有时，当一个概念无法从正向进行定义的时候，从反面指出这个概念不是什么，或许会相对容易一些。所以，我们思考什么不是数字人文，对于我们理解什么是数字人文显然是很有价值的。

不过，同样因为数字人文的特殊性，使得这个问题并不那么简单。单纯地考虑什么不是数字人文，然后期待给数字人文划定一个范畴，这并不是解决问题的合理方案。

首先，数字人文虽然属于学术新天地，但若追溯起来，会发现它有漫长的史前史。苏珊·霍基（Susan Hockey）在《数字人文指南》中还原了数字人文的发展历程。她把数字人文的学术史划分为四个阶段，从现在的眼光看虽不太全面，但足以让我们惊呼：原来数字人文不是无中生有的学科领域！数字人文的发展与技术进步和学术理念的拓展有密切关系，所以"什么是数字人文"本身就在不断演变的过程中，根本没有静态的标志物。当前勾勒出"什么不是数字人文"的图景，只能基于当下的技术条件和学术理念，未必赶得上数字人文本身快速发展的节奏。作为数字人文公认的史前史时期先锋人物，罗伯特·布萨在近70年前进行的工作，跟当前色彩斑斓的数字人文项目相比，还有多少相似之处？同样是数字数据的存储和整理，几十年前基于磁带介质和关系型数据库，而现在推崇云存储以及关联数据，并且在积极倡导数字的基础设施建构，但我们能说之前的项目不是数字人文吗？

其次,之所以要讨论"什么不是数字人文",主要因为在"数字人文热"的浪潮中,出现了一窝蜂上大项目、成果良莠不齐的状态。一些低劣的"数字人文"研究,降低了数字人文的学术性和被学术界接纳的期望值。所以,近期出现了不少质疑数字人文研究价值的言论,甚至像笪章难(Nan Z. Da)那样,用"计算的方法反对计算文学研究"。在某些方面,这些质疑有其合理性,至少能够激发数字人文实践者卧薪尝胆,通过不断取得进步来回应各种怀疑。在这样的语境下,讨论"什么不是"的问题,对于建构数字人文的学术标准、支持其持续性发展具有积极意义。

但从另外一个方面说,低水平的、重复性的所谓数字人文研究成果,从通行的学术标准来看,也不是合格的学术研究,更遑论"数字人文"的学术研究了。什么是学术研究,对于严肃的学者而言,正如"头顶上的星空"一样有严格的道德律令,史料扎实、论证清晰、言之有物,都是各专业学者需要共同遵守的学术道义,虽然不同的研究领域在细节上可能略有不同,但肯定都有一个基本的前提,研究工作应该有明确的问题意识。可惜的是,在多快好省地发展数字人文的过程中,很多人的研究迷失在数字人文新概念、新方法的海洋。简而言之,离开问题意识谈数字人文,做出了不尽如人意的成果,这个锅其实不该由数字人文来背,而应归罪于基本的学术素养不过关。如果就此达成了共识,那么"什么不是数字人文"的讨论就显得有点多余了。

更重要的是,数字人文向来倡导跨学科的融合,如果非要划分出一亩三分地来,是否违背了数字人文开放、开源的精神呢?在这个意义上,笔者并不认可安妮·伯迪克(Ann Burdick)等人在《数字人文》一书中关于"什么不是数字人文"的回答,他们将"单纯使用数字工具进行人文学研究与交流"排斥在外,这不仅跟他们将数字人文界定为"充分运用计算机技术开展合作性、跨学科的研究"存在些许矛盾,而且设置门槛的方式乃是将部分人文学者拒之门外。这种通过划定清晰的学术领地来捍卫数字人文合法性的做法,当然是在兑现"数字人文宣言 2.0"的精神,有其可贵的价值。但是,按照伯迪克们的说法,布萨早期整理托马斯·阿奎那作品索引的工作,还算不算数字人文项目呢?

当前数字人文发展的瓶颈,不是计算技术不先进、数据科学不高效,而是"人文"色彩彰显不充分。我们要吸引更多人文学者加入数字人文,从工具性的理解开始，或者"以数字的方式开展人文研究"作为起步，然后带来工作方式的改变以至于思维方式的飞跃。这才是数字人文能够得到纵深发展的正确途径。

第三，当前人文学科的学术环境和评价体制，决定了数字人文还远没有做好回应"什么不是"的准备。数字人文不仅从方法论上带来了人文学科的改变，对个体学者的工作方式也带来了质的变化。传统学者崇尚自由之思想、独立之人格，强调研究过程的独立性以凸显原创性。而数字人文的工作方式完全打破了人文研究单枪匹马的状态，不仅主张团体作战，而且需要协同合作。但是，人文学术界还没有形成对这种工作状态给予合理评价的机制。

对于一位要在学术圈谋生存的青年教师而言，在 SSCI 一区的刊物上发表一篇署名第三作者的论文和通过独立研究在《中国社会科学》上发表一篇论文，哪个更有利于自己的晋升呢？答案不言而喻。另外，数字人文有着比传统的研究论文更多元化的学术发表形态。一个网站、一个 APP、一个数据库，甚至微博里不超过 140 字的一段话，都可能是数字人文的研究成果。但是，在传统学术量化的评价指标体系里，这些通通不算成果。许多项目制的数字人文课题，最合适的成果发布平台未必是核心或权威学术刊物；学者为完成考核指标而炮制出论文，伤害的反而是数字人文研究的学术质量。但话又说回来，青年教师是否有勇气不发论文，不申请课题呢？

因此，在学术制度层面的设计还没有完善的前提下，数字人文实践者不得不既要顾虑传统学术评价的指针，又要怀抱数字人文跨界创新的理念，这就只能在夹缝中推进数字人文的研究，甚至退而求其次做出不伦不类的成果。不是数字人文实践者们不够勤奋，而是他们不得不负重前行，付出双倍的努力。在现有学术背景下，过多强调"什么不是"的问题，只会束缚个体研究者的学术雄心，却对整体大环境的改进无能为力。如果我们过分强调"什么不是数字人文"的追问，只能将板子打到个别实践者的身上，而对学术机制毫无撼动；殊不知，挨板子的实践者也是体制的受害者。从长远来看，这不仅对数字人文本身的发展不利，而且可能对人文研究的整体发展带来负面影响。

笔者一直以来都在课堂上教导学生，如果数字人文是一种方法，那它存在的价值是为了帮我们解决问题;如果把数字人文作为打开研究思路的一种途径,实现所谓"数据驱动"的过程,那么使用数据挖掘的方式找到隐藏的问题之后,也需要回归到学术语境中,合理进行"论证驱动"的过程。所以,没有问题意识,急就数字人文,不过是夸夸其谈。正常的逻辑是,遇到了需要解决的学术问题,在寻求答案的时候发现,数字人文提供的方案效果还不错,那么我们就用起来。哪怕是你用wget下载了网络资源,用文本挖掘"遥读"了一堆文献,都属于能够被数字人文接纳的范畴。如果反其道而行,研究者仅仅是被数字人文灿烂的前景所吸引,想赶个学术时髦,方法先行,为了数字人文而数字人文,那就本末倒置了。造成这种局面的原因,在笔者看来,就是许多数字人文的研究没有成熟的问题意识。用词向量的方式来寻找文化中的偏见,就是很好的案例,如果在研究过程中没有强烈的问题意识,再好的工具也仅仅是算法而已。

数字人文领域知名学者艾伦·刘(Alan Liu)在很多文章里鼓励大家,数字人文需要扩展批判性思考的范畴,虽然数字人文学者不乏对元数据的批判性思考,但鲜少延伸到对整个社会、经济、政治或者文化领域的批判。艾伦·刘强调的批判性,当然是人文知识分子赋予自己的神圣职责,然而数字人文的工具性层面,并不会天然具有批判性。正如人文学者用计算机写作,但计算机作为书写工具不会天然被赋予批判性。批判性的缺失,充分说明数字人文也有其局限性,在某些问题上无能为力。从本质上看,杀牛刀在普通的屠夫手中就是一把杀牛刀,但是在庖丁手中就如同艺术品能够游刃有余;数字人文在善于思考的研究者手里才会是一件学术利器,而不单纯是一门"技艺"。

总而言之,"什么不是数字人文"并非当务之急的问题。对个体学者而言,拿出有分量的研究成果,做出有学术价值的数字人文项目,对学术共同体而言,创设数字人文更合理的学术环境,才是未来发展的必由之路。这需要所有数字人文的实践者们共同努力,像传统学者那样坚守学术道义,深耕专业,不忘初心。

哲学与艺术

跨代行动与责任[*]

[意大利]蒂齐亚娜·安迪娜(Tiziana Andina)[**]

基于对当代世界的分析以及对全球化背景下人类命运的预测,德国哲学家汉斯·约纳斯(Hans Jonas)撰写了有志于重建伦理学基础的《责任原理》(*The Imperative of Responsibility*,1979)一书。本文试图通过对约纳斯作品一系列基本概念的讨论来表明,他的研究的中心主题不仅仍然与当今世界密切相关,而且应该从伦理层面转移到本体论尤其是社会本体论层面加以探讨。为此,本文提出了一个关于跨代行动的定义,旨在取代约纳斯对预测的使用。在这里,跨代行动被认为是一种特殊的社会行动:它使社会能够随着时间的推移而存在。本文提出了跨代行动的基本分类,表明如何处理这一概念或许会导致一种有意识的乌托邦和积极的社会模式,而非约纳斯所期待的通货紧缩。

一、分析

"我为什么要关心后代?他们为我做过什么?"这是伍迪·艾伦(Woody Allen)引用于格鲁乔·马克思(Groocho Marx)的一句名言。这一问题揭示了一种相当普遍的信念,它批判了人类理论和实践应当对人类行为的长期后果负责的观点。换句话说,伍迪·艾伦运用幽默讽刺所表达的担忧不容忽视:为什么我们要小心保护和捍卫某些不存在的(后代),甚至永远不存在的人或东西?我们非常清楚,权利的捍卫意味着权利所有者的存在。如果

---

[*] 本文为作者 2019 年 5 月 6 日在南京大学高研院学术前沿讲座 330 期的演讲,英文讲稿由作者提供,中文文稿由南京大学艺术学院硕士研究生邱萍萍翻译,编辑时有所删减。

[**] 蒂齐亚娜·安迪娜,意大利都灵大学哲学与教育科学系副教授,曾在美国哥伦比亚大学、德国波恩大学、俄罗斯圣彼得堡大学担任研究员和访问学者,并兼任多家学术期刊的编辑,研究领域为艺术哲学、艺术理论和社会本体论等。

其看上去并非如此,那么所有在不同方向上的推测都只是理论上的博弈,相关的实践几乎不可能具有任何程度的规范性。

德国哲学家汉斯·约纳斯是第一个反思这些问题的人,从此处找到了重建伦理学基础的机会。约纳斯(1979)出版的《责任原理》一书聚焦于将暂时性作为理解当代世界所面临的伦理和道德挑战的决定性因素。在这个意义上,这本书仍然具有惊人的相关性。约纳斯在他的文章中提出了一个相当激进的范式转变,即在伦理层面上具有实质性意义之前,试图在形而上学层面上产生有效的影响。这一转变可以通过不同方式总结以解决时间性问题。事实上,哲学历来重视时事,把时事作为伦理学和政治学的基础。

从本质上讲,无论是在与存在有关的话语中、在存在与应该存在的关系中,还是在哲学政治结构的话语中,现在性都是支配性的维度。因此,约纳斯所要求和概括的是这样一种转变:从一种致力于探索当下状况,并且在关注现在性的同时又对从存在到应该存在这一转变进行定义的伦理学,到一种与之相反的伦理学,即对构成更广泛和更复杂分析的起点的现在性感兴趣的伦理学。从这个意义上说,约纳斯所理解的现在性维度已经暗示了转向未来的必要性。

约纳斯在其著作《命运》一书中所使用的论点既简单又有效:迄今为止提出的大多数道德和伦理理论难以有效地讨论到当代社会的复杂性。这种无效性源于一种形而上学原则的隐含假设,即个人伦理和公共伦理都必须参照现在或至多是不久的将来进行表述。因此,对于所有这些伦理学(亚里士多德的、柏拉图的、斯多葛的以及尼采的)来说,重要的是决定某个人或某一社会在某一时刻从存在到应该存在进行转变的可能性。约纳斯非常正确地解释了这一类型的理论方法为何无法解决一个具有人类行为特征的假定对象,即人类行为的技术层面,其定义为一种能够改变和控制世界的能力。约纳斯指出,人类已经前所未有地发展出高度精细的技术知识,可以用来确定人们所生活的自然和社会世界的变化、发展,甚至是实质性的破坏。

然而,约纳斯最感兴趣的是另一个方面:预测性知识和技术性知识相结合的失败,这在当代世界已经变得尤为明显。因此,技术性知识的发展趋势(这也是人性的一个鲜明特征)在当代世界明显加快了速度。换言之,尽管促进技术发展的能力应被视为人类的一个独一无二的特征,这一能力使人类与其他物种相比具有重要的差异,但也应注意的是,自20世纪下半叶以来,技术发展已经显著加快,并且这一加速现象需要人们另外在伦理层面上进行反思。

这种加速导致了人们取得了对世界和自然的前所未有的权力,这在文明史上史无前例。这一权力的增长有两个重要特征:第一,它是如此重要,以至于它会危及我们所知道的世界和自然的存在。事实上,人类能够在很大乃至极端的程度上操纵世界。第二,这种情况的特点在于极端不平衡地倾向于技术权力,同时也具有预测能力大幅萎缩的特点。从本质上讲,预测性知识无法真正为技术发展服务,因为正如约纳斯所假定的那样,所有的预测性知识不知何故被抛诸脑后并因此无法实现其预测功能。

这个维度——被设定为知识的发展,它产生了巨大的权力积累,并且自19世纪以来历经了一个强有力的加速发展——无法再被哲学层面的思考所忽视。因此,知识的增长不仅着眼于理论和思考领域,更在于从最广泛的意义上控制自然世界(约纳斯称之为培根计划),导致极大地扩大了人类操纵和干预自然的可能性。这就需要承担一个实际上非常高的风险,这与人类对自然的所作所为有关。人们这一深刻而彻底的干预可能带来重大变化,其产生的后果无法得到很好的控制,这与环境的宏观和微观结构有关,还与保存人类物种的可能性有关。这些都是与对现有自然资源的开发和改变相关的重要后果,这一后果也与人类物种和整个生态系统生存的可能性相关。总之,人类改变和破坏其所处环境的能力,将严重危及人类物种和自然的未来,而这一切都是由人类自己造成的。

对于约纳斯来说,这是一个至关重要的问题,其要求我们对未来负责;或者,更确切地说,需要重新思考道德,考虑到传统的道德体系并未意识到这一事实,因为知识—权力这对关系未完全表现出其专横性。事实是我们现在所建立的一切(即我们在经济、政治和社会领域做出的选择)凭借广泛操纵世界结构的能力,能够有效地和永久地决定后代的生活。这意味着我们的选择,或者说当代人所做的选择,能够前所未有地决定后代的生存,因此,这可以在很大程度上决定那些在我们之后出现的人的未来的可能性。这暗示了约纳斯为支持个人和公共道德决策而制定的一个精确论题:我们必须在理论和规范层面上非常认真地对待未来,并理解为这是作出历史判断所必不可少的一步。从本质上讲,假定一个主体或多个主体在 $t—t_1$ 时间内执行某一行为,我们只能通过考虑该行为产生的后果来判断该行为是对还是错。然而,证明了约纳斯理论体系一部分在理论上具有原创性的观点是,没有长期预测能够足够精确以合理地支持关于个人和社会行为的选择。因此,源于第一篇的第二篇论文的论点为,鉴于这是一个框架,在伦理和政治方面采取紧缩战略是合适的。换句话说,虽然没有必要去呼吁预测性知识的科学性,但对于约纳斯来说,呼吁一个传统的核心哲学系是有意义的,我们低估了他的视野,即想象。如果从预测的角度来看,我们不能肯定地说任何事情,那么想象力的唯一用处——想象可能世界的哲学能力——必须足以使我们构建一种基于未来可能性的与众不同的伦理学,在这种情况下,这种伦理学的构建不是来自一般的假设,而是来自非常精确的现实情况。

因此,约纳斯在对人种的特征和潜力进行事实分析的基础上,提出了这样一个观点,即人类应该对自身可能会做什么以及做什么之前负责。也就是说,鉴于人类已经积累了足够的知识和力量来摧毁自身和大自然,人们有必要表现出似乎这一可能性是最有可能实现的。因此,对他们的未来和他们行为可能产生的后果负责应该是我们建立世界观的中心思想。然而,伍迪·艾伦的讽刺性问题仍然有待回答,还有另一个疑问:这不仅是关于我们为什么要负责一个不属于我们的未来,而且是关于我们应该为谁做这件事。也就是说,我们应该事先以某种方式负责其存在的人是谁?约纳斯的回答也很简单:根据定义,新生儿要求他们之外的人对他们的生活和未来负完全的单向责任。

综上所述,约纳斯理论体系的基本概念如下。

作为其社会哲学分析基础的基本理论核心的知识—权力这对关系,以及近年来这一对关系被人类破坏的观点,其中人作为智人的身份完全被它的另一个身份——劳作的人的身份所破坏。

未来的概念,成为他的本体论的基本要素。

预测的概念,在他的分析中他部分地构建的社会哲学分析基础。

把新生儿作为第一责任对象的观点。如果未来一代的概念是抽象的,一些可能但非必要的事物,基于这些事物将很难找到建立某种规范伦理的理由,那么新生儿就是一个已经存在的存在体,由于它的存在,并且依赖与其父母简单的原始联系需要一种绝对的和完全的责任。

因此,约纳斯在战略上选择了两个具体的步骤:首先,不要使用"后代"的概念,这一概念应该在本体论的框架下得到确切的研究和更好的定义。其次,更深入地批评预测方法。通过使用数学模型,人类已经改进的预测能力被视为一个方法论标准,这是许多科学已经做过的事情(想想经济科学)。然而,理论中心点涉及这样一种观点,由于预测在原则上缺乏依据,因此预测性假设可能对人们的生活产生重大影响,因此需要特别小心地处理这些假设。从这个意义上说,与具体情况相反,一种观点支持具有长远眼光的实践和行为的非法性,这种观点似乎比约纳斯的立场更有根据。事实上,对他来说,有必要采取最坏的预测,因为仅凭这一可能性就会导致不可弥补的后果。换言之,我认为有可能取得与约纳斯的基本思想相一致的结果,这表明需要在道德上解决一些社会行为产生的问题,而非主要依赖预测性观点。换言之,我认为有可能采取在道德层面上对未来负责的方式行事,尤其是对未来某些类型的行为后果负责,这基于这些行动的结构,即跨代行动。

为了更好地支撑他的论点,约纳斯声称,权利和义务保护的对象是一个当前的主体(新生儿),并且预测能力表明,权力将主要用于预测和个人目的。因此,约纳斯得出的结论是,根据观察(关于知识—权力这对关系)和方法论原则(一个好的理论必须解释最坏的情况,在这种情况下人类的自我毁灭),伦理基础的重新建立是一个必要的措施。"作必要的修改"(*Mutatis mutandis*),这是笛卡儿在普遍怀疑论中介绍"邪恶天才"(*malin genie*)假设时提出的一个观点,这也是尼采的一个观点,他认为一个人可以从认识论虚无主义中得到本体论虚无主义。

二、解决方法

在这个框架中,"责任"的概念成为支撑约纳斯整个结构的支柱,这个框架是分析和预测推理的结果。人类已经能够发展的大量的技术性知识,使他们能够有能力影响整个自然以及自己的同类,这一技术性知识要求他们对未来负责。具体来说,这意味着什么?

首先,它是指个人与社会、社会所建立的制度及其产生的规范性应当特别考虑这一事实:每一个行动,以及每一个别或集体的决定,都可能产生极其重要的后果,直至促进,或相反地,阻止我们星球上生命的延续。约纳斯在这一点上特别激进:我们不仅仅是在谈论生活质量,意味着人类会使他们的状况变坏。我们正在谈论的事实是,人类的生命可能会与其他动物物种一起灭绝。换言之,虚无可能战胜存在:"人类消失[……]的选择[……]涉及'人'的义务性存在的问题,这必然导致我们回到一个问题,即是否应该有胜于无。"

约纳斯的立场是,人们必须选择存在而非灭亡,因为前者不同于后者,能够产生价值。而且,这种能力本身也有价值。因此,从存在具有和产生价值的观念出发,人类的任务是追求存在而非灭亡。考虑到这一基本的道德义务(采取行动使存在及其相关价值得以继续存在)和约纳斯的分析(着重于知识—权力关系和人类潜在的无法自控的能力),必须从政治角度采取预防措施来解除这种机制。

因此,约纳斯把伦理作为政治的理论基础。从这个意义上讲,伦理学聚焦于责任的概念而非美德(即个体自我完善的理念):除了使道德不断完善的美德之外,人类(尤其是当权者)还必须对其行为的长期后果负责。这一点特别清楚地表明,对于约纳斯来说,责任是如何优先于美德的,尤其是在发生冲突的情况下。责任关系到个人的日常活动,但主要是机构和组织管理权力。因此,责任主要关系到国家,而对约纳斯来说,国家是最应该尽力保护生命、生物及其未来的机构。

从这个意义上说,并非所有形式的政府都是平等的,因为对于约纳斯来说,民主制度能够缓和西方社会的乌托邦运动这一想法是乌托邦式的,相反,应该追求一个真正的通货紧缩政策:减少乌托邦式冲动以有利于现有的管理和保护。这一想法的实质是,如果更多的知识和力量能够导致我们的世界毁灭,最好的选择——从长远来看是最有利的——是国家采取行动来控制乌托邦的冲动和与技术发展有关的知识,从而引导人类支持全面的通货紧缩和保守的生活方式。

三、以责任的名义:从伦理学到本体论

约纳斯重新确立道德基础的想法当然是一个重要因素,鉴于包括非西方社会在内的当代社会稳定发展的全球化,这一点变得更加重要。换言之,

正如约纳斯已经注意到的那样,确定无疑的是,关注美德和个人行为的"垂直"维度必须适当地被一种关注人类行为所有后果的水平维度所取代。这一点至关重要。然而,与约纳斯不同的是,我认为这种对责任的重新关注而非基于预测性的伦理选择由于一个客观的事实,这一事实造就了我们社会行为结构的特征。这一事实,正如给定的那样,主要与本体论有关,并且只与第二层次的伦理学有关。四十年后的今天,我们更能直接观察到约纳斯仅有一瞥的现实。也就是说,正如康德等哲学家有充分的理由相信,物质和非物质资源的增加并没有标示世代之间的关系。相反,它受到人类实践总体目的的影响:在特定的历史时期实现最大可能的利益。

理论上相关的问题涉及这样一个事实,即这种情况的不可持续性——在司法基本原则的应用中造成严重的问题——需要修改关于社会行动的概念,这一概念特别涉及社会本体论。只有在第二阶段,这一修订才能有效地转移到伦理和政治哲学的层面。从这个意义上讲,必须认识到,约纳斯提出的垂直伦理匮乏的问题,与时间维度无关,而与许多最重要的当代社会本体论所关注的领域相关。

事实上,典型的是,社会本体论分析显然更倾向于在一个时期观察和研究一个社会或一个社会模型,而非历时的观察同一个社会或社会模型。另一方面,似乎构成任何社会结构特征的一个要素是其时间上的持久力。换言之,特定社会结构在特定时间的构成、调节和运作的主要机制相当明确,然而,尽管其构成要素(特别是组成它的人)发生了完全改变,其(远非显而易见的)随时间推移的倾向仍有待澄清。这是如何完成的?

约翰·西尔(John Searle)和莱昂内尔·哈特(Lionel Hart)等哲学家提出了首个或许也是最直接的答案,其强调了规范性(由此形成社会世界支柱的实践、规则和法律手段)以及管理社会现实的制度的重要性。尽管这些要素无疑是确保社会结构持久性的必要条件,但我认为它们也并非充分条件。在所有制度安排之前和监管机构之外,有一个重要的因素可以保证它们的持久性,因此,跨代通道正是约纳斯理论和实践关注的中心。这一因素与社会行为的结构密切相关。

在更详细地探讨跨代行动的结构之前,应该先探讨我们所说的"代际"的形而上学状态。它是什么以及如何探讨它?作为一个概念,它是否指代实际存在的东西？这种代理性可以用两种不同的方式理解：作为形而上学的属性或作为关系属性。第一个含义对应于代理人的内在属性。第二个含义为代理人的属性由承认代理人的不同的主体所赋予，事实上，作为一个代理人："如果与之交互的实体通过其行为表现出他们认为A是代理人的话，那么在这种情况下，A就是代理人。他们将A列入计划和行为中的方式、对A的行为方式以及对A的行为影响的反应表明，他们是否以及如何认定A是这一代理人。"因此，第二个含义在其严格意义上，重要的是与代理人互动的人（无论是机构还是个人）必须清楚地认识到他是这样的人。换句话说，为了使典型的关系代理的行为范围有效，这些行为应该被认识到。

准代理人通过其行为在世界上产生影响，对其形而上学的研究将证实他确实是一个代理人。但是，在某些情况下，代理人可能与行为所属的主体不匹配。在这种情况下，很明显，可能存在信任问题，因为代理人——作为代理人——根据定义，是信任的承担者，即被授予或未被授予信任的实体。因此，我建议将我们称为一代人的实体视为"准代理人"：事实上，在所有方面，他是一个代理人，其代理性有时不被承认。这主要有两个原因：因为不同的代理被认为更适宜，或者在极端情况下，他们被认为是代理人而非准代理人。因此，我建议将几代人视为跨代行动的可能代理人之一。现在让我们来转向跨代行动的形而上学方面。

与约纳斯不同的是，我认为基于预测的话语不会使我们在社会本体论中将时间性的问题纳入其中，即时间的延续。同样，与约纳斯不同的是，我认为解决代际关系问题的最佳办法并非采取通货紧缩政策以反对人们渴望更好生活的正当愿望。在社会本体论的领域中，我首先提出一个最相关的观点。我注意到约纳斯采取了两个步骤：第一，他为人类预测技能提供了广泛的理论可信度，尽管这些技能可能无法为未来的现实提供详尽的框架。然后，他进一步提出了一个理论假设，即经过更仔细的考察，似乎根植于以历史哲学的名义来阐述未来复杂架构的倾向——许多哲学家都是如此。

总而言之，由于人类行为的后果，现有的分析导致约纳斯预见到人类和动物的生命即将终结。约纳斯的观点是，如果这一假设是唯一可能的，我们的任务应该是在理论和实践层面上解决它，因为对约纳斯来说，从预测层面到现实层面的转变是建立在必要性之上的。从这个意义上讲，约纳斯所描述的哲学在许多方面类似于一种伪装的历史哲学,也就是说,一种关于未来的哲学假设,在这种假设中,预测的水平被视为现实的水平。阿瑟·丹托(Arthur Danto)在处理历史哲学上的可能性条件的基础著作中指出,在方法论层面上,所有这些是如何存在着问题的。丹托以充分的理由声称,作为一门科学的历史哲学是如此难以置信,因为它不可能具有任何科学基础。

正如我所说,如果预测因为永远不能产生确定的结果而不具可靠性,相反,在本体论中建立的反思可以更确定地得以继续。从这个意义上讲,或许有用的是,研究一类在及时保护社会结构中起着基本作用的特定行动——与其他行动一起,也许比其他行动更重要。我称之为"跨代行动"。跨代行动的主要特征是双重的:它们提供了时间性,据其定义的重要属性是相当长的时间上的延续;而且,它们是由不同代的人完成的,也就是说,它们的实施必然涉及几代人之间的干预和合作。

跨代行动允许社会有相当大的潜在的无限时间延长,同时暗示这种行动的行动者之间存在一种特定的依赖关系。这种联系是一个必须包含在我们的本体论中的关键因素:没有它,一个社会就不能在时间上延续。此外,跨代行动主要由机构(政府和国家)和代表机构行事的人执行。然而,并非不可能的是,即使不在制度上采取行动的个人也可能采取跨代行动。让我举几个这样的例子。

假设X先生是一个中等规模国家的第一任部长。X在一个艰难的时期领导着他的国家,在这个时期,经济增长率低,公共债务高,同时伴随着紧张的社会局势。造成紧张局势的原因很多,但最主要的原因是大量难以监管的移民现象。因此,要稳定社会共识以保持国家团结(当然,还要重新当选),X面临着艰巨的任务。因此,他决定增加公共支出。这意味不断增长的公共债务必须将由后代来偿还。

X先生的选择带来了两个相关联的后果:第一,现在优先于未来,也就是说,他决定以稳定动荡的政治和社会局势的名义让后代支付更高的公共债务。第二,X先生的选择确实可以实施,因为所有的代理机构——例如,管理债务的银行和评估其可持续性的国际机构——都同意X先生的观点,即未来的几代人将按预期行事并为债务买单。X先生所采取的这类行动在不同代的人之间建立了一种非常牢固的联系,这种联系仅由其中一代人规定,而另几代人应当予以尊重。在这种情况下,信任扮演着一个基础性角色。因此,跨代行动只能通过那些决定采取行动的主体以外的其他主体的行动来完成,并且只有在尊重跨代联系的情况下,社会结构本身才不会受到危害。

现在让我们再举一个例子。假设 X 先生是一个发展中国家的总理,这个发展中国家是某金砖国家。考虑到复杂而具有竞争性的环境,新兴国家必须做出艰难的选择,在不久的将来,这可能是极其昂贵的。如在能源政策方面的相关决策:基于不可再生自然资源的开发,或投资于可再生能源,或专注于传统能源生产系统。因此,政府要求议会指出该国应朝哪个方向发展。显而易见的是,其所面临的风险造就截然不同的未来:要么追求国家现时的快速发展,增加整体财富,要么更加缓慢地发展,科学研究投资的同时保护国家的自然资源。第二个选择将加强跨代的联系,因为它将证明人们在特定历史时刻作出决定的意识是正当合理的,从而使跨代信任成为可能。

与约纳斯所说的相反,第二种选择不是通货紧缩,这意味着选择可持续的决策以促进更为稳定的长远发展,并不意味着牺牲生活质量或放弃追求进步。如果有什么的话,事实相反,只有先进的科学技术研究才能取代对自然资源的开发。因此,正如约纳斯所建议的那样,最好的选择似乎并不是为了防止加强知识-权力这对关系而采取行动,而是通过与后代订立更公平的契约,以非传统的方式采取行动。

挪威政府证明了这种选择确实可行。政府石油基金由挪威政府于 1990 年设立,目的是投资来自石油(一种不可再生的自然资源)的利润。2006 年,该基金更名为政府养老基金-全球化:该基金是挪威克朗的一个基金,由挪威银行在财政部的授权下管理,目的是确保"后代也将受益于正在开采的石油的财富价值"。

为什么挪威政府选择这样做?原因很简单:同一个政府先前决定开发公共资源,"公共"不仅意味着"在某个时期 t 属于挪威公民",而且具有"从时期 t 到无期限属于挪威公民"的更广泛的意义。鉴于石油是不可再生的,未来的挪威公民将无法从石油基金中受益,尽管事实上他们有权获得。因此,为了加强跨代联系,挪威政府选择提供切实的证据,证明未来挪威人不只会受到前代人的请求和要求。议会、政府和公民已选择订立一项契约,其中几代人之间的信任实际上是有利和可信的。

现在让我们设想第三种情况,X先生是一位富有的艺术收藏家。事实上,他喜欢从公众手中夺走并占有一件杰作——他所获得的愉悦一部分来自这样一种想法:只有他才能看到那件艺术品,而其他人则无法看到。因此,X先生经常从博物馆或其他收藏家那里购买被盗的作品。这样,他不仅通过购买市场之外的作品而从事非法活动,而且还将私人领域置于跨代领域之上。也就是说,他把审美性思考领域凌驾于文化和公共领域之上。传统上,艺术被认为是一种具有集体认同感的载体,而这种集体认同是国家一代又一代所保留的。艺术品是一种特殊情感、一种心态、一种文化背景以及人们对其的不同层次的解释。

从这个角度来看,艺术品具有非凡的价值。当X先生把它从公众手中夺走时,他选择干预对集体身份的保护,这是一个长时间保护所有社会的必要条件。X先生的所做无视最传统的跨代行动:即通过文化记忆来保存集体身份。在这种情况下,这可以说是一个失败的跨代行动,较少关于信任的因素,因为与当代相比,后代不需要任何其他承诺。

精确说来,第四个也是最后一个情况与技术发展有关。让我们假设这种情况发生在高度全球化的社会,涉及因技术发展而产生了重大影响。这些社会具有移动事物和人的能力,以及具有重要计算能力和增强物理通信网络的虚拟网络。在这样的背景之下,技术先进的西方社会对此非常了解,并且已经进行了几十年的试验,开发自然资源的能力也同样发展迅速和强大。例如,使能源生产成为可能的自然资源,以及开发粮食资源的能力。虽然粮食资源至少是(或许是)部分可再生的,但使能源生产成为可能的自然资源却不那么具有可再生性,最重要的是,其中一些根本不可再生。另一方面,有理由认为,许多发达社会——特别是在技术方面——将不再能够回归到不大量使用能源的生活方式。因此,很明显,能源(石油、煤炭、天然气)的集约使用将导致其在相对较短的时间内耗尽。

通过交叉引用当前人类能源需求的数据和初级能源可用性的数据,研究人员可以预测,初级能源将仅够满足人类下一个50年的能源需求。因此,在某种意义上,人类正在通过开发共同的资源来建设自身的现在和未来,这不仅是可持续发展的根本,而且对子孙后代的生命至关重要。因此,发展的可能性意味这样一种认识,在任何特定时期,人类都将利用其所有的资源来确保良好的生活方式。更具体地说,认为发展本身可以产生出既不依赖主要能源,同时又能保持效率的能源生产的替代形式,这种观点从伦理的角度出发,使资源开发与技术开发之间的关系成为可能。如果我们像约纳斯一样承认技术发展是人类本性的组成部分,那么我们也必须承认,这种发展的可能性必须保持开放,因此,它不能被别人从一代人那里夺走,也不能被迫停止。为了使这种可能性在推动技术发展和能源开发的项目框架内保持开放,这种可能性的行动必须具有跨代性质。换言之,它们应该在设计层面负责代际跨国的工作。

正如以上案例所阐明的,跨代行动完全属于社会行动的分类。当它们被引入存在时——当它们满足识别它们的条件时——它们还需要与我们称之为"后代"的虚构集体主体明确联系在一起。在跨代行动的背景下,后代无论出于何种意图和目的,都是一个行为的主体,因此应该被纳入到我们的本体论中。

埃舍尔"迷宫"与"非典型"美学*

周　宪**

世上的艺术家各式各样,只有那些独树一帜的艺术家被艺术史所铭记。本文要讨论的艺术家绝对有特异性,却不被艺术史所关注,但科学家们却对他钟爱有加。他就是荷兰画家埃舍尔(M. C. Escher,1898—1972)。曾有人在《纽约时报》刊文赋予他独特的名头——"艺术界的非艺术家"。这个看似有点奇怪的称谓其实直击埃舍尔的特异性。在笔者看来,他有标志性的"三怪":一是他与艺术史关注的主流、运动、派别、风格等全然无关,身处20世纪热闹纷争的艺术界之外;二是他似乎刻意地特立独行,前无古人后无来者,像一个曲高和寡的象牙塔中人;三是把埃舍尔从默默无闻中拯救出来的,是一些科学家,尤其是一些数学家。很多科学家的著述喜欢用他的作品做封面,这样一个不入流、不归派的艺术家,恰恰为我们讨论一些美学问题提供了范例。

一、惊异者方能发现惊异之物

埃舍尔是一个不善言谈的孤独的艺术家,流传于世的文字也并不多,一本薄薄的小册子《埃舍尔论埃舍尔》连画带文不过158页。但他的一些话却成为网络世界争相传播的至理名言。流传甚广的一句话莫过于"惊异者方能发现惊异之物"。此话无论从美学还是科学来看,都道出了某种真谛。那么,就让我们先来看看埃舍尔是如何通过自己的惊异而在艺术中发现惊异的。埃舍尔的许多作品都有些匪夷所思的特性,乍一看去没什么问题,可是

---

* 本文由作者提供,原文发表于《美育学刊》2020年第4期,编辑时有所删减。
** 周宪,南京大学艺术学院教授、博士生导师,教育部长江学者特聘教授,南京大学人文社会科学资深教授,南京大学高研院院长。研究领域涉及美学、文艺学、文化研究、视觉文化、现代性等。

越是凝视端详,问题就越多,惊奇或惊异便随之而来。下面,我们就来欣赏一下他的画《相对性》(图1)。

图 1　埃舍尔《相对性》(1953)

在这幅石刻版画中,不同的人处在不同的空间里,他们站立或上下楼梯各有不同。我们至少可以区分出三个不同的空间,所有在画中垂直站立的人处在一个和我们观者相同的空间里,我们暂且称之为空间 A,有一个自下而上的透视角度,可看到共有 5 人在这一空间里。画面底部有 1 人在上楼,画面上部右侧有 1 人在楼上张望,1 人在上楼,画面上部左侧亦有 2 人在上楼。第二个可谓之空间 B,其视角为从左到右、自上而下的俯视角度,头朝画面左边的 5 人都在这一空间里。2 人在屋外的花园里,1 人在楼上张望,另有 2 人在画面上下部做下楼状。第三个是空间 C,其视角则是从左到右的仰视角度,我们看到头朝画面右侧的 5 人均处于这一空间中,2 人在画面右下角的屋外花园里,2 人在下楼,还有 1 人坐在左上侧的地面上读书。画面中央形成一个三角形的三个架空的楼梯,直接呈现了不同空间的交错关系。左右两个楼梯的正反两面构成了两个全然不同的空间景象,最有趣的是画面上部的楼梯有2人在行走,同一个楼梯长短不一,却又区分出同时在上楼和下楼的两个截然相反的空间。如果说左右两侧的楼梯由于正反而区隔了两个空间的话,那么上部的同一楼梯直接将空间B和空间C融为一体。换言之,左右两梯分别设定了正反两个不同视角,而上部梯子在同一层面就蕴含了两个不同视角。如此复杂的空间组合在这一画面中。

当我们仔细观看这幅画时,我们的所见与所知产生了尖锐的认知冲突。自文艺复兴以来,西方绘画最大的发明大约可以说是透视,按照艺术史家潘诺夫斯基的考证,透视的拉丁文意思就是"透过……去看",文艺复兴时期的理论家发明了一种比喻来加以说明,即透视就好比我们的目光透过一扇"窗户"去看外部世界。透过一扇"窗户"看,这就意味着我们是从一个固定的视角去理解世界的,因此眼前的物体井然有序,远小近大,远的模糊近的清晰,等等。一幅画就是设定一个固定的窗户,让观者去看世界。令人惊异的是埃舍尔在《相对性》中设定了三个全然不同的"窗户",而且要求我们作为观者,和他一样不断地变换视角来凝视画面中的不同空间,由此激发了我们对空间可能性及其观看视角更多的联想和探问。如果我们进一步比较埃舍尔的另一幅画《另一世界》(图2),可以清晰地看到透视所具有的"窗户"效果。

这幅作品也是三个不同的世界组合而成的,一共有6个窗口看到外景,两两成对地组成了三个不同景观。仔细辨析三个景观分别是上方的俯视视角、下方的仰视视角和左侧的平视视角,由此结构了三种最基本的透视角度。透过这三组窗户,仰视所瞥见的是渺远的太空景观,平视的是某个星球上的地面景观,而仰视的则是平视的星球景观的另一角度所见。但这个观景台内景和外景又是一致的,通过内景的透视结构刻画,尤其是两个重要的参照符号:波斯人鸟与牛角,规定了我们凝视这幅画的三个不同视角。波斯人鸟平视就意味着我们观看的平视视角,它在俯视地面也就要求我们一样地俯视,而它站立在我们上方便暗示了一个仰视的视角。不同于《相对性》的多重灭点处理,在《另一世界》中,三组窗户的俯视、平视和仰视视角,最终都归结到一个灭点上去,完成了差异间的统一。这里可以清晰地看出埃舍尔的良苦用心,那就是空间以及我们的空间视觉经验,既有多重性和差异

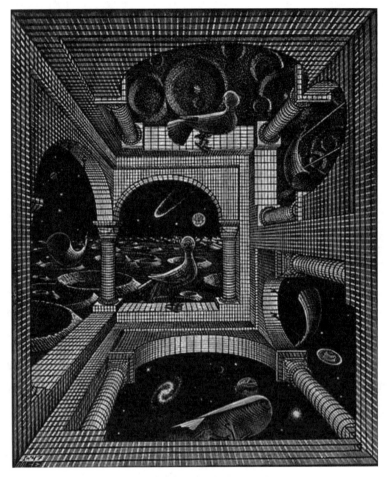

图 2　埃舍尔《另一世界》(1947)

性,同时又有统一性和关联性。

在大多数情况下,艺术总是把熟悉的东西呈现在我们面前,我们的日常起居或五行八作,这当然重要,美学上流传久远的"模仿论"或"再现论"说的就是这个道理。历史上许多伟大的艺术家都把艺术看作是生活的一面镜子,比如莎士比亚在《哈姆雷特》中,通过主人公哈姆雷特之口说出了这个道理:"从古到今,戏剧从来就是一面镜子,映照人生的美好,嘲笑自己的荒唐,查看时势盛衰。"但是,镜子是什么样的镜子?镜子又如何映照人生?这却是一个大有讲究的艺术难题。过于追求生活表面的真实,将画画得与现实一模一样,这固然重要,但却不是艺术的全部追求。尤其是在摄影出现以后,画家一味模仿现实的做法遭遇了严峻的挑战,因为绘画无论多么逼真,也赶不上摄影。所以绘画必须另辟蹊径去探索镜子照不出来的东西。埃舍尔在这方面无疑是很有想法的,仅就《相对性》一画的创作而言,他所探究的空间构成和视角经验以及独特的复合型多元空间,绝对是摄影作品无法呈现的,它彻底颠覆了观者对空间及其视觉经验的日常认知。说到这里,我们已经触及了美学的一个重要观念——"陌生化"。

我们知道,日常经验具有刻板化和无意识的特性,当人们在一定的社会文化语境中适应了特定的日常生活之后,便会被这些经验建构出一些习惯性的思维和视角,因而封闭了自我的心灵,遮蔽了自己发现的眼光。关于这一点,英国浪漫主义诗人柯勒律治有很好的说明,他在《文学生涯》中深刻指出:

> 给日常事物以新奇的魅力,通过唤起人对习惯的麻木性的注意,引导他去观察眼前世界的魅力和惊人的事物,以激起一种类似超自然的感觉;世界本是一个取之不尽、用之不竭的财富,可是由于太熟悉和自私的牵挂的翳蔽,我们视若无睹,听若罔闻,虽有心灵,却对它既不感觉,也不理解。

这段话虽然是一百多年前说的,但今天来看仍有非常重要的启示。艺术的目的在柯勒律治看来,就是"给日常事物以新奇的魅力"。之所以要这么做,是因为人们太熟悉因而有一种习惯的麻木性,所以对新奇的东西产生了翳蔽,进而视若无睹、听若罔闻。创造性的艺术有一种神奇的魅力,通过新奇事物的新奇的表现,唤起了人们"一种类似超自然的感觉",最终引导人们"去观察眼前世界的魅力和惊人的事物"。正是在这个意义上,达·芬奇说艺术的功能在于"教导人们学会看"。的确如此,埃舍尔正在引导我们以一种独特的视觉去观看空间构成的可能性,引导我们反思自己的视觉经验是否过于陈旧和刻板,能不能换种方式看世界。所以,画家教会人们观看,音乐家教导人们学会聆听,而诗人则引导人们学会诗意地使用语言。

埃舍尔对现实世界的空间构成有非常敏感的视觉印象,他发现由水平线和垂直线所构成的直角无处不在,从建筑物、房间、橱柜,到桌子、椅子、床和书本,所有这些物品都是规整的盒子形状,屋里墙壁处处是直角,从窗户到挂在墙上的画框等,这就使得我们的视觉体验深感沉闷和无趣。如何颠覆这个"直角局限"就成为埃舍尔艺术创造的一个强有力的动因,突破直角限制创造出全新的空间构成,进而引发人们的视觉惊奇。至此,我们不难理解埃舍尔的名言——"惊异者方能发现惊异之物",此话的深刻含义在于:首先,艺术家需要有一种新奇的眼光去观察世界,由此方能发现世界的新奇和魅力;其次,艺术家还必须有特别的本领,将自己的新奇发现以新奇的方式表达出来,从而引发观众、听众或读者的新奇体验。较之于经济、法律、商业、科学和技术,艺术有时看起来似乎并没有特别的用处,它既不能让人致富,又不能让人享受口腹之快。但是,艺术的特别功用就在于,它可以提供新奇的生命体验和情感表达。看过埃舍尔的《相对性》之后,观者也许会思忖,为什么我们从来没有这样看待自己的生活世界?在一个平面上我们还能经营出更多的三维空间复合结构吗?我们需要对自己的日常经验加以反思并纳入新奇的东西吗?

其实,在当代美学和文学艺术的理论中,陌生化是一个强有力的主题。早在20世纪初,俄国形式主义文学理论家什克洛夫斯基,就明确提出了文学通过修辞等诗学手法,形成陌生化的效果,此乃文学为文学之重要原因。他写道:

> 那种被称为艺术的东西的存在,正是为了唤起人对生活的感受,使人感受到事物,使石头更成其为石头。艺术的目的是使你对事物的感觉如同你所见的视像那样,而不是如同你所认知的那样;艺术的手法是事物"反常化"手法,是复杂化形式的手法,它增添了感受的难度和时延,既然艺术中的领悟过程是以自身为目的的,它就理应延长;艺术是一种体验事物之创造的方式,而被创造物在艺术中已无足轻重。

什克洛夫斯基这段话,与前面所引的柯勒律治的说法有异曲同工之妙。确实,细读《相对性》迥异于欣赏那些直接模仿日常现实的画作,因为它增加了观者的感知难度,延长了理解的时长,让我们体验到新奇事物被创造出来的新奇方式,因为埃舍尔在这里将熟悉的事物彻底"陌生化"(即"反常化")

了。不知不觉中,我们自己的视觉经验也被新奇的空间组合"反常化"了。在不经意之间,我们似乎也学会了以新的观念和视角来看待熟悉的事物。这就是埃舍尔《相对性》给我们的丰富启迪。就像他自述的那样:"当我开始做一个东西时,我想,我正在创作全世界最美的东西。如果那件东西做得不错,我就会坐在那儿,整个晚上含情脉脉地盯着它。这种爱远比对人的爱要博大得多。到了第二天,会发现天地焕然一新。"他在总结自己的艺术经验时坦陈,让日常熟悉的事物显出令人惊异的视觉效果,乃是他最重要的艺术追求。空间中存在着许许多多的谜,但人们却往往视而不见,天才的艺术家就是要揭示这些谜,让观者幡然醒悟而惊叹:"哇!原来是这样!"不消说,埃舍尔的这幅作品乃是对他惊异地发现惊异的艺术之道的生动脚注,因为"发现天地焕然一新"正是艺术的奥秘所在。他曾经对友人说过,他的作品绝不是为了表现美,"正是这个原因我才与我的艺术家同行格格不入;他们努力的目标,唯一的也是最重要的便是'美'——虽然,它的定义自17世纪以来已经发生了非常大的变化!但是我想,我要追求的东西首先是惊奇,所以我只是尽力唤醒我的观众头脑中的惊奇"。

二、似幻与似真的智力游戏

埃舍尔的艺术世界除了审美的惊异与新奇之外,还充溢着一种令人着迷的魔力,促使人们不断地重新思考艺术与现实的复杂关系。在分析和阐释埃舍尔艺术的大量研究文献中,"美"并不是一个高频词,而最常见到则是magic(有魔幻、魔力、魔法、神奇、魅力等义),还有批评家直接将他归纳为"欺骗大师",因为他总是创造出一些真真假假的形象迷惑并挑战观者。那么,埃舍尔的"魔力"究竟何在?他如何欺骗和挑战我们的视觉经验甚至理解力呢?

我们来看他的《爬行动物》(图3),这是画家最具代表性的一幅作品。埃舍尔曾经记载说,有一位妇女打电话给他,说这幅画令她着迷,因为该画把一只爬行动物的循环再生的过程描绘得惟妙惟肖。埃舍尔回答说道:"夫人,如果你那么认为就那样好了!"埃舍尔的回答中既有无奈,又有些失望,因为人们欣赏他的作品,往往从不同角度来理解和阐释,又会和艺术家的初衷相距甚远,甚至是风马牛不相及。这就带来一个有趣的美学问题:艺术作品究竟表现了什么?

图 3 埃舍尔《爬行动物》(1943)

这幅画看上去颇有故事性。我们知道,绘画作为一门艺术,与文学、戏剧、舞蹈、音乐和电影有一个很大的不同,早被艺术家和美学家们归类为静止的艺术。无论画面描绘了什么样的富于动感的动作,但画面实际上都是静止不动的。许多历史题材的作品,无论是《清明上河图》或《自由引导人民》,都是凝固于一个动作的特定瞬间,所以德国美学家莱辛说,"全体或部分在时间上先后承续的事物一般叫作'动作'。因此,动作是诗所特有的题材。……绘画也能模仿动作,但是只能通过物体,用暗示的方法去模仿动作。……绘画在它的同时并列的构图里,只能运用动作中的某一顷刻,所以就要选择最富于孕育性的那一顷刻,使得前前后后都可以从这一顷刻中得到最清楚的理解"。然而埃舍尔的《爬行动物》,却表现了一只鳄鱼从无生命到有生命再回复无生命的完整过程,画面上酒瓶和酒杯、圣经、十二面立方体、花盆、烟盒等私人物品,作为背景与这只渐变中的鳄鱼形成了含义复杂的背景关系。当然,鳄鱼的每个动作都是凝固的,但各自渐变的过程却形成了一个动态的过程。从平面的纸板上静止的形象,爬出了纸板逐渐变得立体和富有生命,一路爬行最后回到纸板上回复原状。埃舍尔是如何描述这个过程的呢？他写道：

> 一只动物显然是要表明它是一个有生命的造物,它伸出爪子越过了一本书的侧边,将自己从静止中拽离出来,开始了它的生命循环。它开始是爬上一本书,然后爬过三角板光滑的表面,在一个十二面体的顶部到达最高处,然后稍息片刻,吐了一口气,有点疲惫但却志得意满,接下来,它又开始了重返平面的下行之路并抵达平地,在那儿,它重新使自己起到对称图形(即平面上三个鳄鱼一组的周期性图形——引者)作用。
>
> 就这幅版画而言,我从不想有任何道德化或象征化的意图,但一些年以后,一位我认识的顾客对我说,这幅画生动地图解了再生说。看来人们甚至可以在并不懂行的情况下对其作出象征的阐释。

埃舍尔的这段陈述,一方面对画作做了直观的解读,另一方面又反对对画作作道德的或象征的阐释。我们如何来解读这幅版画呢？它告诉我们一些什么美学道理？

埃舍尔的描述中告诉我们几个关键信息。其一,画面是由两个部分组成的,一个是平面的世界,另一个是立体的世界。其二,从平面到深度空间,平面的图像是周期性对称的,固定而静止;而离开平面纸板进入一个深度空间,鳄鱼便从静止的对称现象转而成活生生的爬行动物。其三,从平面到深度空间的转换,一方面是上行与下行的动态转换,另一方面则是鳄鱼的生命圈的转换,平面世界里对称图像是静止而刻板的,深度空间里的鳄鱼则富有生命力。因此,上行的过程就是从平面到深度空间的过程,是赋予生命活力的过程;而下行的过程则是返归静止的回程,是从活灵活现的鳄鱼向平衡图像的转变。

如果不去考虑轮回再生说问题,那么,这幅画在相当程度上揭示了绘画作为一门视觉艺术的再现特性。西方绘画和中国绘画走的路线完全不同,明末清初,传教士将西方绘画带入中国后,本土的中国画家一方面惊叹于西方绘画的写实性,另一方面又对这一表现方式不屑一顾。邹一桂的说法最有代表性:"西洋人善勾股法,故其绘画于阴阳远近不差锱铢。所画人物、屋树皆有日影。……画宫室与墙壁,令人几欲走进。……但笔法全无,虽工亦匠,故不入画品。"那么,西方绘画为何与中国画殊异呢?这就涉及上一节我们说到的透视法。自文艺复兴时期透视法发明以来,西方绘画一直在努力和雕塑竞争,因为雕塑本身就是三维立体的,而绘画则是要在二维平面上努力营造出三维深度空间的幻觉。透视法的本质就在于如何在平面通过物体远近大小明暗的处理,呈现出邹一桂所说的"阴阳远近不差锱铢……令人几欲走进"的效果。文艺复兴的大师们个个都是在平面上经营三维立体深度空间的高手。这里不妨举两幅画为例。一幅是拉斐尔的名画《雅典学园》(图 4),这幅画是梵蒂冈教皇宫签字厅的巨型湿壁画,站在大厅里直立远观,迎面走来的希腊哲人们栩栩如生,而背景的拱形廊顶由于卓越的透视效果,有一种不断向后延伸无尽深度的空间感,仿佛不是壁画而是真实的空间一般。如果说《雅典学园》代表了一个平视的深度空间的完美建构的话,那么,科雷乔的《圣母升天》(图 5)则刻画了一个不断向上延伸的仰视空间,这幅画画在帕尔马大教堂穹顶上,当人仰头凝视这幅画时,看见圣徒们围成圆形,追随着圣母螺旋上升,以至无穷。不断向天空无限延伸的透视感,造成了升天的奇幻效果。

图 4　拉斐尔《雅典学园》(1508—1511)

图5　科雷乔《圣母升天》(1522—1530)

从《雅典学园》到《圣母升天》,虽然平视与仰视的视角有所不同,但两幅作品都是在一个平面上绘制的具有深度空间幻觉的佳作。由此可以引申出一个有趣的绘画美学问题,即绘画究其本质而言是一个平整的二维平面,西方绘画在透视法的感召下,一直在努力与雕塑竞争,看谁可以真切地表现出真实生动的深度幻觉。达·芬奇在其笔记中就专门比较过绘画和雕塑,他认为绘画远比雕塑复杂,涉及更多艺术的技巧和材料,所以雕塑更需要体力活,而绘画则是更需要运用心智。尤其是他强调,绘画是在一个平面上对色彩、光影和造型的经营,透视成为绘画的关键所在,而雕塑则无须用色彩、光影与透视。这就带来了一个复杂的问题,即当我们在观画时,我们常常被画面所描绘的主题所吸引,被画面所营造的三维立体空间的幻觉所吸引,"令人几欲走进",同时忘却了我们是在观画,更忘却了绘画所需的各种技法和透视等。再欣赏一下拉斐尔和科雷乔的那两幅经典之作,我们不但看到一个无线延伸的深度空间,甚至会忘记自己是一个在大厅里观画的观者,而是被画面所吸引,仿佛自己就真实地存在于画面的深度空间里,和希腊智者们一起讨论争辩,和圣徒们一起随着圣母向上飞升。

自古希腊以来,西方美学的一个重要观念就是模仿,模仿说统治着从绘画到雕塑到文学到戏剧的诸多领域,成为西方美学的一个最具统治性的观念。尤其是文艺复兴透视法的发明,极大地提升了绘画的空间深度幻觉的表现力,这种美学观念一直延续到19世纪的写实主义,以法国画家库尔贝为代表,将在二维平面上表现三维立体空间的手法发展到登峰造极的地步。在库尔贝的艺术实践中,一方面是发展并恪守现实主义的绘画观念,另一方面是忠实于视觉真实和形象真实,着力追求逼真再现生活场景和各式人物。库尔贝在1861年给友人的信中写道:

> 就绘画而言,艺术只能是每个艺术家对具体可见之物的再现。……我也认为,绘画完全是一门非常具体的艺术,它只能由对真实有形物的再现所构成,它运用物质性的语言,也就是看得见的事物。对绘画来说,从不会有抽象的、看不见的和不具形的素材。艺术想象就是去探索如何再现具体有形之物,从不会是去想象或创造那个事物本身。

按照库尔贝的说法,绘画艺术只能真实地再现具体可感的形象,也就是说,只能在一个真实的三维空间中将形象呈现出来,其他任何方式都算不上是绘画。但是他的这个信念30年后即遭到了他的同胞丹尼斯的质疑,后者认为所谓绘画,说穿了不过是画的二维平面上覆盖的各种色彩而已。丹尼斯直言:"我们应该记住,一幅画在成为一匹战马、一个裸女之前,或讲述什么故事之前,本质上不过是以某种方式来覆盖色彩的平面而已。"

回到埃舍尔的《爬行动物》,我们可以立即分辨出两种不同类型的鳄鱼,一类是平面的装饰性的鳄鱼,它们一看上去就是画而非真实的鳄鱼,或者说它们并不呈现为活灵活现的现实世界里的真实样态;另一类是立体的、三维的鳄鱼,它们爬出了平面纸板而栩栩如生,就像我们在日常视觉经验中所瞥见的鳄鱼那样。这两种形象的演变和交替,揭橥了绘画艺术的内在奥秘。观看平面的对称性的鳄鱼,我们一眼辨出它是画,是被画家刻画的一个对象;而欣赏立体而富有生命力的鳄鱼时,我们会全然忘掉它是画出来的,而被其生动逼真的在深度空间里的形象所吸引。用艺术史家贡布里希的话来做小结:"很清楚,一幅画或一尊雕像越是反映出自然的样子,那么它对秩序和对称原则的自动展示也就越少。相反,某个结构越是有序地加以安排,它对自然的模仿也就越少。……自然主义方面的增多必然意味着秩序安排方面的减少。"这是对埃舍尔《爬行动物》的一个最佳注释。

三、想象如何改变实在?

现在,让我们来观赏埃舍尔最为人们所熟悉的一幅代表作《昼与夜》(图6)。

图6 埃舍尔《昼与夜》(1938)

这幅画乍一看来毫无惊艳之处。埃舍尔自己曾经做如下解释:

> 创作这幅主题为《昼与夜》的版画的意念,从逻辑上说是萌生于以下联想:光明=白昼,黑暗=夜晚。
>
> 在两个典型的荷兰小镇之间是规整的田野,它们逐渐往上演化为两组飞行方向相反的鸟儿轮廓:往左飞的是黑鸟,往右飞的是白鸟,两者都是从中间衍生而来的。左边的白色轮廓出现了,并构成了白昼;右边黑色的轮廓融为一体,形成了夜的背景。两边的风景均构成对方的

镜像,一起穿过了田野,鸟儿再一次从田野衍化出自己的形状。

埃舍尔的解说谈及两个方面:其一是这幅画的主题白昼与黑夜;其二是这幅画的图像结构及其图形演变。这幅画的艺术魔力在于,通过黑白对比的结构,将时间上不可能的昼与夜两个不同世界,完整一体地生动再现出来。顺便说一句,埃舍尔的版画作品大致分两类,一类是纯粹的黑白结构,另一类是彩色或多色结构。比较起来,笔者始终认为他的彩色版画远不如黑白版画,尽管彩色版画比黑白版画色彩更为丰富,究其表现力和内涵来说,黑白世界似乎更有深度和形而上的哲学意味,恰如中国画中水墨的黑白世界远胜于青绿山水一样。对于黑白二元世界,埃舍尔给出了一个最简单也是最明了的阐释,那就是通过人们的自然联想,光明与白昼,黑暗与黑夜,黑白对立地构成了昼与夜的不同时间维度。左半边越来越亮趋于白色背景,代表白昼时间及其景观;反之,右半边从灰到黑,代表了黑夜来临,景观也暗下来。两边的风景、田野、河流、船只、小镇等完全对称,除了方向相反外,只有白与黑之别。埃舍尔将这个黑白两极和图底互补的世界称为"母题本身的动态平衡"(the dynamic balance among the motifs themselves),黑白两个母题构成了某种二元功能,"当白色作为一个对象从黑色背景中凸显出来时,黑夜就出现了;而当黑色形象从白色背景中彰显出来时,白昼就出现了"。

埃舍尔的画作总是极具创意,因而总是充满了魔力。在艺术史上,我们几乎找不到一个画面上将白天与黑夜同时呈现出来的作品,因为这无论从时间上还是空间上都是难以表现的。这里埃舍尔向我们提出了一个重要的美学问题:艺术可以按照想象力来重构世界吗?前面我们已经说过,艺术是通过模仿世界来再现世界的,但是亚里士多德却认为,诗(广义的艺术)比历史"更富于哲学意味"。为什么呢?他认为历史是记叙已发生的事,而诗则可以描述可能发生的事情。因此,历史只按照必然律来记录个别的事,而诗则可以按照必然律和可然律描述普遍性的事。所以诗才比历史更富于哲学意味。亚里士多德在这里提醒我们,艺术之所以描绘可能发生的事情,实际上是艺术想象力的功能。历史必须拘泥于已发生的真实事件,艺术家则可以自由地发挥想象重构世界,这就是艺术想象力对实在世界的重构功能,它赋予艺术家更多的可能性。在美学上,这个问题被界定为所谓的"虚构性"。由此来看埃舍尔的这幅作品,艺术的这个功能彰显得异常明晰,因为他向我们展示了一个不可能的昼与夜同在的场景,消解了真实世界中的空间分割和时间分界,凝聚成为一个统一完整的画面,一个莱辛所说的"最富于孕育性的那一顷刻,使得前前后后都可以从这一顷刻中得到最清楚的理解"。埃舍尔想象性地重构实在世界时空的这一创意,还可以从他的另一些作品中看到,比如他的《天与水》(图7)。

图7 埃舍尔《天与水》(1938)

《天与水》和《昼与夜》的处理方法是相似的,前者是从水平方向来处理不可能的时间整合,将白天与黑夜融为一体;后者则是从垂直方向上处理深空与深水的空间融合,通过飞翔的鸟儿与游动的鱼儿的上下图形渐变的过渡,将天空与水下同时呈现出来。这样的表现方式在绘画中也是很少见的。

159

天与水的通常表现手法是水面与天空的衔接,不可能深入水下,比如印象派画家特别喜欢表现的海面、湖面或水面的作品等。埃舍尔另辟蹊径地对实在世界的重构,一方面体现出埃舍尔卓越的艺术想象力,另一方面也彰显出他非凡的艺术表现力。他曾解释说,这幅画的二元概念是以鱼和鸟镶嵌在一起的图像来呈现的,下面黑色背景里的鸟形成了与鱼儿紧密相连的水,上面白色背景里的鱼儿就是天空,其内在的逻辑乃是"对立统一",通过遮蔽种种难以克服的困难来完成。

以下,我们来讨论一下这两幅作品的艺术表现的原理。埃舍尔是一个非常善于学习新事物和新观念的艺术家,这两幅版画充分利用了心理学所发现的"图-底原理",形成了多义的二歧图形。1915年,丹麦心理学家鲁宾在研究视知觉时发现,如下黑白图形(图 8)会产生两种全然不同的认知,如

图 8　图底二歧图形

果盯着中间的白色部分看,就会看到一个花盆;但是如果你注视两边的黑色部分,则看到两个人像的剪影轮廓。这就是著名的"图-底关系"(the figure-ground relation),它包含了两个原理。第一,两个图像不可能同时看到,要么看到黑色的人像剪影,要么看到白色的花盆;第二,之所以两个图像有非此即彼的视知觉,原因在于它们之间存在着图底互补关系。当你看到黑色人像剪影时,白色就作为背景起作用;反之亦然,当你注视中间白色的花盆时,黑色人像就隐退为背景。埃舍尔深谙这一视觉心理学的发现,并通过自己的艰苦探索和尝试,将这一原理巧妙地运用于版画作品之中。

埃舍尔曾经以《对称作品第18号》(图9)来解释《昼与夜》的图形构成,因为图9清楚地表现出"图-底关系"。他说道:"现有两个例子来阐明另一个主题,我称之为背景的功能和意义。(图9)这种图形是《昼与夜》版画的

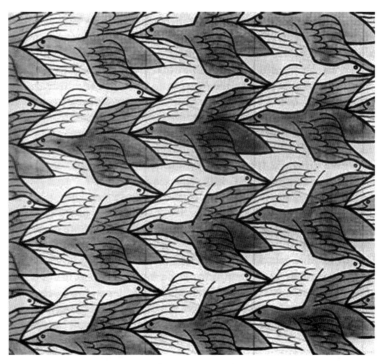

图9 埃舍尔《对称作品第18号》

基本主题。其显著特征是其图像的周期性显而易见(在此就是鸟儿),我们的眼睛从不会发现连续性的图形,但却会把注意力聚焦于要么是深蓝色的鸟儿,要么是白色的鸟儿;蓝色和白色的鸟儿不可能同时看成物象,但它们的功能是交替的,彼此作为对方的背景。"接着埃舍尔就说到了前引关于《昼与夜》的描述。从埃舍尔的说明来看,它几乎是心理学"图-底关系"原理的艺术版,深蓝色鸟与白色鸟两者互为背景的互补关系是关键所在。看见深蓝色鸟儿时,白色便成为深蓝鸟儿的背景;反之,看见白色鸟儿时,深蓝色鸟儿就成为白鸟的背景。埃舍尔充分利用了这一"鱼和熊掌不可兼得"的非此即彼原理。但值得注意的是,不同于鲁宾的图-底关系图形的截然明晰的黑白二分,这幅版画的黑白处理之间有两个重要的特征,其实是灰度的渐变,画面往左灰度降低趋向于白色,往右灰度提升逐渐趋向于黑色。因此,《昼与夜》和《对称作品第18号》便有一些细微的区别,它不是两种图形黑白互补的绝对关系,而是逐渐形成的相对互补关系或渐变关系。《昼与夜》中向左和向右的头三排鸟儿并没有明确的黑白鸟形互补关系,而是第三、四排黑白鸟形之间形成了明确的互补关系。这其中除了有灰度不同的差异之外,还与另一个层面——图形相关。就是说,《昼与夜》不同于《对称作品第18号》的一个地方在于,后者是两种互补深浅鸟儿连续的平均的周期性图形,而前者则是鸟的形状和鸟的位置分布并不是周期性的。头鸟与后面的鸟儿的距离较松散,而鸟形越居中越象形,而越往两端则越不具形。这表明,与黑白之间的灰度渐变一起,作为背景的鸟形也有一个渐变的过程。鸟形的渐变不但在水平方向上展现为黑鸟和白鸟逐渐成形的过程,还体现在垂直方向由田野到飞鸟的演变,方形的田野逐渐向菱形再向鸟形变化。所有这些变化和差异正是艺术作品不同于心理学实验图像的关键所在,也是埃舍尔创造性和表现力的体现,是他重构实在世界能力的体现,是其把握可然律的形象再现。

说到渐变,它是埃舍尔最上手也最具特色的艺术表现手法。通过渐变,他把世界上的不同事物和物象关联起来,赋予这些事物以全新的意涵。这方面的代表作就是他的巨作《变形Ⅱ》(图10),这幅版画长约4米,从抽象到具象,从文字到图形,从平面图形到透视立体景观,从动物到建筑和国际象棋,非常丰富地构成了一个思想与生活的画卷。其中渐变和"图-底关系"

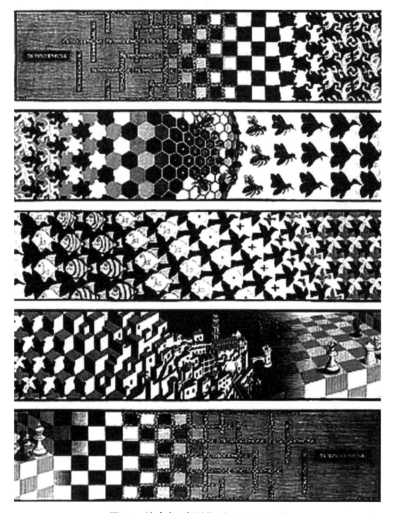

图 10　埃舍尔《变形 II》(1939—1940)

的运用达到了登峰造极的地步。

当埃舍尔通过不同的技法将不同的事物和图形关联起来时，一方面反映了艺术重构实在世界的卓越力量，另一方面又将事物之间原本看不见的复杂关系创造性地彰显出来，这就为观者提供了某种新的视觉关联和视觉经验。这与诗人通过隐喻来创造世界万物的修辞关联很相似。比如，当我们在伟大诗人的诗歌里读到那些别出心裁的诗歌比喻时，就会对世间万物及其关联有某种全新的体验。比如，将星星描写为钻石、宝石、云彩、水晶、眼镜、余火、天花板上的洞孔、孔雀羽毛上的斑点,这些本无关联的意象在诗意修辞中关联起来了,让我们在诗的体验瞬间感悟到诸多意象和事物间的某种关联,世界的统一性和万物的相关性便从中形象化地呈现出来。科学家们用复杂的物理学或数学公式所表达的物质间的关联,被我们以艺术审美体验的方式给彻悟了。

四、让不可能成为可能

前面我们说到亚里士多德的一个看法,那就是诗比历史"更富于哲学意味",因为诗或艺术是描述普遍性的可能发生的事。埃舍尔也是这样一个努力探究可能性和普遍性的出色艺术家,甚至不可能性也成为他营造空间及其视觉经验的重要内容。埃舍尔自己专门写过一篇短文《不可能性》,陈述了他自己作为一个艺术家对空间之谜的深刻理解。他写道:

> 有时在我看来,我们都被一种冲动所折磨,被一种对不可能之物的渴望所制约。我们周遭的世界是一个三维的世界,对我们来说它太平常了,太无趣了,太一般了。所以我们渴求非自然的或超自然的东西,它们并不存在,是令人惊异的事物。
>
> 就好像日常现实没有足够的魔力似的!实际上,它每天都在我们面前发生,我们心中伴随着狂喜,感悟到某个时刻我们摆脱了日常生活的车辙。这种情况发生时,我们对于不断在身边出现的费解之物、令人惊异之物就变得敏感了。我们就是在这同一个神奇的三维空间性中吃力地前行,好像坐在一个人力车上。空间性的观念有时会在很少有的敞亮时刻自行呈现出来,像是某种令人惊讶的事物。
>
> 有一次我独自在巴恩的林中散步,这样的情况就发生了。当我被一个惊动我的非现实的、同时也是极度的喜悦感所攫住时,我立马停了下来,某种无法解释的东西出现在眼前。我前面有一棵树,作为一个物体它就在那儿,是树林的一部分,也许并不让人感到惊讶。然而树和我之间的距离、空间似乎即刻成为神秘费解的问题。
>
> 我们对空间一无所知,我们看不见它,听不到它,也感受不到它。其实我们就站在它中间,我们自己也是它的一部分,但关于空间我们却

知之甚少。我可以测量那棵树和我之间的距离,而当我说"3米"时,这个数字并未显现出空间神秘性的任何东西。我只是看到了边界和标记,却并没有看到空间本身。一阵风从头上吹过,我的皮肤感到有点刺痛,但那并不是空间。当我感到手边有个东西时,那也不是空间对象本身。空间仍旧密闭着,是一个谜。

所以说,我们周遭的现实总会是令人费解并非常神秘的!但我们并不满足于此,为了逃避它,我们不断在故事和形象中游戏。就像儿童,以及我们中已经长大的一些人一样,我们阅读童话故事。后来在《圣经》中读到摩西的魔杖(无论信不信),它变成一条蛇,把燃烧的灌木变成了神秘倍增的面包,将水变成了酒。更不用提及更多的神奇故事。

无论是谁,只要他想画出某种并不存在的东西,他就必须服从某些法则。这些法则某种程度上和对童话讲述者来说是一样的:他不得不运用种种对比功能,他必须造成震惊。

他要引起人们注意的神秘性之要素,必须被妇孺皆知的明显的日常事物所包围,完全被它们所掩盖。这个环境对自然来说是真实的,对任何一个肤浅的观察者来说也是可理解的,然而,这个环境对于产生震惊是必不可少的。

由此可以解释说,为什么说只有那些准备穿越表面现象的人才能玩此类游戏,并理解这些游戏。因为这些人愿意运用他们的大脑,就像是去解决一个谜似的。所以说这不是一个感觉问题,而是一个大脑问题。深刻性完全不需要,但某种幽默和自嘲却必不可少,至少对那些要制作这类表象的人来说是如此。

埃舍尔的这段自述清楚地说明了他的艺术创造动因,就是对空间神秘性之谜的探索,他用我们习见的日常事物,通过种种对比手法,最终造成某种视觉上的震惊。但这是需要运用大脑而不是感觉才能玩的游戏,它要求我们穿越表面直达空间神秘性的深层,亦即埃舍尔所说的"不可能之物"。诚然,埃舍尔这里所说的"不可能之物",还只是一种抽象的表述,而他的作品则是对这些"不可能之物"的形象注释,因此,我们只有进入埃舍尔的作品内部,才能真正理解他为什么说"这不是一个感觉问题,而是一个大脑问题"。

埃舍尔艺术创造的一个持之以恒的主题,就是对空间构成的不可能性的探究。空间神秘性虽然是一个抽象的哲学问题,可是在他的艺术实践中,每每总是转换为具体的形象建构。1937年以前,他的作品多半还是以真实空间的真实再现为目标,此后他一改先前的风格,转向了空间中的不可能之物的形象建构。在自己选定的一本作品集的序言中他写道,经过年轻时期对技术的狂热,他逐渐进入了一个新的阶段。"我发现把握技术不再是我的唯一目的,因为我被另一种欲望所攫住,我从不怀疑它的存在。一些观念在我心里孕育而成,它们与技术毫无关系,这些观念使我着迷,我十分渴望和别人交流。但这不可能通过使用词语来实现。因为这些想法并不是文字上的,而是一种内心意象,只有通过视觉形象才能让人们理解。"我推测,这些观念或想法也许就包含了他对不可能之物的强烈迷恋,他的许多作品都可以看作是对"不可能之物"的表现。以下我们着重分析他的另一些作品。

　　埃舍尔是制造幻觉并产生视觉震惊的大师,他非常善于运用光影和透视效果来欺骗观者的眼睛,进而使得不可能的图像隐含在看似正常的日常景象之中,需要仔细辨认才能发现破绽,发现其内涵的不可能性。最具代表性的是他的两幅版画《观景楼》(图11)和《瀑布》(图12)。

　　埃舍尔在一个因病未做的演讲稿中,具体讨论三幅主题为"不可能之物"的作品,其中的两幅就是《观景楼》和《瀑布》。他解释说,《观景楼》是一个不可能的图形,不可能不但呈现在观景楼的结构上,而且体现在一楼坐着一个人手里拿着一个不可能(上下矛盾)的立方体。埃舍尔的解释比较简单,他特别强调梯子的不可能,因为梯子底部在楼里,而其顶部则在楼外,他说梯子上的两个人处在一种不可能的空间关系中。其实,这幅画还有很多值得分析的地方。首先,建筑物的一楼是真实可信的,问题主要出在二楼。仔细看其结构,按照画面所设定的透视关系,假设一楼和二楼的格局是东西方向延伸,那么三楼的方向则与楼下垂直交叉,成为南北方向延伸了,这就构成了一种结构上的不对应性。其次,二楼的柱子与三楼的柱子对接的位置关系颠倒。之所以初一看似乎合理,主要是埃舍尔利用了光影和透视制造的幻象,这就是他所说的通过显而易见的日常事物来制造震惊的效果。最后,梯子的位置亦不可能,其实问题不只是埃舍尔所说的里面和外面的不可能,如果三楼是南北向而二楼是东西向,梯子的底部在楼里面而顶部在楼

图 11　埃舍尔《观景楼》(1958)

外面也许是可能的,但是由于柱子对接的不合逻辑,所以梯子这么放也就没有可能性了。

接着我们再来观赏一下他的另一佳作《瀑布》。乍一看来一切如常,水

图 12　埃舍尔《瀑布》(1961)

流经过曲折的水道形成瀑布,带动了磨坊的转轮,两个塔楼矗立,似乎是一户人家恬静的日常生活。与《观景楼》相似,这幅画也是利用视觉幻觉来营造一个水往低处流并形成瀑布的景观。仔细辨析这幅画会发现,水往低处流是通过之字形水道两边不断降低的砖砌结构造成的。照理说水流的起点应该是最高处,可是瀑布下泄处却成了最高处,而经过瀑布落差水最终又回到了起点处,而且形成了一个高度差,水流起点和瀑布落水处哪个位置更高呢?其次,之字形水道两边的砖砌结构虽然在不断降低,可是每个转折处却又通过立柱使之上升,原本属于同一平面的水道,却被转折处的立柱提升了一层，这一上升的结构与不断下降的水道形成逻辑上的矛盾。再次，支撑水道的立柱结构完全不可能，同一平面上如何使转折上升一层呢？这样的结构完全是悖理的。埃舍尔在解释自己的这幅版画时，把自己的谜底揭穿了。他写道："瀑布的主题基于我展示的某种三角形。据我所知，这个三角形是罗杰·彭罗斯的创造，他是我提到的前一幅版画（指《上升与下降》——引者）的连续台阶的发明者的儿子。"这里，埃舍尔毫不掩饰自己的灵感源自英国数学家彭罗斯。他从彭罗斯父子那里各取了一个不可能图像，作为自己描绘空间不可能性的视觉幻觉的灵感来源，我们将在下一节中具体讨论。

欣赏埃舍尔的这类作品，我们不禁要问，埃舍尔为何痴迷于表现空间结构及其视觉经验的这种不可能性？观赏这样的作品对我们有何美学上的启示？这些都引发我们的进一步思考。

五、艺术与科学之交集

本文开篇笔者曾说到，有人把埃舍尔定义为"艺术界中的非艺术家"。不同于主流的艺术家，他的观念、风格和艺术实践，更像是一个艺术圈子里的左道旁门者。他与绝大多数艺术家不同的一个突出特征，是他的艺术路线似乎和科学家走得很近，以至于很多人直接说他是"数学家似的艺术家"。

埃舍尔与科学（具体说是数学）关系最直接的证据，就是他从英国数学家彭罗斯父子那里所获得的灵感启发。他毫不隐讳地承认，《瀑布》和《上升与下降》的创作灵感就来自彭罗斯父子的两个图形。《瀑布》受到了小彭罗斯（R. 彭罗斯）不可能三角（图14）的启示，而《上升与下降》则受到老彭罗斯（L. S. 彭罗斯）的连续台阶图形（图13）的引导。

初一看，两个图形看似正常，仔细辨析，则会发现完全不可能。连续台阶的吊诡之处在于，不管你是顺着上升方向看还是下降方向看，最终这个台阶实际上没有高低之分，最高处亦是最低处，它们处在同一个平面上。之所以会造成上升和下降的视角幻觉，乃是由于边缘处台阶锯齿状的误导。埃舍尔不愧是一个独具眼力的幻觉大师，他充分利用了这个吊诡的技巧，创造出了神奇魔幻的《上升与下降》（图15）。

老彭罗斯提出这个不可能的台阶时，是作为一个视知觉中的幻觉现象，它还是一个抽象的数学上的不可能性的证明。到了埃舍尔手中，这个幻觉

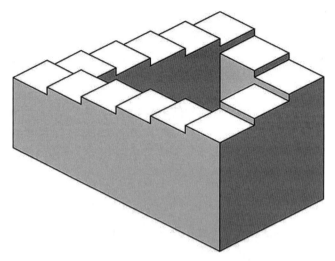

图 13　L. S. 彭罗斯,连续台阶图形(1920)

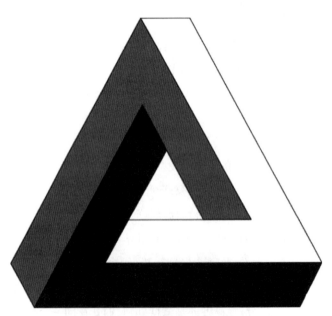

图 14　R. 彭罗斯,不可能三角(1958)

变成了一个日常生活场景。埃舍尔对此画作了这样的阐发:"画面展现了一个复杂的建筑,某种带有回廊和内庭的建筑物。其顶部不是一个屋顶,而是一个循环往复封闭的台阶。这一段楼梯使居住于此的人可在居所的楼顶漫步。他们也许是一些修道士,某个未知教派的成员。他们每日仪式活动的一部分就是按顺时针方向爬几个小时的楼梯。当他们疲惫时,又可以改变方向下一会儿楼梯。但上升与下降这两个概念虽不是说没什么深义,但它们同样都像是无用功。……这个连续台阶的主题并非我的发明,这里我要感谢英国数学家 L.S. 彭罗斯。"在这幅画中,外圈的修道士们在上楼,而内圈的修道士则在下楼,令人疑惑的是,这一方向相反的运动既没有起点,也没有终点。两边阶梯状的边墙构成了上升和下降的视错觉,加之楼梯的光影刻画,使得这个不可能的图像变得具有欺骗性的可能性了。因此我们有理由说,这幅作品中修道士们是既不在上楼也不在下楼,他们是在同一个平面上行进。埃舍尔这个"艺术界的非艺术家"不但关注艺术界,他还广泛地从心理学、数学等其他科学中汲取养料,这也是他和许多同时代的艺术家截然不同的地方。所以有理由相信,他不是固守于艺术边界的艺术家,而是一个真正的跨界艺术家,他在艺术与科学交汇处经营自己的艺术天地。

图 15　埃舍尔《上升与下降》(1960)

他的另一幅作品《版画画廊》(图16),是一幅经常引起科学家们的极大兴趣的作品,以至于有科学家相信这幅画简直就是数学中"黎曼曲面"的图说。这幅作品的奇特之处在于空间的交融渗透所形成的空间变形,画面描绘的是一个参观者正步入画廊,左边挂在墙壁上的两排作品依次排开,前方还有一位参观者在前行。令人疑惑的是第二个刚刚进门的参观者头顶上方的一幅作品,一半依附在画廊的墙壁上,另一半却向右弯曲膨胀开来,越出了画廊而伸出画廊之外。画廊墙上的那幅画的海岸边(据说是他早年在意大利居住旅行时的印象再现)的房子中间部分弯曲凸显出来,就好像不再是画而是透过一个球面放大镜所放大了的真实景观。有人计算过这幅画廊中的画的膨胀弯曲,扩大了256倍之多,成为"黎曼曲面"的一个绝佳的艺术范例。以至于有两位数学家迫不及待地和他讨论这幅画如何诠释了数学中的"黎曼曲面"。

图16 埃舍尔《版画画廊》(1956)

埃舍尔是一个极具创意又偏重于理性和逻辑的艺术家,尽管他早年科学和数学成绩平平,但这并不妨碍他在自己的艺术想象中触碰一些科学问题。也正是在这个意义上说,他是一个在艺术与科学交汇处耕耘的艺术家,天才地猜测到一些科学中的深奥问题,并用自己的独创性视觉语言来加以表达。所以关于他的艺术作品和创作,常常是一些科学家们在热烈讨论,议题大多是如何从数学角度来诠释埃舍尔的艺术作品。如果我们把艺术和科学视为人类最具创造性的两大领域的话,那么,一般的艺术家往往是在艺术领域探索,不但与科学无关,有时还会拒斥甚至批判科学。美学上的一个传统说法,亦将艺术与科学对立,把艺术定义为感性和情感的表达,将科学界定为理性与逻辑的推演。但埃舍尔的作品给我们一种新的启示,那就是在艺术与科学的二分之间,也许还有他所代表的一种非白非黑的灰色路线,那就是艺术与科学的交融汇通。

这里涉及艺术与科学的复杂关系。早在20世纪中叶,英国科学家斯诺就写了一本轰动学界的著作《两种文化》。在这本书里,他从自己的切身体会中发现,艺术家和科学家是完全不同的两群人,中间隔着一个深深的海洋。艺术家瞧不起科学家,认为他们冷酷无情,而科学家认为艺术家们毫无逻辑、情感用事,这就形成了两个全然不同的世界和迥然异趣的行事风格。更要紧的是,斯诺认为这两群人彼此互相有敌意、互不理解。但从埃舍尔的艺术实践来看,他给出了另一种可能性,那就是将艺术与科学融为一体,而不是两个截然对立的世界。

不过,埃舍尔的艺术所蕴含的丰富内容,在给我们融合艺术与科学的启示的同时,又不能忘却艺术毕竟不是科学,埃舍尔的作品无论怎样引发了科学家们的好奇心和强烈兴趣,但他依旧是艺术家而不是数学家,他的作品是艺术品而不是科学著作。这是我们在肯定埃舍尔在艺术与科学交汇处劳作的同时,必须要明确他是通过自己卓越的视觉表现力和空间想象力,触探到一些科学问题。但这些作品本身并不是科学发现,所以很多科学家在和埃舍尔讨论科学问题时,他都明确表示自己对科学一窍不通。比如两位科学家就他的《版画画廊》来讨论"黎曼曲面"时,他直言不讳地说:"我对什么黎曼曲面一窍不通,对理论数学也一无所知,更不用说非欧几何了。"他认为《版画画廊》"只不过是一种循环式的膨胀或者鼓凸,没有开端也没有结束:我故意选择了连续性的物体,例如沿墙挂着一排画,或者是小镇上的一排房子,那是因为,如果不采用这些周期性出现的物体,那些偶然遇上的观众就更难理解我的意图了"。

这里我们引入两种经典理论来描述艺术与科学的复杂关系。首先引入哲学家卡西尔对艺术和科学关系的看法。卡西尔在其《人论》中,对艺术和科学的差异做了如下描述:

> 科学在思想中给予我们以秩序……艺术则在对可见、可触、可听的外观之把握中给予我们以秩序。
>
> 有着一种概念的深层,同样,也有一种纯形象的深层。前者靠科学来发现,后者则在艺术中展现。前者帮助我们理解事物的理由,后者则帮助我们洞见事物的形式。在科学中,我们力图把各种现象追溯到它们的终极因,追溯到它们的一般规则和原理。在艺术中,我们专注于现象的直接外观,并且最充分地欣赏着这种外观的全部丰富性和多样性。

这一陈述在相当程度上就解释了为什么当科学家急切地和埃舍尔讨论"黎曼曲面"时,最终一无所获。因为埃舍尔关心的并不是事物的一般规则和原理,而是外观的丰富性和多样性,以此引发观众视觉经验的惊奇和兴趣,而不是告诉他们某个抽象的科学原理。

另一个理论是来自科学哲学家托马斯·库恩。如果说卡西尔更多的是从人文学科角度来理解艺术和科学的关系的话,那么库恩则是一个深谙科学的科学史家。他提出的科学与艺术的关系值得我们深思。他首先提到,科学和艺术都需要美学,各式形式、秩序和结构在科学和艺术中都有所呈现。但是科学中美学只是一个手段,而在艺术中则成为目的本身。第二,从专业特征来说,科学家体现出更多的共同特征,有共同的问题解法,但艺术家则因人而异,个性风格起到很大作用。第三,科学和艺术的一个很大的不同在于,科学不需要观众及其反应,科学读物的读者就是科学家,而艺术则不然,不但有各种艺术展演机构,而且要有广大观众,还有批评家及其批评,这些对艺术的存在都极为重要。第四,科学和艺术对自己的过去也有不同态度,科学上新发现和新突破就取代了过去的旧知识,它们被扔进了废纸堆;而艺术则是另一种状况,毕加索的成功绝不会取代伦勃朗和老大师们的地位,人们仍然热衷于欣赏历史上的那些伟大经典。所以"与艺术不同,科学毁灭自己的过去"。第五,科学家追求唯一的最佳的答案,一旦找到这样的答案,其他答案便成为多余的和不必要的了;艺术家虽然也要解决自己的难题,但这只是手段而非目的,目的还是创造出美学对象,所以欣赏马蒂斯《女奴》的人照样可以欣赏安格尔的《大裸体》,不同"作品都是美术馆的展品,可是对一个科学的疑点的两个解决方案却难以共存"。如此之多的差异性使得艺术和科学实际上有着天壤之别,这也就为我们思考埃舍尔艺术创作和科学的关系提供了更多理论资源。埃舍尔不是科学家,他对可能的科学问题的解答,与其说是在寻找唯一的最佳的科学答案,不如说是想象自己的空间建构,发现那些令人惊异的视觉表现和体验。而在他不经意之间,触及了科学的诸多抽象难题,这些难题往往无法以具体形象来呈现,这就是科学家对埃舍尔作品感兴趣的原因所在。这么来理解埃舍尔的艺术与科学交汇通融,旨在强调他的艺术家身份而区别于科学家。这不是贬低或轻视了埃舍尔的价值,而是还他以艺术家的身份。反之,如果简单地把他归类于科学家,反而把他的独特性贡献给抹杀了。正是由于他以艺术的方式趋近科学而不是用科学的惯常方法,才显出埃舍尔的价值和意义。

今天,艺术与科学的关系变得越来越密切,各种高技术手段向艺术的渗透变得越来越明显,人工智能、新媒体、科幻文学和电影、虚拟现实和电子游戏,艺术与科学新的结合点不断涌现。埃舍尔的艺术风格提供了多种融合的可能性中的一种。很多科普著作把埃舍尔及其作品拿来做某种抽象科学原理的形象图解,足以说明埃舍尔的无穷魅力。

自20世纪70年代初埃舍尔逝世以来,国际上举办了大大小小的关于埃舍尔的学术讨论会。1998年在罗马召开了埃舍尔百年国际研讨会,会议组织者沙茨施耐德在此次会议文集的导言中,对埃舍尔有一个很好的评价,她写道:

> 埃舍尔热衷于通过敲打我们期望遵从的种种"规律"的确定性,来挑战我们的眼睛和理解力。他在平面上创作,混淆了我们何为二维和三维的知觉。他不仅让我们惊异于在哪个点上一维可转换为另一维,而且让我们追问"何为图像?何为背景?"。他运用连锁的形作为手法,每一个形本身都既可辨识,亦可实现形象和背景的互换,此一手法乃是

埃舍尔独特标志。很少有艺术家像埃舍尔这样痴迷于镶嵌图形。对他来说,"有规律的分割"并非目的本身,确切地说只是一个表现二元性(两个对立物的对比)和变形的手段。

埃舍尔在其作品中出色地运用了几何学。他早期作品中的意大利村镇,紧挨着延绵曲折的陡峭山腰,看上去就像是按照几何形状雕刻一般。他的晚期作品是对多面体、球体、结以及莫比乌斯环的赞美。几何学在他的版画中充满了魔力——经典的欧几里得几何、球形几何、投影几何、变形几何、双曲线几何、自相似性等,所有这些都被他娴熟地加以运用,以达到种种复杂而令人惊异的视觉效果。他不仅是一个平面艺术技巧大师,也是一个在科学和数学领域富有独创性的探索者(尽管他自己予以否认)。埃舍尔在其作品中给我们留下了一笔丰厚的遗产。

不妨将这段话作为结语。由于作者是数学家,所以她很自然地从几何学来解读埃舍尔,前一段评价更切合埃舍尔的艺术,后一半权当作一个数学家的科学解读,不过此话倒也点出了埃舍尔非同一般的价值所在。

不是艺术的艺术品
——解读杜尚的难题[*]

周计武[**]

面对当代先锋艺术的挑战,艺术与艺术品的关系日益暧昧不明,传统艺术话语很难有效地解释并回应杜尚以来的艺术难题。这就需要我们在艺术思想史的视野中理性地梳理、辨析、回应这个难题。

一、艺术与物

在艺术的古典话语与现代话语中,艺术与艺术品具有内在的共生关系,不存在无艺术的艺术品,也不存在无艺术品的艺术。艺术内在于艺术品之中,它使艺术品如其所是。作为艺术,艺术品既自行言说、怡然自得,又吐露心曲、超越自身。这就是艺术品的辩证法。因为艺术品不仅是一种人造的物,而且是一种不同于自然物和一般人造物的有价值的物——这种价值是艺术赋予艺术品的本质属性。作为物,它的物性依赖于质料与形式的结合,如色彩、声响、硬度、大小等。作为有价值之物,它则是一种有意义的符号,一种面向主体(作者与欣赏者)而存在的精神产品。[①]

在现代艺术品中,艺术品在人化的自然中既显现、揭示、开启了物的世界,也悬置了物之为物的有用性。为了理解艺术品的本性,海德格尔在1935年发表的《艺术作品的本源》一文中,引入了器具的概念。器具介入物和艺术品之间,它既被物的有用性所规定,也往往是艺术品再现的主题,但

---

[*] 本文由作者提供,原文发表于《学术研究》2019年第1期。
[**] 周计武,文学博士,南京大学艺术学院教授、博士生导师,CSSCI集刊《文化研究》执行副主编。研究兴趣集中在西方艺术理论、文化研究与美学等。曾于2012年、2018—2020年四次进入高研院担任第八期、第十四期、第十五期、第十六期短期驻院学者。
[①] 如阿多诺所言,正是"精神将艺术作品(物中之物)转化为某种不仅仅是物质性的东西,同时仅凭借保持其物性的方式,使艺术作品成为精神产品"。阿多诺,《美学理论》,王柯平译,成都:四川人民出版社,1998年,第155页。

没有艺术品的自足性。器具的器具性源于它的有用性与可靠性。正是通过器具的有用性与可靠性,人类被置入大地的无声召唤之中,并把握了自己的世界。在日常生活中,人类受到技术理性或工具理性的拘囿,对物或器具熟视无睹、充耳不闻,无法通过对物或器具的描绘与解释,对制作工序及其用途的观察来领悟物之物性或器具的器具性。但梵·高的一幅有关鞋子的油画"道出了一切。走近这个作品,我们突然进入了另一个天地,其况味全然不同于我们惯常的存在"。它把农妇的世界及其焦虑、喜悦、阵痛、颤栗等独一无二的经验还给我们,从而"让存在者进入它的存在之无蔽"状态即真理之中。因此,艺术就是"存在者的真理自行置入作品"。[1] 真理是存在的澄明之境,它使艺术自行道说。由此推论,艺术品不是一般的物,而是审美之物。它的价值之所以高于一般的人造物,是因为它摆脱了"常人"生活的日常性,打开了去伪存真的审美世界,使其"况味全然不同于惯常的存在",从而具有幡然醒悟之效。

如果说海德格尔的论证是有说服力的,那么艺术品就不再是一般的物,而是一种有价值、有意义的审美之物。它在人类的精神生活中建构了存在的澄明之境,一个能够让人类诗意地栖居在世界之上的真与美的王国,而不是平庸地活在存在的遗忘或遮蔽的状态中。这是一种功能论的艺术观,某物之所以有资格成为艺术品,是因为它"拥有了有效的功能属性,从而获得了艺术的身份"[2]。至少在接受的层面上,这些功能属性是伴随艺术品的生成而诞生的,它以艺术的方式在日常生活中发挥功能。古典美学坚持艺术与审美的关联,主张艺术的功能属性主要是一种令人愉悦的审美经验与感受,是无功利的。艺术品之所以是艺术,是因为艺术的审美属性内在于艺术品之中,具有独立的价值。

这种功能论的艺术观不仅把那些缺乏审美趣味,不能给人以美感的作品扫地出门了,而且在艺术与生活、审美经验与日常经验之间缔造了价值的鸿沟。它恪守纯粹的审美经验,追求诗意和远方,有意无意地忽略了艺术实践的社会性。这种乌托邦的艺术观在先锋艺术实践中遭到了质疑。最先质疑这种观点的艺术家是达达主义者杜尚。杜尚在1913年思考"现成品"艺

---

[1] 海德格尔,《林中路》,孙周兴译,上海:上海译文出版社,2004年,第20—21页。
[2] 斯蒂芬·戴维斯,《艺术诸定义》,韩振华、赵娟译,南京:南京大学出版社,2014年,第129页。

术时,曾给自己写下了一个便条,意思是要做"不是艺术的艺术品"①。这是一个悖论式的表达:艺术家要制作一件艺术品,但它不是艺术。它把艺术与艺术品剥离开来。换言之,艺术不再是艺术品的内在属性或真理显现的必然方式了。这件不可思议的作品是如何制作的呢?他首先以视觉趣味上的冷漠——无所谓好或坏、雅或俗,来挑选日常生活中可批量生产的人造物或器具;然后在这些物品上签名,并把它置入完全不同的语境(如博物馆)中。整个过程没有精湛的技艺,没有情感的表现,没有艺术家趣味的介入。毫无疑问,艺术家也没有现代意义上的"创造"——他既没有分享上帝从无到有的创造力,也没有借助技艺赋予质料以形式,改变它的原貌,使其成为"造物"。这些现成品——雪铲、自行车轮、酒瓶架子、男用小便器等,在艺术家的挑选、签名与展览中没有明显可见的变化。它只是出现在了不该出现的场合——从卫生间挪用到了展厅或博物馆,从而既唤起观者对其功能性的关注,也使其"去功能化"了。从可视性的视角来说,杜尚的现成品与日常生活中的物品没有什么两样,在形式上无所谓美丑,也就无法从美学特性上区分它。当然,它也不是世界的再现,因为它直接取自人为的现实世界,是现实世界中的人工制品;它更不是主体情感或意图的表现,因为杜尚的行为是冷漠的、不带感情色彩的。

杜尚的现成品"艺术"欢迎观者的介入,赋予观者评判艺术价值的权利。这挑战了 18 世纪中叶以来得以确立的现代艺术体系——一种区别于机械艺术、实用艺术的"美的艺术"体系。如美学家菲舍尔在《反思艺术》中所言,它挑战了现代艺术的诸种观念:艺术是手工制作的;艺术是独一无二的;艺术看起来应是美的;艺术表达了某种思想或观念;艺术应拥有某种技艺。②显然,现成品不是手工制作的,而是批量生产的;不是独一无二的,而是机械复制的;不是美或丑的表达,而是审美的冷漠;不是"立象以尽意",而是"拒绝阐释"(桑塔格);不是强调精湛的手艺,而是重道轻器,即重观念轻技艺。现代美学的"框架"消解了。在杜尚之后,观念艺术、行为艺术、装置艺术、大地艺术、偶发艺术、新媒体艺术等新型艺术形态,在不断越界、介入社会生活

---

① 卡罗琳·克劳丝,《杜尚》,陆汉臻译,北京:北京大学出版社,2010 年,第 44 页。
② John A. Fisher, *Reflecting on Art*, London: Mayfield, 1993, p.121.

的冲动中,告别了现代艺术的纯粹性,转向了风格的混杂与冷漠的重复。在不断追问"何为艺术"的反思意识中,当代先锋艺术陷入了自我确证的危机。这种危机的征候就是艺术与非艺术边界的消失,以及艺术澄明之境的幻灭。

二、专注与剧场性

杜尚的现成品艺术与杜尚之后的先锋艺术是反艺术(anti-art)的艺术。"不是艺术"或"反艺术"旨在从结构上否定现代主义的艺术范式。美国当代艺术批评家迈克尔·弗雷德(Michael Fried)认为,它与经典现代主义艺术品的差异主要表现在两个方面。一方面,它直接以物为媒介,凸显了物之物性(Objecthood)。另一方面,它欢迎观者的介入,物、光线、空间与观者构成了情境化的场所,即剧场(theater)。剧场化的视觉感知与特性构成了艺术品的剧场性(theatricality)。

在《艺术与物性》(1967)一文中,弗雷德从形式主义批评的视角重点讨论了以贾德(Donald Judd)、莫里斯(Robert Morris)、史密斯(Tony Smith)、安德烈(Carl Andre)为代表的极简主义艺术,并轻蔑地称其为"实在主义"(literalist)。弗雷德之所以批评实在主义艺术是因为它延续了杜尚的反艺术传统,重视艺术品的趣味而不是价值或品质。第一,它是以非艺术(non-art)为条件的。它把现代主义艺术的内在品质简化为作品与观者之间的一种趣味关系,抛弃了绘画的矩形平面的基底、三维空间的构图及其内在元素构成的简洁性,抛弃了雕塑的基座、自然主义和拟人化的形象,转而强调强有力的结构与数的和谐,强调基本元素的系列重复与单一的形式。以贾德创作于1969年的雕塑《无题》(Untitled)为例,它是一件由相同规制的十个铜盒子构成的作品,每个铜盒子都是尺寸相同(22.9cm×101.6cm×78.7cm)的长方体,间隔为22.9厘米。相同的质料、颜色、形状、大小、间隔以系列重复的形式构成了这件作品。除了令人赞叹的精确、坚固、色彩、质感和规模以外,它毫无艺术性而言,因为它既非挂在墙上的绘画,也非立于基座上的雕塑。第二,它是一件实实在在的物品。艺术品不再是独立自足的澄明之境,而是一件"特定的物品"(specific object)。观者观看艺术品,如同面对日常生活空间中的一张桌子、一把椅子。艺术品与物品的外在差异消失了。这种作为物性的艺术响应了格林伯格的艺术还原论,并把它推向极致。格林伯格在《现代派绘画》中认为,现代主义艺术是一项不断自我批判的事业,视某物为艺术的起码条件在于艺术媒介的纯粹性,即消除借用其他门类艺术的手段,并在纯粹性中找到艺术质量和独立性的标准,如绘画的平面性、雕塑的立体感。① 遵守这些起码的条件就足以创造可被经验为绘画或雕塑的对象:一张展开的空白画布或单一形状的物体。空白画布与单一形状的物之所以能成为艺术经验的对象,是因为它一方面利用了现代艺术传统的惯例,借助物的表面、轮廓与空间间隔之间的关系,来诱惑观者的介入;另一方面,它又以非艺术为条件,否定了现代主义的艺术结构,而凸显了艺术品的"物性"并将之实体化,"好像物性本身能够确保某物的身份,若不是非艺术,至少是非绘画或非雕塑"。② 物性的凸显使实在主义与现代主义处于尖锐冲突之中,焦点在于作品是被经验为绘画/雕塑,还是被经验为纯粹的物。实在主义艺术"把一切赌注都押在了作为物体既定特质的形状上"③。形状即物品,它利用物的形状来营造形式的单一性。与之不同,现代主义艺术通过强调形状的生命力来悬置它的物性。在现代主义艺术中,形状即形式,它不仅指绘画形体支撑的轮廓(实在形状)、图画中各要素的外形(所绘形状),而且指艺术媒介的形状。④ 形状的生命力,即形状保持、彰显自身并令人信服的能力,决定了现代主义艺术品质的高下。第三,它是为观众表演的,其感性体验是剧场化(theatrical)的。在实在主义艺术品的布展方式中,物品、光线、身体、空间构成了情境化的剧场。在这个舞台般的剧场中,物是情境化的焦点,它以日常用品的方式占据着空间,没有画框或基座,也没有玻璃箱子为其提供保护。这种"破框而出"的布展效果唤醒了观看者对空间本身的体验。观看者是情境化的主体,物(轮廓、大小、质地与硬度)、光线与空间是为观看者而存在的。换言之,物品周围的空间成为艺术品和艺术体验的组成部分。当然,实在主义不仅诉诸空间的情境化体验,也诉诸剧场化的时间感,一种同时向前与向后、在绵延中被加以领会的无限

---

① 格林伯格,《现代派绘画》,弗兰契娜、哈里森编《现代艺术和现代主义》,张坚、王晓文译,上海:上海人民美术出版社,1988年,第4—5页。
② Michael Fried, *Art and Objecthood: Essays and Reviews*, Chicago and London: The University of Chicago Press, 1998, P.152.
③ Michael Fried, *Art and Objecthood: Essays and Reviews*, P.151.
④ Michael Fried, *Art and Objecthood: Essays and Reviews*, P.77.

感。对观者来说,作品的品质或价值不再重要,只要有趣就行。

与之对立,现代主义艺术极力抵制剧场性,转而强调一种瞬间性的在场美学,因为"人作为一种瞬间性(instantaneousness)来体验的正是这种持续而完整的在场性(presentness),一种无限的自我创造。只要某人非常敏锐,那么一种单纯至极的瞬间就足以让他看到一切,体验作品所有的深度与丰富,令其永远信服"[1]。这个瞬间是想象最自由活动的那一刻,是造型艺术在图像叙事中最富于孕育性的那一刻。它在过渡、短暂与偶然中表现了审美精神的永恒与不变。这种瞬间的永恒性内在于狄德罗时代法国绘画的反剧场性传统之中,即从18世纪中叶到19世纪六七十年代马奈的艺术及其印象主义的诞生。

在《专注与剧场性:狄德罗时代的绘画与观众》一书中,迈克尔·弗雷德借助专注(absorption)与剧场性范畴,阐释了绘画与观众关系在法国绘画传统中的转变。在狄德罗时代,法国的绘画与批评非常痴迷于专注的再现(representation of absorption),即刻画人物或人群在日常生活情境中凝神专注的表情、神态、动作与心理。以狄德罗对法国沙龙展的批评为例,弗雷德重点分析了格勒兹(Jean-Baptiste Greuze,1725—1805)、夏尔丹(Jean-Baptiste Siméon Chardin,1699—1779)、洛欧(Carle Van Loo,1705—1765)和维恩(joseph marie vien,1716—1809)四位画家对专注的再现。这些作品具有以下几点共性。第一,反对以布歇(Francois Boucher,1703—1770)为代表的洛可可风格。虽然布歇在色彩、用光与牧歌情调的氛围营造中精致优雅,但嬉闹的情色、造型与表达方式上的矫揉造作,使其在趣味、色彩、构图、人物性格、表现力和线描上不够自然、真实。他们主张,直达心灵的素描高于刺激感官的色彩。因此,他们属于普桑派,而不是鲁本斯派。第二,受17世纪荷兰与弗兰德斯画派作品的启发,他们转而致力于在风俗画、静物画中,以近乎敬畏的态度来刻画朴实的生活情境、平凡的日常用品和凝神冥思的人物形象。在形式上,这些作品线条流畅、笔法柔和、构图简洁,只凸显对象的轮廓,而很少刻画具体的细节,以此揭示日常生活中的美和清晰的空间秩序感。第三,构图以"专注"为核心,令人信服地再现了专注的主题、结构与效果。画家捕捉

---

[1] Michael Fried, *Art and Objecthood: Essays and Reviews*, P.167.

到了沉浸在日常生活劳作中的专注神情、姿态与动作。在画面中,人物或人群忘我(self-forgetting)地专注于自己正做的事情——阅读、倾听、画画、演奏、沉思、祈祷、洗衣、择菜、吹肥皂泡、玩扑克牌等等。当然,专注画的传统(a tradition of absorptive painting)由来已久,它并没有伴随洛可可风格的兴起而消失。如弗雷德所言:"涉及专注神态与活动的主题在早期绘画中是丰富的,尤其在17世纪伟大的大师作品中——卡拉瓦乔、多梅尼基诺(Domenichino)、普桑、拉图尔(Georges de La Tour)、委拉斯贵兹、苏巴朗(Zurbaran)、维米尔和伦勃朗,其对专注神态与活动的描绘是强烈的、令人信服的。"[1]

"专注"概念第一次被弗雷德提升到艺术批评与美学的高度。它是艺术家在"忘我"的创作中对观者介入的拒绝,并把这种立场内化为艺术自主性的一种结构性效果。对反剧场性的法国绘画传统来说,"画家的首要任务是否定或抵消原先的惯例(convention)——绘画是为观者制作的。要做到这一点,首先要刻画那些沉浸或专注(18与19世纪批评中的一个关键术语)于所做、所思与所感的人,他们遗忘了一切,包括站在画前的观者,这一点十分关键。在某种程度上,画家成功地实现了目标。观者的存在被有效地忽视或强烈地否定了;画中的那些人物是孤立的——相对于观者世界来说,我们也可说画中世界是自足、自律、相对封闭的系统"[2]。概而言之,专注至少包含三个层面的含义。第一,它源于艺术家创作时的意图与立场——以敬畏的心态细致而"忘我"地刻画日常生活情境中的平凡人物、日常用品或生活行为。它体现了精神之于外在的优越性,其"出发点是孤立主体的无限性"[3]。画家的主体性与创造力揭示了专注的深度,他忠实地把变幻无常的东西凝定成持久的艺术结构,把生活中朴实无华的因素提升为高贵的美。这是艺术家主体性对世界客观性的胜利,表达了艺术家对生活的喜悦、对现实的歌颂和对世界的热爱。艺术家教导我们重新观看世界,并邀请我们分享这份信念——美存在于最微不足道的动作中。[4] 第二,它不仅是艺术表

---

[1] Michael Fried, *Absorption and Theatricality: Painting and Beholder in the Age of Diderot*, Chicago: University of Chicago Press, 1988, p. 43.
[2] Michael Fried, *Art and Objecthood: Essays and Reviews*, PP. 47 - 48.
[3] 黑格尔:《美学》第2卷,朱光潜译,北京:商务印书馆,1979年,第343页。
[4] 托多罗夫:《日常生活颂歌:论十七世纪荷兰绘画》,曹丹红译,上海:华东师范大学出版社,2012年,第205、210、211页。

征的主题与对象，而且已内化为画面中的一种结构。画面中的人物神情专注地凝视它的对象——物、人或活动，营造了一种向心的结构，使其成为孤立、自主的世界。这是艺术对稍纵即逝的日常生活的胜利，表达了一种凝神静观、浑然忘我的审美境界——平静的色调、对画中所有要素同等的注意力，以及某种安逸的宁静。第三，它有意识地忽视观者的存在。在狄德罗时代，绘画与观者的关系发生了一次"重要的转向"，"对专注的令人信服的再现必然使人物或人群除了专注对象以外忘掉其余的一切。这些专注的对象不包括站在画前的观者。因此，如果专注的幻想持续，专注的人与人群似乎必然会遗忘观者的在场"[①]。

弗雷德的解读为杜尚的难题提供了动态的艺术史维度。极简主义与杜尚的现成品艺术在逻辑上一脉相承：以艺术的物性为条件，在综合倾向中瓦解各门类艺术的区分意识，把艺术引向剧场化的情境营造和观者的主观趣味判断之中。不过，弗雷德的评价性艺术批评是与盛期现代主义艺术的价值、品质联系在一起的。他重视艺术的自主性与瞬间性的在场美学，主张发扬专注画的传统，扬弃艺术的物性与剧场性。这种立场使他对杜尚式难题采取了批判的否定态度。

三、艺术之名与艺术界

无论是海德格尔的存在主义分析，还是弗雷德的形式主义批评，都以艺术媒介的独特性为前提，认同艺术的内在性品质与价值。然而，如果艺术不再是内在于艺术品的属性了，那么，现成品是如何点石成金、化腐朽（物）为神奇（艺术品）的呢？在历史的上下文（context）中，杜尚只不过以艺术家的身份进行了一场玩世不恭的表演（performance）。正是这种表演赋予了那些被挑选出来的现成品以意义，使它"升华"为艺术。西方艺术理论界对这种玩世不恭的行为至少有三种不同的解读。

第一种在艺术史和现代美学体系的视野中来分析，以比利时批评家迪弗（Thierry de Duve）和法国国家博物馆馆长卡罗琳·克劳丝（Caroline Cros）为代表。他们认为，这是一种恶作剧式的挑衅行为，旨在质疑、颠覆现

---

① Michael Fried, *Absorption and Theatricality: Painting and Beholder in the Age of Diderot*, p. 66.

代艺术的观念体系。如克劳丝所言,"他想引入'恶作剧',把它当作去神秘化的艺术准则,从而永远剥夺美学裁定的资格"①。换言之,现成品之所以能提升为艺术品,是因为杜尚以艺术家的身份和挑衅性的行动,挑战了康德以来的现代美学体系及其对艺术裁定的资格。迪弗同样承认,杜尚的行为揭示、质疑并否定了作为专有名词的现代艺术观念。"不是艺术"不是全称否定判断,而是特称否定判断。它揭示了现代艺术的存在逻辑:艺术曾是一个专名。在现代性的历史语境中,它从神话领域和宗教领域解脱出来,成为一种世俗的、相对自主的精神空间。因此,"审美实践(艺术家的审美实践以及艺术爱好者和艺术批评家的审美实践)受到作为专名的艺术观念的调节。……从这个时刻起,艺术自律的观念凸显了出来,艺术实践也通过脱离一切社会性的方式实现了自律"②。杜尚的行为终结了这种现代性的观念体系,艺术介入生活,开启了"随便做什么"的历史。"随便做什么"允诺艺术家享有一种自由,一种可以用一切媒介、一切题材、一切风格来表达什么或不表达什么的自由。不过,自由的含义是不断变化的。在达达主义等历史先锋派的实践中,它具有激进的怀疑和批判意义;在当代艺术领域,它成了"广大公众无动于衷宣读的判决"③。这是一种双重的判决,它既解构了既定的审美标准,又建构了一套新的游戏规则——"什么都允许"(Everything Goes)的规则。在某种意义上,这是一个不断宽恕、替代、扬弃"随便什么"的过程。在1880年,它指的是库尔贝的《一捆芦笋》毫无意义或这幅画缺少透视效果;在1913年,它指的是康定斯基的早期抽象水彩画中那种不知所云的混乱;在1960年,它指的是皮耶罗·曼佐尼的《艺术家之屎》对既有艺术体制的戏谑。总之,它不是某种一劳永逸的混乱、任意、偶然或摧毁,这一事实使"艺术面临死亡的威胁,但这种威胁不仅没有终止艺术,反而维持了艺术的生命,使艺术一次又一次地做出并且一次又一次地扬弃自己的死亡判决"④。这种彻底的解构主义精神成就了"反艺术",使其在永无止境的解构中获得了生命力。它始于对艺术之名的否定——"不是艺术",终于"这就是

---

① 卡罗琳·克劳丝,《杜尚》,第55页。
② 迪弗,《艺术之名:为了一种现代性的考古学》,秦海鹰译,长沙:湖南美术出版社,2001年,第68页。
③ 迪弗,《艺术之名:为了一种现代性的考古学》,第141页。
④ 迪弗,《艺术之名:为了一种现代性的考古学》,第143页。

艺术"的价值判断。在艺术史与学术思想史的上下文中，正是这种激进的反艺术性闪烁着批判的美学锋芒，赋予杜尚的现成品和其他先锋派作品以艺术史的价值和意义。

　　第二种在艺术生产与分配的社会体制框架中来解释，以美国分析美学家迪基和法国左翼艺术批评家让·克莱尔（Jean Clair）为代表。迪基试图从关系属性出发，把艺术社会学中的"体制"概念挪用到艺术的界定之中：类别意义上的艺术品是人工制品，其可供鉴赏的候选者身份是代表某种社会制度（即艺术世界）的一个人或一些人授予它的。[①] 不同的门类艺术形成了不同的制度环境和艺术系统，这些系统一起构成了庞大的社会机制，即艺术界。艺术界是艺术家把艺术品提交给艺术界公众的一种结构性框架（frame）。[②] 艺术身份的授予（conferring the status）就是在庞大的社会机制和由惯例建构的结构性框架中运行的。一旦某物或人工制品被悬挂在博物馆、美术馆或展览馆中被当作某次展览或戏剧表演的一部分，那么，这件被艺术家挑选出来的物就被授予了艺术品身份的符码。如戴维斯所言："如果《泉》确实成功地切合了艺术的要素，那么它的成功则归功于拥有了由获得艺术身份而带来的审美属性，而不是因为它与其他非艺术的小便器具有相同的审美属性。"[③]换言之，它是被当作艺术品来看的，艺术之名具有阐释的优先性。作为艺术品，它会让人联想到造型艺术的历史及其技艺，从而赋予这件候选品以审美的属性。当然，这些具体的授予行为是由艺术界的代理人，如艺术批评家、策展人、博物馆馆长、画廊经理等来执行的。正是社会化的体制赋予它以人工性和候选者的艺术资格。与迪基相比，克莱尔的观点更为激进，但颇有启发性。他认为，这是伴随博物馆的扩张而产生的一种既"祛魅"又"赋魅"的双重冒险行为。杜尚式的咒语"不是艺术的艺术品"，使当代艺术渐渐屈服于双重的矛盾指令。要么，延续达达主义、贫乏艺术、行为艺术等套路，取消艺术与生活的边界，让艺术品淹没在非艺术品的物体系里；要么，延续抽象派、极简主义、观念主义等做法，让艺术陷入自我指涉、自我循环的封闭体系中。这种视觉行为上的僭越使艺术品陷入了不确定性的

---

① George Dickie, *Art and the Aesthetic*, Ithaca. N. Y: Cornell University Press, 1974, p. 34.
② George Dickie, *The Art Circle*, New York: Haven Publication, 1984, PP. 80 - 82.
③ 斯蒂芬·戴维斯，《艺术诸定义》，第 133 页。

危机,因为艺术品的合法化不再取决于"艺术或艺术性",而是取决于体制化的博物馆学,取决于"搜集、收藏、展示和诠释的程序"。一方面,艺术品的性质很难通过可视化的艺术形式特质或审美属性来确定;另一方面,不断兴起的博物馆,调动现代社会的一切资源,一视同仁地收藏、展示、解释一切艺术品。这些作品曾装饰过教堂、宫廷,19世纪又装饰了市政厅和学校,今天只能用来装饰各种各样的博物馆。博物馆是当代艺术品的最终归宿,不仅因为它毫无甄别地收藏任何物品、器具或行为,而且因为它以体制的形式确保了当代艺术的合法性。换言之,博物馆体制与博物馆美学体系赋予每一个候选者以艺术的资格,使其在艺术界行动者的挑选、生产、展示、传播、收藏与拍卖中,成为游戏规则中的重要一环。于是,在观看者的眼光与被观看的物品之间,"整整一门博物馆学开动起来","物品的性质越难确定,该系统就越繁复、越具有强制性"。① 这暗示了等级化的现代艺术分类系统和美学趣味体系的终结,因为在博物馆学的阐释体系中,一切做法都是被允许的。手艺与范式尽失,缺乏有效的标准去区分艺术品与物品或艺术品与文化事件的差异。于是,两种相反相成的运动在艺术界发生了:一方面,艺术品被世俗化,被抽离永恒性,降格为日常性的物;另一方面,普通的物或日常行为被神化,升格为永恒的艺术典范。如果说前者是"祛魅",后者则是"赋魅"。这种双重运动抽空了艺术的内在价值,标志了现代艺术观念的终结。

第三种试图延续本体论的路径,探索艺术哲学定义的可能性,以美国分析哲学家丹托的观点为代表。丹托主张,这是一种具有自我反思意识的哲学式追问。如同艺术界中一个不和谐的音符,一场要求高雅艺术与通俗艺术平权的革命,它以隐喻的方式"在艺术之内提出了艺术的哲学性质这个问题,它暗示着艺术已经是形式生动的哲学,而且现在已通过在其中心揭示哲学本质完成了其精神使命"②。因此,他"把上述姿态理解为一种哲学行为"③。换言之,杜尚挑选、签名与展览现成品的行为,是有意为之的哲学事件。若果真如此,那么"是什么艺术史的内在演变使杜尚的问题物品成为历

---

① 让·克莱尔,《论美术的现状:现代性之批判》,河清译,桂林:广西师范大学出版社,2012年,第11—12页。
② 阿瑟·丹托,《艺术的终结》,欧阳英译,南京:江苏人民出版社,2001年,第14页。
③ Arthur C. Danto, *The Transfiguration of the Commonplace: A Philosophy of Art*, Cambridge & London: Harvard University Press, 1981, P.208.

史的可能呢？我的看法是这只能出现在这样一个时刻，即不再有谁清楚'何为艺术'而老的答案都不管用之际"①。如果这件男性小便器是艺术，为什么在日常生活中外观看起来一模一样的物品不是艺术？日常之物与艺术品的区别在哪里？丹托把这些问题称为杜尚的艺术哲学难题。从1964年的《艺术界》一文开始到1981年的著作《日常物的变容——一种艺术哲学》，再到1986年的专著《哲学对艺术的剥夺》，丹托一直试图从本体论的视角回应这个难题。丹托指出，日常之物与艺术品的区分依赖于艺术的识别行为（act of artistic identification）。艺术识别的逻辑支点既不是欣赏者的审美反应，也不是艺术品的可见属性，而是艺术概念的引入，"其语言学上的表达是在某种识别时所用的'是'，我将把这个系词称为艺术识别之'是'"②。"这是艺术品"的识别行为把我们从纯然之物的领域提升到文化意义的领域，它要求我们对艺术身份的"是"做出阐释。

阐释在艺术识别的行为中具有三大功能。首先，阐释不是说明性的，而是建构性的，它是纯粹之物"变容"为艺术品的关键。正是阐释建构了新的艺术品，使其获得了艺术身份或资格。③ 它借助一整套的知识说服我们，"是"的判断具有历史和逻辑的必然性。我们的审美鉴赏建立在"是"的判断之上，而不是相反。通过阐释，我们不仅赋予艺术家的行为以历史或文化的意义，而且赋予候选者以艺术的意义。它不仅向欣赏者揭示艺术家试图表达的艺术世界（绘画是一扇窗），而且把艺术家观看世界的方式解读给我们看。正是在此意义上，艺术品的不可见属性显示出来，超越了纯粹之物的日常层面。其次，阐释具有识别性，具有区分功能。丹托打了个比方，"作为转化的程序，阐释颇似宗教洗礼仪式，它不是在命名的意义上，而是在重新识别的意义上，参与了艺术界共同体的挑选"④。换言之，阐释是艺术界挑选机制的一部分，具有"把关人"（gate-keeper）的功能。与现代艺术不同，它不是依靠"这是艺术"的命名，而是建立在对艺术之名的否定上，即这"不是艺术"。通过否定现代艺术的观念体系，艺术的阐释在对候选者的重新识别

---

① 阿瑟·丹托，《艺术的终结》，第14页。
② Arthur C. Danto, *The Transfiguration of the Commonplace: A Philosophy of Art*, P.126.
③ 艺术中的每一次新的阐释都是一次哥白尼革命，就此意义而言，每次阐释都建构了一个新的作品。See Arthur C. Danto, *The Transfiguration of the Commonplace: A Philosophy of Art*, P.125.
④ Arthur C. Danto, *The Transfiguration of the Commonplace: A Philosophy of Art*, P.126.

中,再一次把艺术品从日常世界中抽离出来,赋予它不同于日常的艺术价值。再次,阐释不是价值中立的,而是有文化语境的。任何艺术都不能脱离知识、技能和训练,不能脱离诞生艺术的历史文化语境和社会土壤。我们不可能像观看日常之物那样观看艺术品,这种价值中立的纯真之眼是不存在的。正是知识、理论或理由话语(discourses of reason)建构了我们的眼光,使阐释得以实施。如丹托所言:"视某物为艺术至少需要一种艺术理论的氛围,一种艺术史的知识。……显而易见,没有理论就不可能有艺术界,因为艺术界在逻辑上依赖理论。因此,对我们的研究来说,理解艺术理论的特性是必要的。艺术理论如此有力,以至于能把物体从真实世界抽离出来,使它们成为迥然有异的世界即艺术界的一部分。艺术界是由那些阐释过的事物构成的。这些思考表明,艺术品的资格与识别艺术品的语言之间存在一种内在的联系,因为没有阐释就没有艺术品,正是阐释建构了它。"①把某物识别为艺术,不是体制性的或由艺术界中的代理人授予它的,而是一种言语行为,是本体论的,依赖于艺术界中的行动者对它的阐释。阐释需要在历史的上下文中依托"艺术界",即"某种眼睛无法看到的东西——一种艺术理论的氛围,一种艺术史的知识"②,来识别和判断。正是阐释在艺术家与公众之间架起了沟通的桥梁,赋予某物以艺术的意义,建构了艺术品。或者说,正是理论使物在"意义及其具体化"(meaning and embodiment)中"成为"(make)艺术品。因此,艺术即变容(transfiguration)。它既让我们在经验的意义上"洞察"或"领悟"世俗之物的非凡意义,也让我们在超验的意义上把世俗之物"转化"为价值信仰的神圣领域——一个与异化的现实世界相分离的神圣空间。它像宗教一样赋予这个碎片化的世界以精神的永恒和疗救的力量,鼓励艺术家们在精神贫乏的时代进行创造性的冒险。

当然,就艺术与艺术品的关系来说,某物之所以能转化成艺术品,是因为它在剥离可见的审美属性时,又以阐释的方式建构了一种不可见的艺术属性。第一种观点认为,这种艺术属性内在于艺术史的上下文之中,依赖于艺术史的叙事;第二种观点认为,这种艺术属性是体制化的艺术界系统授予

---

① Arthur C. Danto, *The Transfiguration of the Commonplace: A Philosophy of Art*, P.135.
② Arthur C. Danto, "The Artworld", In *Aesthetics: The Big Questions*, ed. Carolyn Korsmeyer, Cambridge: Blackwell, 1998, P.40.

它的,依赖于代理人在艺术界中的位置或权威;第三种观点认为,这种艺术属性是理论阐释的结晶,依赖于艺术识别的"是",具有言语行为的效果。在此意义上,杜尚的现成品艺术是一种反艺术,一种不是艺术的艺术。它否定了艺术品与日常物之间可见的视觉差异,却以阐释的方式确立了一种不可见的差异性。正是差异的不可见性(invisibility)赋予反艺术以意义。这种反艺术拓展了艺术探索的领域,为半个世纪之后的后现代主义、新先锋派和当代艺术开辟了道路。不过,反艺术是一种内在包含危机的艺术。它颠覆了现代艺术话语的核心命题:艺术性内在于艺术品之中。这是釜底抽薪之举。如果艺术性不是艺术品的内在属性,又何谈艺术媒介与形式的纯粹性?艺术还是一个自主性的价值领域吗?若失去了自主性,艺术品与物品、艺术与非艺术以及各门类艺术之间的边界还会存在吗?或许,艺术不再是"认识和表现神圣性、人类最深刻的旨趣以及心灵的最深广的真理的一种方式和手段"[1]了。但是,我们不能由此否定反艺术实践的意义。作为动态的艺术事件,杜尚的艺术难题既揭示、否定了18世纪以来的现代艺术体系,也在审美现代性的视野中逐渐确立了新的艺术话语模式。它重构了我们观看艺术与艺术界的眼光,让我们在更开放、包容、自由的精神中品味艺术与生活。

---

[1] 黑格尔,《美学》第 1 卷,朱光潜译,北京:商务印书馆,1979 年,第 10 页。

《华山图》与现象学*

彭　锋**

现象学在进行艺术鉴赏尤其是鉴赏传统艺术现象时,比其他的美学和艺术理论流派更有优势。在今天,现象学和中国传统艺术案例的契合度很强,说明艺术和审美之间存在着较为紧密的关系,这对于目前的美术史研究有很好的启发性。①

现象学的目标是让事物在我们的经验里如其所是地显现,这一目标看似简单,但其实实现起来有些难度。中国古代哲学,无论是道家还是儒家,特别是禅宗,都特别想要回到事物本身。他们想了很多办法,但往往越想回到事物本身,就离事物本身越远。从这个意义上说,这个目标虽然单纯,但并不那么容易实现。比如倪梁康等人就指出,作为一种哲学的现象学其实是与实践之间保持着一种奇怪的张力的。近代哲学家冯友兰也曾经对于"正底"和"负底"两种方法进行过区分,这种视角有助于我们更深刻地理解"诗"这种表达方式的特殊之处,即诗并不讲形而上学的对象是什么,也不讲它不是什么,但是诗是让形而上学的对象直接在场、直接呈现。现象学的思维方式也同样出现在中国古典文学的很多案例中,比如在王夫之看来,诗是一种"现量",诗所呈现的是一种现在的、这里的经验。也就是说,在王夫之看来,诗刚好能够实现现象学的目标。

现象学对于艺术研究的最大贡献也就是研究如何从那里的经验抽身回

---

* 本文为作者2020年11月12日在南京大学高研院名家讲坛第258期的演讲,部分内容发表在《南京艺术学院学报》(美术与设计版)2018年第2期,其余部分根据讲座整理。

** 彭锋,北京大学艺术学院教授、院长、博士生导师,教育部长江学者特聘教授,中国美术家协会理事,中国文艺评论家协会理事,从事美学、艺术理论、艺术批评、艺术策展、剧本创作等理论研究和实践,出版学术著作20余部,策划展览100余次,创作电影、音乐、话剧剧本9部,在国内外学术期刊发表中英文论文200余篇。

① 保罗·克劳瑟,《视觉艺术的现象学》,李牧译,南京:南京大学出版社,2021年3月。

到现在的、这里的经验,也就是现象学还原的问题。根据美国哈佛大学教授 John Cogan 的解释,有这么一种经验,在这种经验中,我们遭遇到世界的时候,我们没有知识、没有先入之见,也就是说,如果我们有了知识、有了先入之见,经验就不是纯粹的经验,而是污染了的经验。什么样的经验可以让我们遭遇到没有受到知识和已有成见污染的世界呢?就是震撼、吓你一跳,这时候脑子里所有的知识和先入之见都抛到九霄云外去了。棒喝一下,回到本然的经验,遭遇到没有被污染的世界。在这里面,有两种经验是完全对立的。震惊的经验会使我们遭遇到没有被污染的世界;而在日常生活中,我们的头脑被知识所武装。在与世界打交道之前,我们都没有放空,在经历震惊后就会放空。当对这两种经验进行对照后,会发现我们日常经验对事物的理解特别苍白,只是人云亦云而已。换句话说,我们之所以很震撼,是因为我们看见了事物本身,看见了崭新的东西,或者说,看见了熟悉事物的新面貌。

王履和他的《华山图》是研究中国现象学美学的最佳案例。元末明初的画家王履因《华山图》而著名。《华山图》是一本册页,又名《华山图册》,其中有画 40 帧,加上诗文共 66 帧。王履去世后不久,《华山图》便散了。但是,五百多年之后,《华山图》还能满血复原,不能不说是个奇迹。现分别收藏于故宫博物院和上海博物馆。

《华山图》是中国绘画史上少有的大规模地对景写生,王履用绘画和诗文记录了自己登华山的见闻感受。他为该图册写的《华山图序》,具有极高的理论价值,成了中国美学的经典文献。我是上世纪 80 年代中期从叶朗先生的《中国美学史大纲》中读到这个序的前半部分,[①] 上世纪 90 年代跟随叶先生编注《中国历代美学文库》时,读到了这个序的全部,此后又反复读了多遍,越发感到王履思想深邃。序中讲到绘画"意"和"形"的辩证关系尤其精彩,绘画既要状形,又要达意,如何来解决"形"与"意"之间的矛盾呢?王履采取的方式是,将矛盾的双方安置在不同的时间阶段,令它们互不相见,这样就避免了冲突。具体来说,就是先通过观察来解决"形"的问题,再通过酝酿来解决"意"的问题,最后借助机缘巧合或者刹那顿悟将二者统一起来。这篇小

---

① 关于王履《华山图序》的分析,见叶朗《中国美学史大纲》,上海:上海人民出版社,1985 年,第 322—325 页。

小的序言,从思想深度和清晰度上来讲,超出许多长篇大论,值得深入研究。

一次偶然读到《王履〈华山图〉画集》,发现王履亲手书写的《华山图序》,才知道它本名《重为华山图序》(简称手书本)。在序中,王履提到他"麾旧而重图之",由此可知,他画了两遍华山图:第一遍是对景写生,解决了"形"的问题,但没有解决"意"的问题,也就"意犹未满"。第二遍是经过反复存想酝酿之后,因"鼓吹过门"的激发而顿悟所得。鉴于王履画了两遍《华山图》,第一遍已被他自己毁掉,对于第二遍绘就的《华山图》,用《重为华山图序》这个题目作序,似乎更加合适。

王履书法清秀,读起来真是一种美的享受。当我读到"苟非华山之我余余其我邪"的时候,我都不敢相信自己的眼睛,因为我明确记得这句话是"苟非识华山之形,我其能图邪?"。这两句之间的差别是如此之大,完全超出了笔误的范围。由于习惯了美学史上通行的版本,我开始怀疑王履手迹的真实性。王履手迹中的这个句子我怎么也读不通,尤其是第二个"余"字是用一小点来代替的,就更容易引起其他的猜想。用小点来代表与前面重复的字,本来是汉语书写的常识,由于这个句子怎么也无法读通,我不由得作其他的猜想。

从电子版《四库全书》检索到《重为华山图序》的几个版本,发现在最早的《赵氏铁网珊瑚》(简称铁网珊瑚本)中,那个小点还真是代表"余"字。薛永年先生在介绍王履绘画的小册子《王履》中,将这个句子读作"苟非华山之我余,余其我邪?"[①]。现在的问题是:究竟是谁改了王履的原文?中国美学史的著述中为什么都用改过的文本?

我在俞剑华先生的《中国画论类编》中找到了源头。该书收入王履的《华山图序》和《画楷叙》,把它们放在《畸翁画叙》的大标题下。《中国历代美学文库》明代卷上册收录该序时,注明"据《畸翁画叙》本,亦参照《艺苑掇英》第二期影印以校"[②]。我怎么也没有找到《畸翁画叙》的版本(简称畸翁本)我猜想它有可能是俞先生自己给王履的两篇文章安的名字,王履号畸叟,于是就有了《畸翁画叙》,其实并没有什么《畸翁画叙》版本。看来当初编注王

---

① 薛永年,《王履》,上海:上海人民出版社,1983年,第41页。遗憾的是,薛先生将"大而高焉,嵩。小而高焉,岑。……"错断为"大而高焉。嵩,小而高焉。岑,……",后面接着错了一串。

② 《中国历代美学文库·明代卷上》,叶朗主编,北京:高等教育出版社,2003年,第24页。

履文献的同事偷懒了,用了《中国画论类编》的文字做底本,并没有找更可靠的版本,也没有根据别的版本校改,尽管叶先生反复强调不能用《中国画论类编》的文字做底本,而且至少要找到两个版本做参校。

  俞先生没有注明他所依据的版本,但是从所录文字来看,或许他采用的是《御定佩文斋书画谱》(简称佩文斋本)。《佩文斋》本又依据了《铁网珊瑚》本。据《四库提要》,《铁网珊瑚》旧题朱存理撰,经考证认定是"赵琦美得无名氏残稿所编",因而命名为《赵氏铁网珊瑚》。无论残稿是否为朱存理所编,其成书都应该早于赵琦美的再次编撰,时间大约在明朝中期,《铁网珊瑚》是目前见到的《重为华山图序》的最早版本。同时,与佩文斋本差不多同时代的卞永誉编撰的《式古堂书画汇考》(简称式古堂本),所录文字与铁网珊瑚本大同小异。再加上手书本与铁网珊瑚本和式古堂本基本一致,由此可以证明,佩文斋本改动了铁网珊瑚本中的文字。经过四个版本的互校,发现它们有些不同,如下表所示:

	手书本	铁网珊瑚本	式古堂本	佩文斋本	畸翁本
1	重为华山图序	重为华山图序	重为华山图序	华山图序	华山图序
2	愈远愈讹	愈远愈讹	愈远愈伪	愈远愈伪	愈远愈伪
3	苟非华山之我余余其我邪	苟非华山之我余余其我耶	苟非华山之我余余其我耶	苟非识华山我其能图邪	苟非识华山之形我其能图邪
4	意犹未乎满	意犹未乎满	意犹未乎满	意犹未满	意犹未满
5	存乎玩物	存乎玩物	存乎外物	存乎外物	存乎外物
6	惕然而作	惕然而作	怵然而作	怵然而作	怵然而作
7	竟不悟平时之所谓家数	竟不晤平时之所谓家数	竟不悟平时之所谓家数	竟不知平时之所谓家数	竟不知平时之所谓家数
8	从其在吾乎	从其在吾乎	从其在我乎	从其在我乎	从其在我乎
9	不局局于专门之固守	不局局于专门之固守	不局局于专门之固守	不局局于专门之固守	不拘拘于专门之固守
10	又不大远于前人之轨辙	又不大远于前人之轨辙	又不大远于前人之轨辙	又不大远于前人之轨辙	又不远于前人之轨辙

续表

	手书本	铁网珊瑚本	式古堂本	佩文斋本	畸翁本
11	小而众焉岂	小而众焉岂	小而众焉岂	小而众焉岂	小而众焉巍
12	是亦不过得其仿佛尔	是亦不过得其仿佛尔	是亦不过得其仿佛尔	是亦不过得其仿佛尔	是亦不过得其仿佛耳
13	故吾不得不去故而就新也	吾故不得不去故而就新也	吾故不得不去故而就新也	吾故不得不去故而就新也	吾故不得不去故而就新也

校勘的结果显示，手写本、铁网珊瑚本、式古堂本基本相似，佩文本与畸翁本基本相似。由此可见，导致《重为华山图序》文字变化的关键在于佩文本。从这些变化来看，佩文本是有意改动了铁网珊瑚本的文字。究其原因，可能是佩文本的编校者为了文本更加通畅易懂。其他的改动对于文意并没有太大的影响，但是将"苟非华山之我余余其我邪"改为"苟非识华山之形我其能图邪"，就有可能让读者错过王履的一个重要思想。

"苟非华山之我余余其我邪"这个句子真的读不通吗？按照薛先生的断句，这句话读作"苟非华山之我余，余其我邪？"。难道这句话不可以读成"如果不是华山使我成为我，我会是我吗？"。为此我请教了古汉语专家杨荣祥教授。杨教授表示完全可以这么理解。他从专业的角度告诉我，尽管这种用法不太常见，但并不是没有这种用法，《庄子》中就有诸如此类的用法。杨教授还表示，原来的文字比改过的文字境界高多了！

事实上，除了阐明"形"与"意"的辩证关系之外，《重为华山图序》还有一个重要内容，那就是阐明"我"与"宗"、"常"与"变"之间的辩证关系。王履依据自己对自然的切身感受，对时人推崇的家数发起了挑战：

> 斯时也，但知法在华山，竟不悟平时之所谓家数者何在。夫家数因人而立名。既因于人，吾独非人乎？夫宪章乎既往之迹，谓之宗。宗也者，从也。其一于从而止乎？可从，从，从也；可违，违，亦从也。违果为从乎？时当违，理可违，吾斯违矣。吾虽违，理其违哉？时当从，理可从，吾斯从矣。从其在吾乎？亦理是从而已焉耳。谓吾有宗欤？不局局于专门之固守；谓吾无宗欤？又不大远于前人之轨辙。然则余也，其

盖处夫宗与不宗之间乎？①

在这段文字中，王履对"从"做了独特的理解："违"（违背）也是"从"（顺从）。在王履看来，理当违则违，理当从则从，这才是真正的"从"。因此，"从"是从我，但更是从理，从自然。王履反对一味为了违而违，一味为了从而从，而不管理是否当违，是否当从。这种态度，让王履一方面不局限于家法，另一方面又不远离家法。由此，王履认为他是"处夫宗与不宗之间"。这里所谓的"宗与不宗之间"，一方面指介乎宗与不宗之间，也就是说既不完全背离家法，也不完全固守家法，而是部分违背家法，部分遵循家法；另一方面指该违背家法就违背家法，该遵循家法就遵循家法。违背家法时可以彻底违背，遵循家法时可以完全遵循。王履的文本中这两方面的意思都有，尽管它们有所不同。总之，宗与不宗之间，表明的是没有一成不变的规则与方法。究竟是宗还是不宗，得根据实际情况来做判断。

王履为什么要采取宗与不宗的态度呢？为什么不采取一种方法一以贯之呢？原因在于他对自然有自己独特的理解。在王履心目中，自然没有规律，只有个案。他以山为例，做了如下的阐发：

且夫山之为山也，不一其状。大而高焉，嵩；小而高焉，岑；狭而高焉，峦；卑而大焉，扈；锐而高焉，峤；小而众焉，峃；形如堂焉，密；两相向焉，欵；陬隅高焉，岊；上大下小焉，巘；边焉，崖；崖之高焉，岩；上秀焉，峰；此皆常之常焉者也。不纯乎嵩，不纯乎岑，不纯乎峦，不纯乎扈，不纯乎峤，不纯乎峃，不纯乎密，不纯乎欵，不纯乎岊，不纯乎巘，不纯乎崖，不纯乎岩，不纯乎峰，此皆常之变焉者也。至于非嵩、非岑、非峦、非扈、非峤、非峃、非密、非欵、非岊、非巘、非崖、非岩、非峰，一不可以名命，此岂非变之变焉者乎？彼既出于变之变，吾可以常之常者待之哉？故吾不得不去故而就新也。②

---

① 俞剑华，《中国画论类编》，北京：人民美术出版社，1986年，第703页。根据手书本、铁网珊瑚本、式古堂本校改。
② 俞剑华，《中国画论类编》，北京：人民美术出版社，1986年，第703—704页。根据手书本、铁网珊瑚本、式古堂本校改。

在这段文字中,王履区分了山的三种形式:一种是"常",一种是"变",还有一种是"变之变"。借用黑格尔的术语来说,"常"是正题(thesis),"变"是反题(antithesis),但是"变之变"并不是它们的合题(synthesis),而是在根本上与它们全然无关。"常"与"变"尽管相对,但仍然有关,仍然可以通过相互对照来理解。但是,"变之变"与它们都不相同。"变之变"没有任何规律可言,找不到任何现成的名字来称呼它,是一种无法命名的存在,它只是独自存在,不由分说。对于这种无法命名的存在,我们不能依据以往的任何家数、规则、概念,甚至经验来理解它,只能从当下遭遇中去领会它。为了领会这种无法命名的存在,我们必须放弃已有的家数、规则、概念,甚至经验,放弃任何现成的东西,毫无包袱地投入新的遭遇、新的体验之中。正因为如此,王履说"吾故不得不去故而就新也"。

去故而就新的我,就是"新我"。如何才能得到"新我"?与"去故而就新"的"新我"相应的是"变之变"的"新物",因此得到"新我"的途径,就是与"新物"遭遇,用"新物"来激发"新我"。就"新物"和"新我"都无法用现成的名字来称呼它们来说,王履这里的思想与西方现象学追求的"回到事物本身"有些相似。现在让我们回到"苟非华山之我余,余其我邪"这个句子上来。华山对于王履来说完全是"变之变"的"新物",让他大开眼界。华山将王履从以往的家数中解放出来,让王履找到了"新我",或者说回到了"真我"。从这种意义上来说,这个句子不仅句意明了,而且承上启下,开启了下面要讨论的问题。如果将它改成"苟非识华山之形,我其能图邪?"不仅文意过于浅近,而且与前面的内容重复。

王履关于"我"的论述,在石涛的《画语录》那里得到了回响。尽管《重为华山图序》篇幅短小,但是就思想深度和清晰度来说,它完全可以比肩《画语录》。

阿格妮丝·赫勒阐释学思想与公共阐释*

傅其林**

张江先生的公共阐释论及其对"阐""诠""理""性""解""释"等概念的辨析,①激活了阐释学新一轮讨论的可能,这是新的时代语境和人类新的历史意识所引发的可能。公共阐释论倘若具有理论上新的可能性,就必须经受理论本身的检验,与阐释学本身展开对话。阐释学的思想和形态是复杂而多元的,本文主要立足于卢卡奇引领的布达佩斯学派的主要代表阿格妮丝·赫勒(Agnes Heller)的阐释学思想来对话公共阐释论,以期寻觅公共阐释论发展的可能性机制。作为当代著名的思想家,赫勒的阐释学思想涉及对海德格尔、伽达默尔、哈贝马斯、罗蒂、卢曼等理论家的深入考量,在学科上涵盖了文艺批评、美学、伦理哲学、政治哲学、社会哲学等众多领域,提出了"存在主义阐释学""激进阐释学"等概念,她所关注的阐释的规范性基础、共识命题、价值交往等问题域,是张江的公共阐释论必须要面对的。比较二者,可以发现中西阐释学的异同及各自和共同面对的困惑。

一、阐释的规范性基础

阐释学的合法性需要确定规范性基础,这种规范性基础在张江的系列论文中得到较为深入的考察。张江主要从公共理性的人性基础来思考,更

---

* 本文为作者2020年10月30日在南京大学高研院名家讲坛第257期的演讲,讲稿由作者提供,原文发表于《社会科学战线》2019年第12期。
** 傅其林,四川大学教授、博士生导师,社会科学研究处处长,国家"万人计划"教学名师,教育部长江学者特聘教授,国家社科基金重大项目"东欧马克思主义美学文献整理与研究"首席专家,第十二届教育部霍英东青年基金获得者,教育部新世纪优秀人才。研究领域涉及文艺理论、西方马克思主义美学、文化批评等。
① 相关系列论文主要有:张江,《公共阐释论纲》,《学术研究》,2017年第6期;张江,《"阐""诠"辨——阐释的公共性讨论之一》,《哲学研究》,2017年第12期;张江,《"理""性"辨》,《中国社会科学》,2018年第9期;张江,《"解""释"辨》,《社会科学战线》,2019年第1期。

多是从共时性角度切入,而赫勒的阐释学立足于现代性的理性原则,在一定程度上奠定了意义阐释的规范性基础。她对这种规范性基础的思考主要来自韦伯的现代文化分化理论,即由于社会分化形成科学、伦理道德、文化等各自相对独立的领域,各学科遵循着各自的规范与规则,这些规范与规则就是各学科阐释问题。譬如,我们不能以经济学的规范性基础去讨论美学问题,也不能以美学的规范性基础讨论经济学的核心问题。赫勒指出,在现代文化不断进步区分的过程中,政治、法律、美学、经济、宗教、色情等领域形成彼此独立的相对自律,"每一个领域包含着其自己内在的规范和规则,这些规范和规则与其他领域的规范和规则是不同的"①,各个领域的规范与规则确保其领域内的活动合法化,不仅是知识生产活动而且接受理解活动都遵循规范与规则,从而取得科学的地位,创造各自的意义并对现代人的自我认知做出贡献。在这种意义上,赫勒关于现代社会科学的分析是基于阐释学意义上的合法性分析。

这种合法性分析的基本点在于自律的规范与规则的形成。究竟何为规范与规则,赫勒借助于社会学意义的群体认同来把握,即科学共同体的认同。这种认同不是超越时空的虚假认同,而是基于现代性的历史意识的表达,即用黑格尔所说的时代精神来表达,或者说处于时间的牢笼之中。这种历史意识不是神话中神秘化的历史意识,不是古希腊在有限性中探索一般性的历史意识,也不是中世纪普遍神学的历史意识,而是源自启蒙运动在法国大革命以来占据主导地位的反思的普遍的历史意识:"西方男女们开始理解他们的时代是世界-历史进步的产物,每一个阶段包含自己的可能性与局限性,它也要被另一个阶段所取代。"②这种反思的普遍主义催生了歌德笔下的浮士德似的人物,这些人物颠覆所有禁忌与束缚,渴求知道一切,渴求实现一切愿望,但不能摆脱时代的限制,因此包含着内在的悖论。赫勒指出,寻求理解和自我理解涉及对当下历史或者说对历史的当下或者说对我们自己的社会的认知,但是如何确定我们的认识是真实的呢?赫勒认为,为了克服这种悖论,必须要寻找一个阿基米德点。社会科学作为一种语言游戏试图克服这种不可能克服的悖论,试图确证这种悖论纯粹是一个假象。

---

① Agnes Heller, *Can Modernity Survive?* Cambridge: Polity Press, 1990, p. 13.
② Agnes Heller, *Can Modernity Survive?* Cambridge: Polity Press, 1990, p. 11.

在赫勒看来,社会科学所提供的这个阿基米德点有两种不同的类型,即通则解说社会科学和阐释社会科学(nomothetic and hermeneutic social sciences)。通则解说社会科学认为,只要我们能够发现某种普遍的历史-社会规律,就能够运用到所有历史和社会,我们自己的历史、社会、制度就能够得到充分而真正的解说和理解。这样,我们就能够运用自己的历史意识的潜能克服历史意识的束缚。阐释社会科学也具有类似功能,它设想我们能够与过去的人或者陌生文化的人交流,能够真正读懂他们及其文本,这样,我们能够以陌生的眼光,从他者的文化语境来审视我们自身。赫勒认为:"只有我们能够让这些'他者'提出他们的问题,从他们的角度即他们的历史意识来评估并判断其历史和制度,我们才会在我们自己的文化之外建立一个阿基米德点。"[1]这种超越历史意识的束缚和通则解说模式一样,都表达了历史意识,是我们的历史意识的产物。赫勒的论述表明,阐释学是现代社会科学的基本范式,然而超越历史的阐释则又是历史意识的产物,仍然无法摆脱悖论。

赫勒关于历史意识与阐释学的思想触及公共阐释的可能性,这是历经了解构主义之后的阐释学再思考,显然避免了前现代的天真性、自发性,也避免了宗教的普遍主义或现代反思普遍主义的救赎性和宏大叙事。这意味着,在后现代的历史意识中,阐释的公共性仍然具有可能性基础,学科自律的规范与规则确保了阐释公共性的形式框架,现在与过去的对话、自我与他者的对话的可能性仍然存在。但这种形式框架本身具有无法根除的悖论性,并不存在一个放之四海而皆准的普遍规范,只能是有限度的公共阐释,这个限度的具体延伸或者拓展的时空仍然取决于阐释共同体达成共识的可能性。

二、共识达成的限度

公共阐释力求体现最大范围人群的共识。张江在与哈贝马斯的对话中认为:"实现公共阐释需要相互倾听,彼此协商,平等交流,以达成共识。"[2]对此,哈贝马斯的理想的交往共同体思想是一个不错的理论基础。赫勒长

---

[1] Agnes Heller, *Can Modernity Survive?* Cambridge: Polity Press, 1990, p. 12.
[2] 张江、哈贝马斯,《关于公共阐释的对话》,《学术月刊》,2018年第5期。

期与哈贝马斯的交往理论纠结在一起,2017 年《论题十一》(Thesis Eleven)上专门刊登了两位思想家彼此回应的文章。哈贝马斯坚持普遍的共识的追求,尽管他首先承认交往中异议的重要性以及解释的多元性。① 赫勒认为,哈贝马斯基于话语基础上的交往共同体理论存在着超验的普遍主义与经验实践的断裂,"普遍的一致性在经验意义上是不可能的"②,而赫勒通过对日常生活的此在分析(Daseins-analysis),认为现实交往的共识是有限度的。

赫勒认为,哈贝马斯提出通过话语讨论形成参与者的共识来建构交往共同体,从而提出规范的普遍化和规范程序的普遍化:"哈贝马斯为了所谓的普遍化的基本原则(理论)的接受而展开论证,把这种原则视为唯一的,同时也是形式的道德原则。他把话语伦理学视为人们借以能够遵从道德原则必然律的程序。"③赫勒对他的话语伦理学所形成的道德哲学进行了批判,主要集中于规范及其程序普遍化。哈贝马斯试图从康德的道德律令范畴的必然性,从指定性的普遍法则转向参与者讨论认可的共识规则,建构新型的道德必然性。在赫勒看来,这种思想的局限性至少有四点:一是哈贝马斯所设想的道德必然性的普遍化在实际行动中的错位,也就是理想的普遍的规范性在实践行为中是无效的。譬如一个人在公共领域的讨论群体中被迫表达违心的观点,在这种情况下形成的共识规范或者话语伦理学是有问题的。二是道德哲学中的普遍化原则根本不重要。例如,"要有人的尊严"可以作为普遍的标准,但是这个标准具有有效性吗? 这里以孟子的话来印证赫勒对哈贝马斯的批判。孟子注重规则与法则,认为"男女授受不亲"是普遍意义的"礼"。但是"嫂溺不援,是豺狼也",所以孟子解释说,"嫂溺援之以手者,权也"④。何者为"权",宋代孙奭疏为:"权之为道"在于"所以济变事也,有时乎然,有时乎不然,反经而善,是谓权道也"。⑤ 事实上这出现了道与礼的错位,出现了礼的规范性和实际行为的错位。赫勒认为,哈贝马斯的普遍化的道德必然性束缚了人们的理智直觉所谓的普遍化规范"要有人的尊严"

---

① Jürgen Habermas, "Response to Agnes Heller," *Thesis Eleven*, Vol. 143, No. 1, 2017, pp. 15 – 17.
② Agnes Heller, "On Habermas: Old Times," *Thesis Eleven*, Vol. 143, No. 1, 2017, pp. 8 – 14.
③ Agnes Heller, "The Discourse Ethics of Habermas: Critique and Appraisal," in Agnes Heller, Ferenc Feher, *The Grandeur and Twilight of Radical Universalism*, New Brunswick, N. J. : Transaction Publishers, 1991, p. 477.
④ 阮元,《十三经注疏》,上海:上海古籍出版社,1997 年,第 2722 页。
⑤ 阮元,《十三经注疏》,上海:上海古籍出版社,1997 年,第 2722 页。

事实上不能满足每一个话语参与者的兴趣。三是规范程序的普遍性问题。哈贝马斯试图建构一个普遍的公正的程序,以确保共识的达成或者规范的普遍性。赫勒认为这同样面临着困境或者悖论,因为公正的程序在对称性互惠的环境中可以作为调节性的实际观念,在非对称性互惠的环境中仍然可以适用,这种程序只是涉及判断而不涉及行为本身。如此,要通过程序正义来形成规范共识,两者之间并没有必然联系,"普遍程序导致的结果不是能够具有普遍有效性的规范"①。四是哈贝马斯混淆了道德规范和社会政治规范,因为社会政治规范的有效性等同于合法性,规范的选择奠基于合理性。道德规范涉及价值,如果一个人选择价值 x,另一个人选择价值 y,他们的道德规范是不同的。道德规范通常不是通过合理性选择确定的,它也不是借助于话语来获得有效性的。虽然道德规范的选择可以进行话语论证,但是这种论证程序不能等同于对规范的合理性奠基,一个人选择某种规范而反对另外的规范,其原因是复杂的,还包括"倾向性、需要、趣味、人格结构、习俗等"②。

可以看到,哈贝马斯以普遍语用学或者言语行为理论来确定交往共识的达成是有问题的,具有内在矛盾性。哈贝马斯一方面强有力地拒绝绝对的文化相对主义,主张普遍性规范的共识追求,另一方面又陷入了绝对的文化相对主义,所有参与者的自由的共识达成只是一个抽象的形式设定,是缺乏实质价值的语言游戏。当然,这种话语游戏又是扎根于西方文化传统和现代历史意识之中的。赫勒的批判表明,通过哈贝马斯的交往共同体来构建公共阐释是走不远的学术路径。如果公共阐释仅仅在于设定一种阐释所到达的公认度,而不是自说自话,那么这仍然在哈贝马斯所设想的抽象形式的层面,还处于形式框架的论述中。不过,赫勒认为虽然哈贝马斯的普遍化原则与道德规范的合法性建构没有相关性,但是其话语伦理值得重视,因为话语伦理涉及规范的解释,在一定程度上是必要的。

---

① Agnes Heller, "The Discourse Ethics of Habermas: Critique and Appraisal," in Agnes Heller, Ferenc Feher, *The Grandeur and Twilight of Radical Universalism*, New Brunswick, N. J.: Transaction Publishers, 1991, p. 481.
② Agnes Heller, "The Discourse Ethics of Habermas: Critique and Appraisal," in Agnes Heller, Ferenc Feher, *The Grandeur and Twilight of Radical Universalism*, New Brunswick, N. J.: Transaction Publishers, 1991, p. 483.

赫勒认为共识达成是一种理想的言语情境的规范。这种规范要求参与对话者是对称互惠的,彼此相互理解。这需要一个基本的实现标准,即参与者使用的语言必须可以相互转换,如果没有这个基础,作为相互理解的交往就不可能发生,也就不能达成共识。社会科学的阐释追求对社会与自我的认知,也需要理解与解释,追求客观性与可行性,也需要理论的奠基,但是仍然达不到相互理解的程度。虽然这种阐释学形成了独特的语言样式与学科规范,体现出理解与解释的平衡,运用解说与解释的恰当比例,操纵核心维度与边缘维度的结构模式,阐释者在实践智慧的审慎判断下可以充分解释文本与现象,误解的可能性较少,但是仍然涉及误解与错误,甚至一些解释即使遵循客观性标准仍被人们彻底摒弃,因为其陈述是错误的。因此,赫勒认为,社会科学的解释仍然是误解。这样,对话参与者的解释就成为误解的汇聚,形成维特根斯坦所谓的家族相似的状态,这种状态不是共识。而且,社会科学的解释规范与共识达成的理想言语情境构成错位。赫勒认为:"社会科学家能够接受理想言语情境的规范,就其而言能够进行对话,好像这种规范是构成性的。然而,由于研究的对象是客观精神的领域,这里理想的言语情境的规范是反事实的,因此社会科学要么必须放弃对真实知识的追求,只要上述规范是反事实的,要么它必须承受共识主张的限制。"[①]

赫勒认为,社会科学家之间达成共识是困难的,也是不必要的。原因在于,第一,最伟大的社会科学家通常对其研究成果的重要方面和次要方面进行区别,与最重要方面达成一致,就是他们追求的共识,而次要方面是需要修正的。第二,有的社会科学家更相信科学的进步,期望其解释进一步完善。特别是视角主义社会科学家,一种视角难以与其他视角的解释达成共识。第三,面对同一文本采用不同的方法进行解释,文本愈加重要,解释的不一致就更明确。即使许多学者认为一个理论是真实的,他们也会通过突出某个方面而进行不同的理论描述。因此赫勒指出:"即使存在一个共识'理论 X 真实而正确',但是就理论 X 究竟完全是关于什么的,就理论 X 真正的意思是什么,绝对不存在着共识。"[②]社会科学具有文化、价值、群体视角、传记的差异性,组织事实材料的无限可能性,特有范式的个体性,这些决

[①] Agnes Heller, *Can Modernity Survive?* Cambridge: Polity Press, 1990, p.32.
[②] Agnes Heller, *Can Modernity Survive?* Cambridge: Polity Press, 1990, p.35.

定了研究主题的差异。

赫勒没有走向总体相对主义,认为存在着共识。赫勒所主张的视角主义认为社会科学家要按照社会科学学科的语言游戏样式进行游戏,要遵循其规范和规则,要通过同行认同去探索真实的知识,要努力遵循客观性规范,这是一种形式共识。可以想见如果形式共识都不可能达成的话,那么实质性的共识则更难以达到。因此,如果共识意味着完全一致的话,那么共识是不可能达到的,因为所有的理解和解释都是一种新的理解和新的解释,或者说都是误解。

张江的公共阐释论则与之不同,不在于对误解的探索,而在于对阐释的内在机制的探索,试图通过中国传统的阐释学思想与当代文学活动的分析来寻觅共识的理论基础。尽管张江也涉及阐释的多元性,但是他的问题意识与现实语境具有中国特色,对共识的追求也具有学理建构的宏大旨趣。其对阐、诠的辨析,显然具有厚重的历史积淀,也揭示了中国传统学者对意义明晰性和透彻性的追求,尽管其审美特性表现为"含蓄蕴藉""言外之旨""韵外之致"等。正是因为中国传统文化悠久、文化符号复杂、实践积淀的体悟的意义深刻,阐释成为中国文化的重要传统,理、性也成为具有共识基础的概念。应该说,张江的共识建构具有合法性基础。但是对意义共识达成的复杂性、悖论性的探索仍然需要推进,共识的达成需要从理论上和实践上进一步求证。

三、价值交往的可能性

张江认为,公共阐释得以形成,在于人类的公共理性的存在,而阐释本身是理性的。这是对公共阐释的存在本体论的奠基,也是人类历史不断确证的事实。他进一步探索公共阐释的逻辑规则,确立"阐释逻辑的正当意义",认为:"作为理性行为,阐释的基本思维过程,必须符合普遍适用的逻辑公理化规定。"[①]而且阐释,作为协商行为,还要受到符合协商要求的特殊逻辑的约束。应该说,逻辑公理与特殊逻辑确定了公共阐释的逻辑合法性。但是,这种逻辑合法性需要价值交往的讨论来充实,就此而言,赫勒对价值

---

① 张江,《阐释逻辑的正当意义》,《学术研究》,2019 年第 6 期。

交往的分析将有助于公共阐释理论的深化。价值交往是赫勒话语哲学的重要部分,其思想的核心是关注价值讨论的可能性与条件,也就是价值共识达成的可能性问题。

赫勒认为两个人的价值讨论的结果有四种方式:"第一,一个参与者受到另一个参与者的论据的影响,接受了这些论据所支持的价值,并采纳了这种价值的立场;第二,一个参与者接受另一个参与者提出的作为可能的价值并决定去进行检验;第三,其中一个参与者诉诸另一个参与者所提供的不可争论的权威;第四,讨论毫无结果。"[1]价值交往中的参与者关系可以是对称性关系,对赫勒来说,哈贝马斯的"理想的言语情境"就属于这种关系,"就对称性关系而言,参与者作为平等人——作为同样有理性的存在物彼此面对,他们在讨论中履行平等的言语行为。哈贝马斯把这种关系称为'理想的言语情境'"[2]。赫勒认为,这种关系不能保证在讨论中使用合理的证据,仍然能够诉诸某种权威,因而哈贝马斯的模式不能等同于价值讨论中的理想设定。为此,赫勒把价值讨论视为哲学价值讨论进行探索,可以说,哲学价值讨论的交往可能性就是价值阐释交往的可能性。

与哈贝马斯不同,赫勒思考的是权力关系中的价值交往问题。这种权力关系不是哈贝马斯所设想的平等的对称性关系,而是处于历史情境中的从属关系、非对称性关系、个人性的依赖关系。在从属性社会中,虽然也存在对称性关系,譬如同样处于不平等关系中的人们彼此交往,但是这种对称性关系不是普遍存在的。在这种非对称性社会关系中,真正意义的哲学价值讨论也不是普遍存在的。但是赫勒还是设想了一种哲学价值讨论的可能性,从而构成了难以消除的悖论。哲学价值讨论不同于日常价值讨论。日常价值讨论是无意识地选择价值,这些价值系统和等级可能是潜在的,参与日常价值讨论不一定必须有真实的价值,参与者不会从价值中消除个人特有的动机,这种价值也许是特有的愿望和关怀的合理化,然而也必须包括某些共识价值,否则价值讨论不可能发生。哲学价值讨论有意识地选择价值,

---

[1] Agnes Heller, *A Radical Philosophy*, trans. by James Wickham, Oxford: Basil Blackwell, 1987, p. 109.
[2] Agnes Heller, *A Radical Philosophy*, trans. by James Wickham, Oxford: Basil Blackwell, 1987, p. 109.

参与者致力于真实的价值,价值系统和价值等级应该是明确的。赫勒认为,每一个理性的人应该努力在哲学价值讨论的层面坚持价值讨论,这种讨论是所有价值讨论的调节性观念。因此哲学价值交往的分析具有典型的意义。

在哲学价值讨论中,价值真理是不用进行争论的,因为参与者都认可他人的价值真理,讨论更多关注的是价值等级,关注哪一种价值应该成为社会与行为的主导价值。赫勒认为,价值讨论得以可能的条件在于以下几个方面。一是涉及价值观念,价值观念是相同的,但是价值的解释是不同的;价值中有一些具有相同解释的价值;价值中有一些类似解释的价值;价值系统的差异主要来自价值等级的差异。二是所有参与者渴求价值讨论。三是没有权力干预,如果权力直接或间接地质疑论证,那么就不可能进行价值讨论。赫勒认为,对于可能进行哲学价值讨论的人来说,一个具体的价值讨论可以上升为哲学价值讨论,从而获得价值交往的共识。赫勒把卢卡奇和托马斯·曼的交往事件作为成功的价值交往的典型例子。卢卡奇说,在匈牙利共产主义者佐尔坦·山托(Zoltán Szántó)及其同伴遭受审判期间,他给托马斯·曼写信,请他抗议这场错误的审判。托马斯·曼回信说,作家不应该干预政治事件,因为对他来说这是一个政治审判,作为一个作家不应该牵连此事,因此他不会去抗议。卢卡奇回信说,托马斯·曼最近访问了毕苏斯基(Pilsudski)的波兰并做了演讲,这难道不是政治吗?卢卡奇当时想,"交往弄僵了"。事实上卢卡奇弄错了,几天后传来了托马斯·曼的电报:"我已经给霍尔斯(Horthy)打电报去了。"这个例子说明,卢卡奇与托马斯·曼之间达成了成功的价值讨论,卢卡奇证明在托马斯·曼的价值与行为之间存在着差异,而托马斯·曼摆脱了个人动机和被羞辱的感受,毫不犹豫地消除了这种差异。他们之间价值讨论的成功在于某种价值观念的共识,尽管各自赋予这种价值观念不同的解释意义。赫勒对这种共同的价值观念十分看重,可以说是价值阐释得以可能的关键点,因为"如果一种价值观念与另一种价值观念相互敌对,那么价值讨论始终回到关于价值的讨论,那么两个世界就彼此敌对……当世界历史上主导价值观念相互排斥时,通常不可能设想,这时会产生有关不同代表者的价值观念的价值讨论"[①]。他们各自根据

---

① Agnes Heller, *A Radical Philosophy*, trans. by James Wickham, Oxford: Basil Blackwell, 1987, p. 118.

价值理性思考和行动,都坚持认为自己的价值是真实的,但是双方都不相信对方的价值真理,因为相互矛盾、彼此排斥的价值观念不可能在同一时刻、同一地点和同一对话关系中都是真实的。这显然是一种没有希望的价值讨论。而且一种价值观念是人们用身体加以保护、用鲜血加以滋养的,与参与者的社会实践、生命以及作为人的个体性紧密联系在一起,事实就是证据,经验和事件也是证据。因此,倘若参与价值讨论的双方没有共同的价值观念,就难以进行价值交往。赫勒设想了一种哲学价值讨论或者说价值交往的理想状态来解决从属社会中的价值讨论的悖论:"在从属关系的社会,哲学价值讨论是不可能进行的,然而在这些社会又应该产生哲学价值讨论。此外,哲学价值讨论不仅必须是一个调节性的想法,而且不得不是一种构成性的想法。倘若不是如此,从属的社会将是永久不改变的。"①赫勒把从属社会的价值讨论的悖论分为两个层面,第一个层面是,在从属社会中,哲学价值讨论不可能普遍化,然而任何一个理性的人应该参与哲学价值讨论。第二个层面是,在从属社会中,哲学价值讨论是不可能进行的,然而如果这个社会需要被消灭或被改变,那么哲学价值讨论就必须成为一种构成性的想法。赫勒认为,第一个层面的悖论是不可能根除的,而第二个层面的悖论可以消除,而且这种消除会导致整个悖论本身的消除。为了消解第二层面的悖论,赫勒在价值讨论中引入了人类或人性概念(humankind 或者 humanity)作为参与讨论的最高级的社会实体或者说最高级的价值观念:"如果在价值讨论中,每一个参与者坚持把人类作为最高的社会实体,那么这种讨论就能够到达哲学层面。即使每一个参与者以具体而各自不同的价值的形式表达各自的价值和设想,透视出与他们各自特有的实体、阶层、阶级等的密切联系,也能够到达这种情况。"②赫勒对此补充了三个主要的前提条件:一是参与者所设想的特有价值都应该同时有效,都与人类观念相关联;二是参与者要清楚地知道他们的价值阐释与具体社会实体的密切联系,与具体的阶级、阶层、民族、文化等的关联,要始终意识到各自价值的意识形

---

① Agnes Heller, *A Radical Philosophy*, trans. by James Wickham, Oxford: Basil Blackwell, 1987, p. 118.
② Agnes Heller, *A Radical Philosophy*, trans. by James Wickham, Oxford: Basil Blackwell, 1987, p. 126.

态维度,一个参与者的任务因而是有意识地不断消除他们各自价值解释的意识形态维度;三是参与者要接受哲学价值讨论,把它视为一种调节性的想法,他们要认识到,所有人都是理性的存在,哲学价值讨论能够普遍化。如果具备了这些条件,一种成功的哲学价值讨论就可以进行,从而形成一个以人性概念为最高价值的讨论共同体,构建起价值交往的公共领域。这种从参与者个体出发而形成的价值讨论或者价值阐释的对话共同体,不同于哈贝马斯基于对称性关系而形成的理想的交往共同体。它既考虑了从属社会的历史语境,也考虑了日常个体的起源基础,同时涉及马克思试图改变从属社会的可能性。赫勒认为,这种哲学价值讨论是在从属社会中得以可能或者应该进行的价值讨论,这种讨论作为言语行为,不是赋予一个已有世界以规范,而是以人性的价值观念构建价值共识,形成新的规范,而这种新的规范要有一个新的世界。马克思说:"哲学家们只是用不同的方式解释世界,问题在于改变世界。"①赫勒的价值讨论沿着康德的哲学思想的转型,即从法国大革命之前赋予世界以规范的哲学到后来的"如何为规范创造一个世界",走向了马克思所谓的改变世界的可能性的交往理论。因而赫勒认为,马克思清楚地知道,"只有人们给这个规范以世界,才能够给这个世界以规范"②。也就是说,只有价值规范创造了世界,改变了世界,形成了新的世界,才能够很好地理解当下这个世界的价值规范。这赋予了价值讨论以实践的力量,使哲学成为改变世界的实践的一个组成部分。价值讨论也是一种改变世界的革命,可以称之为"话语革命"。这种基于哲学价值讨论的思想被赫勒名之为"激进哲学",与其提出的"激进阐释学"是相互联系的。

可以看到,与张江的阐释学类似,赫勒提出的价值交往理论也是价值达成共识的可能性理论,是意义阐释如何获得共识的公共阐释理论。但是这种共识达成是很有限度的,尤其在从属社会中,这种价值讨论很难发生,虽然也必须或者应该发生。赫勒以人类或者人性作为最高的实体,事实上也是预设了一种共同的价值理想,如果这样,那么中国传统的大同理想或者宗

---

① 《马克思恩格斯文集》第 1 卷,北京:人民出版社,2009 年,第 502 页。
② Agnes Heller, *A Radical Philosophy*, trans. by James Wickham, Oxford: Basil Blackwell, 1987, p. 126.

教意义的拯救概念都可以成为价值讨论的共识基础。倘若如此,价值解释或者讨论又有什么意义呢? 共识已经在那里,讨论又去达成共识,这同样陷入了赫勒批判哈贝马斯的循环怪圈之中。再者,赫勒设想的价值交往是摆脱个人利益和意识形态偏见的理想化交往,"从理想存在的人类角度打开理性交往的路径"①,即使其所设想的最高的价值观念是所谓西方现代的自由价值,也难以在解释中获得共识,她的价值交往犹如康德的审美交往一样纯粹非功利,不食人间烟火。倘若如此,她所设想的交往共同体不是虚幻的空中楼阁吗? 尽管如此,赫勒提出了比哈贝马斯更为审慎的交往共识的条件和可能性,卢卡奇和托马斯·曼的成功交往,体现了以相互理解为基础的共识形成。日常交往中的友谊、情爱在某种程度上可以进行相互理解的价值交往和意义阐释的共享。从这个意义上说,张江提出的公共阐释概念在理论上和实践上仍然是可能的。但是赫勒并不赞同具有普遍意义的交往,而是认为交往是基于有限参与者的交往,我们不妨称之为"有限度的公共阐释论"。这种阐释论事实上与张江的阐释学有异曲同工之妙:"阐释是开放的,但非无限离散;阐释是收敛的,但非唯一;阐释的有效性由公共理性的接受程度所决定,但非阐释的完成。阐释过程中的具体规则,约束阐释以合逻辑的形式展开。"②赫勒与费赫尔在20世纪70年代就看到了美学现代性阐释的有限规范性:"每一个趣味判断再现了某个趣味共同体,在此意义上被扩展成一个规范……在具体既定媒介的框架中,扩展成为规范的趣味判断的潜在组合是可以数清楚的,现有趣味共同体的数量也是能够进行计算的。"③

通过对赫勒的阐释学思想中的公共阐释思想的讨论,我们可以更为清楚地审视张江阐释学的理论价值与未来可能性,更为准确地辨识这两种阐释学的共同性与差异性。虽然两者都强调规范性建构,但是张江不论是讨论作者、文本、读者的关系,还是追溯中国阐释学的原初性概念范畴,他都更多地是进行阐释逻辑的规范性考察,而赫勒则侧重于现代性、主体历史意

---

① Agnes Heller, *A Theory of History*, London: Routeledge & Kegan Paul, 1982, p. 115.
② 张江,《阐释逻辑的正当意义》,《学术研究》,2019年第6期。
③ Ferenc Feher and Agnes Heller, "The Necessity and Irreformaility of Aesthetics," *The Philosophical Forum*, Vol. 7, No. 1, 1977, pp. 1–21.

识、存在条件的哲学反思,在现代性与后现代历史意识中推进共识价值规范的反思,因而在一定程度上两者具有互补性。只有在批判性互鉴的基础上,中国当代阐释学才能找到话语的合法性根据与阐释现实的可能性,才能构建具有多元共识的意义生产与接受机制。

历史与文化

朝向一个学术史观的建构
——以《四库全书总目·经部》为例[*]

夏长朴[**]

《四库全书总目》是《四库全书》的智慧结晶,不仅是刘歆《七略》开启图书分类以来,中国目录学著作的最高成就,同时也是代表乾隆时代学术观点的典范性作品。经由经、史、子、集四部总序、各类小序、编书凡例、著录及存目各书提要,再加上提要的按语等,共同构成了此书完整的学术论述,也具体落实了章学诚《校雠通义》所揭橥的"辨章学术,考镜源流"的理想。就此而言,透过探讨这部庞大目录书籍的编写与修订,应可深入了解乾隆君臣在"十全武功"之外,有意建构一个网罗众家、囊括古今的学术史观的明显企图。

本文之作,即以《四库全书总目》的重心——经部为例,尝试探讨乾隆君臣如何建构一个迥异于以往的学术观点。此一观点影响深远,不仅乾隆以下学界奉为圭臬,流风所及,至今依然为学界论述中国经学史时必然涉及的主要议题。

一、《四库全书总目·经部》"汉宋对峙"观念的提出

在《四库全书总目·经部总叙》中,开宗明义即逐一论述了先秦以下历代经学经过六次转变。[①] 最后,馆臣的总结是:

---

[*] 本文为作者 2019 年 5 月 31 日在高研院名家讲坛第 246 期的演讲,讲稿由作者提供,编辑时略有删减。
[**] 夏长朴,台湾大学特聘教授、中文系名誉教授,文学博士。在台大任教期间,曾兼任《台大文史哲学报》总编辑、《台大中文学报》主编、台大文学院副院长等职,研究领域为中国思想史、《史记》、四书、宋代学术思想、中国近三百年学术史、四库学等。曾于 2007 年来南京大学高研院担任访问学者。
[①] 所谓"六变",即《四库全书总目·经部总叙》所云:"自汉京以后,垂二千年,儒者沿波,学凡六变:其初专门授受,递禀师承,非惟诂训相传,莫敢同异,即篇章字句,亦恪守所闻,其学专写谨严,及其弊也拘。王弼、王肃稍持异议,流风所扇,或信或疑,越孔、贾、啖、赵,以及北宋孙复、刘敞等,各自论说,不相统摄,及其弊也杂。洛闽继起,道学大昌,摆落汉、唐,独研义理,凡经师旧说,俱摈斥以为不足信。其学务别是非,及其弊也悍(如王柏、吴澄攻驳经文,动辄删改之类)。学脉旁分,攀缘日众,驱除异己,务定一尊。自宋末以迄明初,其学见异不迁,及其弊也党(如《论语集注》误引咸夏瑚商琏之说,张存中(转下页)

> 要其归宿,则不过汉学、宋学两家,互为胜负。夫汉学具有根柢,讲学者以浅陋轻之,不足服汉儒也。宋学具有精微,读书者以空疏薄之,亦不足服宋儒也。消融门户之见,而各取所长,则私心祛而公理出,公理出而经义明矣。盖经者非他,即天下之公理而已。①

这是学术史上首次出现将"汉学""宋学"二者对举比较的论述,其学术意义至为重大。此前固然明代唐枢已有《宋学商求》之作,②至于"汉学"一词,则首见于惠栋的《易汉学》,但过去学界并无著述将二者并举的先例。四库馆臣荟萃众说首先将"汉学""宋学"对举,以二者各自代表不同的治学方法与观点,在经学领域内具体落实,用为比较的标准,建构起"汉宋对峙"的模式,借此解释中国经学史的发展与演变,这是《总目》的创举,由于这是官方正式编纂的著作,就此而言,其意义自然非同小可。以往学术界提及清代三百年学术发展时,多半以江藩《国朝汉学师承记》与方东树《汉学商兑》二书为清中期"汉宋之争"的导火线,此说固然有其依据,至今犹有学者力持此说。平心而论,清代学术史上正式将"汉学""宋学"置放一起,作为一组学术讨论对象的,恐怕还是得以《四库全书总目·经部》为最早,这是具体客观的历史事实,亦难以撼动。

"汉学""宋学"对举固然始自《四库全书总目·经部总叙》,但此一构想其实渊源有自,依然有其所本,并非四库馆臣自我作古。早在即位初期,乾隆皇帝即曾孤明先发,将"汉唐笺疏之说""宋儒之书"相提并论做详细的比较,并且严词要求翰詹科道诸臣治经时要重视宋学义理,不能偏执汉学考证一端。乾隆五年(1740)十月己酉发出的《训诸臣研精理学谕》中,乾隆即说:

(接上页)《四书通证》即阙此一条,以讳其误。又如王柏删《国风》三十二篇,许谦疑之,吴师道反以为非之类)。主持太过,势有所偏,才辨聪明,激而横决。自明正德、嘉靖以后,其学各抒己得,及其弊也肆(如王守仁之末派,皆以狂禅解经之类)。空谈臆断,考证必疏,于是博雅之儒引古义以抵其隙。国初诸家,其学征实不诬,及其弊也琐(如一字音训动辨数百言之类)。"见永瑢、纪昀等,《四库全书总目提要》,第一册,第53页,《经部总叙》,台湾商务影印武英殿刊本,1983年。

① 永瑢、纪昀等,《四库全书总目提要》,第一册,第53页,《经部总叙》。
② 周予同《中国经学史讲义》首先提出此点,他说:"'宋学'一词,初见于明代唐枢《宋学商求》(《木钟台全集·初集》,清咸丰六年唐氏书院刊本),唐氏'宋学'泛指宋朝文化,不专指经学。"见朱维铮编,《周予同中国经学史论著选集(增订本)》,上海:上海人民出版社,1997年,第942页,注37。

> 有宋周、程、张、朱子于天人性命大本大原之所在，与夫用功节目之详，得孔孟之心传，而于理欲、公私、义利之界，辨之至明。循之则为君子，悖之则为小人。为国家者，由之则治，失之则乱，实有裨于化民成俗、修己治人之要。所谓入圣之阶梯，求道之涂辙也。学者精察而力行之，则蕴之为德行，学皆实学；行之为事业，治皆实功。此宋儒之书所以有功后学，不可不讲明而切究之也。今之说经者，间或援引汉唐笺疏之说。夫典章制度，汉唐诸儒有所传述考据，固不可废；而经术之精微，必得宋儒参考而阐发之，然后圣人之微言大义，如揭日月而行也。惟是讲学之人有诚有伪，诚者不可多得，而伪者托于道德性命之说欺世盗名，渐启标榜门户之害。此朕所深知，亦朕所深恶。然不可以伪托者获罪于名教，遂置理学于不事，此何异于因噎而废食乎！①

他有感于奉命进讲的翰詹科道诸臣，在说经论史时，无不援引汉唐笺疏之说，罕有将宋儒性理诸书切实敷陈者，这与乾隆所学颇为扞格，令其难以忍受。此因乾隆自幼深受康熙所立程朱正学的熏陶，一心倡导能"探圣贤之精蕴，为致治宁人之本"有功于后学的宋学。② 未料及进讲的诸臣竟然仅关注于汉唐诸儒的笺疏之学，这自然使乾隆大失所望，为此特地下令群臣在讲究注疏考据时，必须同时注意能"化民成俗，修己治人"的宋儒实学，以免偏执一端。

此一上谕严峻至极，当时究竟发生了多少实质效应不得而知。但从上谕将汉唐诸儒经学与宋儒经学同时并列来观察比较，可以明确看出，日后《总目》标举的"汉宋对峙"观念，乾隆本人的思想在其中扮演了举足轻重的角色。其后随着《四库全书》的开馆修书，乾隆自身的经学思想虽已有所调整，由原本坚守宋儒之说，逐渐转变为推崇汉学，③但这种二元对峙的思维

---

① 《训诸臣研精理学谕》，中国第一历史档案馆编，《乾隆朝上谕档》，北京：档案出版社，1991年，第一册，1600条，第648页。又《清实录·高宗实录》，卷一二八，总第875页，乾隆五年十月己酉。
② 有关康熙宠爱培养其孙乾隆的详细讨论，请参看美国学者欧立德（Mark C. Elliott）的《皇帝亦凡人：乾隆·世界史中的满洲皇帝》（*Emperor Qianlong: Son of Heaven, Man of the World*），青石译，八旗文化，2015年，第一章《注定登基的皇子》。
③ 乾隆经学思想的发展与转向，对《总目》经学观的建立有决定性的影响。乾隆经学思想的转变除了个人内在因素之外，开馆纂修《四库全书》时，乾隆要求自《永乐大典》辑出的著作必须呈送御览，由他本人决定是否刊刻或收入《本书》，因此他几乎遍阅所有辑佚出来的宋人著作，《高宗诗文全集》中保存了（转下页）

并未改变。从《四库全书总目·经部总叙》的论述来看,"汉宋对峙"的观念此时已经深植四库馆臣心中,成为《四库全书总目》衡量学术的基本原则,充斥于《总目》各处,其影响之大,可以想见。

二、"汉宋对峙"观念的具体呈现

《四库全书总目》卷首三收有"凡例"二十则,具体扼要地阐明了编辑《四库全书》的目的与收书原则,这是《四库全书》的编辑总纲,其重要性不言可喻。"凡例"除了说明"今于所列诸书,各撰为提要,分之则散弁诸编,合之则共为总目"之外,①还强调:

> 四部之首,各冠以总序,撮述其源流正变,以挈纲领。四十三类之首,亦各冠以小序,详述其分并改隶,以析条目。如其义有未尽,例有未该,则或于子目之末,或于本条之下,附注案语,以明通变之由。②

此处所谓四部《总序》"撮述其源流正变,以挈纲领",即是建立纲领,论述历代学术发展变化;四十三类小序"详述其分并改隶,以析条目",即是透过各类条目的分合立废,在条理分明的前提下,彰显各类学术的同异差别。前者是"考镜源流",后者则是"辨章学术",二者合并观察,正合乎章学诚所谓校雠学的宗旨在"辨章学术,考镜源流"要项,③亦即刘歆《七略》以下,历代目录学家念兹在兹极力追求的最高鹄的,④这个目标在乾隆君臣汲汲不已的努力下,终于借《四库全书总目》的编纂具体呈现出来。

虽说《经部总叙》在"经者天下之公理"的大原则下,标榜全书编辑要"消融门户之见"。但从"凡例"及各书提要(含存目提要)的论述来看,馆臣在乾

（接上页）七十余首诗文,全系针对宋人著作而作,这些著作对他思想的转变影响极大,是导致他思想改变的外在因素,也确立了他本人"汉宋对峙"的观点。笔者另有专文讨论此一问题,见夏长朴,《乾隆皇帝的经学思想及其发展——兼论与〈四库全书总目〉编纂的关系》,《经学文献研究集刊》,第19辑,第140—175页,2018年8月。
① 永瑢、纪昀等,《四库全书总目提要》,第一册,第36页,"凡例"。
② 永瑢、纪昀等,《四库全书总目提要》,第一册,第37页,"凡例"。
③ 章学诚所说的"校雠学",即是刘向以来历代所谓的目录学。
④ 余嘉锡曾明言目录学的意义,在"要以能叙学术源流者为正宗,昔人论之甚详"。见余氏《目录学发微》,北京:中华书局,2007年,第7页。

隆的指示下,历经二十余年的不懈努力,所编辑出来的成果《四库全书总目》却是一部不折不扣的"崇汉抑宋"的大书,这是乾嘉以来学界的共识,没有太多的争议。不仅如此,隐藏在"崇汉抑宋"的种种论述中,其实字里行间透露一个讯息:南宋以下的主流学术虽为"道学",但号称上接孔孟道统,浸淫人心达数百年之久的这种学术,其内涵却是虚幻不实,缺乏理据,禁不起实际验证的空虚之学。欲振衰起敝以挽救宋学流弊的唯一办法,即是改弦更张,采用无征不信的治学态度,将经学建立在重视实证的基础上,从而探求其中蕴含的圣人义理。这也使得扬弃风行数百年的宋儒道学,重新恢复汉唐诸儒的治经方式,取得理论上的依据。因此"凡例"中开宗明义即说:

> 刘勰有言:"意翻空而易奇,词征实而难巧。"儒者说经论史,其理亦然。故说经主于明义理,然不得其文字之训诂,则义理何自而推?论史主于示褒贬,然不得其事迹之本末,则褒贬何据而定?……今所录者,率以考证精核、论辨明确为主,庶几可谢彼虚谈,敦兹实学。①

馆臣强调"今所录者,率以考证精核、论辨明确为主",这样即可用实学取代宋学的虚谈。清代学者力主"由文字、声音、训诂而得义理之真"②,《总目》所谓"不得其文字之训诂,则义理何自而推?"正是呼应此一治学基本信念。此处将汉学训诂、宋学义理相提并论,借以凸显"汉宋对峙"观点的用心,昭然若揭,不待赘言。

另一则"凡例"则说:

> 圣贤之学,主于明体以达用,凡不可见诸实事者,皆属卮言。儒生著书,务为高论,阴阳太极,累牍连篇,斯已不切人事矣。至于论九河,则欲修禹迹;考六典,则欲复周官,封建井田。动称三代,而不揆时势之不可行。……凡斯之类,并辟其异说,黜彼空言,庶读者知致远经方,务

---

① 永瑢、纪昀等,《四库全书总目提要》,第一册,第37页,"凡例"。
② 钱大昕,《臧玉林〈经义杂识〉序》《潜研堂文集》,上海:上海古籍出版社,1989年,卷24,第390—391页。这种观念是乾嘉时代汉学家的共识。

求为有用之学。①

此处力主弃虚务实,以回归儒学重视实用的基本信念。馆臣提出以实践为检验是否切合应用的标准,主张"凡不可见诸实事者,皆属卮言",这是衡量学术虚实问题的又一准则。以此为准,道学诸儒热衷讨论的阴阳太极等纯属空言,与实际人事丝毫无关,自然不能满足"圣贤之学,主于明体以达用"的基本要求。以汉学取代宋学,因之成为不可遏抑的趋势,从而取得名正言顺的发展机会。

透过上述"以实代虚"的要求,《四库》馆臣揭橥了"以考证精核、论辨明确为主"的筛选标准。以此标准衡量,汉学著作的问题不大,较易获得青睐,收入《四库全书》;相较之下,不合于这个基本要求的宋学著作,多半无缘收进《四库全书》。如此一来,除了"濂洛关闽之道学"代表性著作因"定论久孚"②,足以跟"马班之史,李杜之诗,韩柳欧苏之文章"并列,得以收入《四库全书》,绝大多数宋学家著作均遭筛除,少数则勉强能列入"存目"类,这种情形以南宋以下及明中叶以后著作为最多。馆臣借着这种"崇实弃虚"的方式排除了宋学著作,大量引进汉学著作,以达到"抑宋扬汉"的目的,同时也树立起经学"汉宋对峙"的历史发展模式,为建构新的学术史观奠定了坚实的基础。

此一借"抑宋扬汉"方式宣扬"汉宋对峙"史观的做法不仅见于"凡例",也出现在各经"小序"的内容中,以下就以《经部·诗类小序》为例,略做说明:

> 《诗》有四家,毛氏独传。唐以前无异论,宋以后则众说争矣。然攻汉学者,意不尽在于经义,务胜汉儒而已。伸汉学者,意亦不尽在于经义,愤宋儒之诋汉儒而已。各挟一不相下之心,而又济以不平之气,激而过当,亦其势然欤?……至于鸟兽草木之名,训诂声音之学,皆事须考证,非可空谈。今所采辑,则尊汉学者居多焉。③

---

① 永瑢、纪昀等,《四库全书总目提要》,第一册,第38页,"凡例"。
② 永瑢、纪昀等,《四库全书总目提要》,第一册,第39页,"凡例"。
③ 永瑢、纪昀等,《四库全书总目提要》,卷15,第一册,第320页。

此处以唐宋之际为说《诗》方式转换的关键,唐以前毛《诗》一枝独传,尚无争议。入宋以后,尤其是南宋时期,尊《序》与废《序》立场分明,门户有别,也各有拥众,二者相持不下,旷日持久,学风因之一变,转而成为汉唐注疏之学与宋儒摆落注疏径研义理孰擅胜场的争执。由于朱熹之学"致广大,尽精微",有"综罗百代"之气势,①所编《伊洛渊源录》自立宗旨,尽斥非我同道,建立起与周张二程一脉相传的道学传承,在其强大影响力之下,宋学因而独领风骚达数百年之久,完全取代了汉唐以来的笃实学风。② 究其所以然,重点不在攻汉学、伸汉学二者说经孰是孰非,两派意气之争的成分可能更大。《经部·诗类小序》出自纪昀本人之手,他也颇以此自豪,③上述观察是否合理,下节将进行较深入的讨论。但纪昀身为《四库全书》的总纂,《总目》的编纂修订与其息息相关,此一以攻汉学者、伸汉学者对举的方式应出自他一人之手,④其后逐渐发展成概括全书的"汉宋对峙"观点,可谓其来有自,影响深远。

　　"凡例""小序"之外,各书提要强调"崇汉贬宋",借此凸显"汉宋对峙"观点的,更是所在多有,指不胜屈,以下也略举数例,简要说明,如,王应麟《困

---

① 全祖望,《宋元学案·晦翁学案叙录》,《黄宗羲全集·册四》,杭州:浙江古籍出版社,1999年,第816页。
② 《伊洛渊源录》在四库馆臣的论述中,始终是道学门派与门户之见的始作俑者,如《伊洛渊源录》提要即云:"盖宋人谈道学宗派自此书始,而宋人分道学门户亦自此书始。"(《四库全书总目提要》,卷57,第二册,第280页)此类意见极多,最具代表性的则是万斯同《儒林宗派》的提要,馆臣云:"自《伊洛渊源录》出,《宋史》遂以《道学》《儒林》分为二传。非惟文章之士、记诵之才,不得列于儒,即自汉以来,传先圣之遗经者,亦几几乎不得列于儒。讲学者递相标榜,务自尊大,明以来谈道统者,扬己凌人,互相排轧,卒酿门户之祸,流毒无穷。"(《四库全书总目提要》,卷58,第二册,第299页)其意即指摘《宋史》编撰者上承《伊洛渊源录》一脉,将《道学传》《儒林传》一分为二,用意即在建立宋学宗派,独据学术正统,将文章之士、汉以下传经之儒,全都屏斥于儒门之外。汉学、宋学之对峙,即发端于宋儒之排斥汉唐注疏之学。
③ 纪昀颇以己撰《经部·诗类小序》自豪,其著作中曾再三提及,如《周易义象合纂序》云:"余向纂《四库全书》,作经部诗类小序有曰:'攻汉学者,意不尽在于经义,务胜汉儒而已;伸汉学者,意亦不尽在于经义,愤宋儒之诬汉儒而已。'"《纪晓岚文集》,石家庄:河北教育出版社,1995年,第一册,卷8,第154—155页。如《诗序补义序》云:"余作《诗类总序》有曰:'攻汉学者,意不尽在于经义,务胜汉儒而已;伸汉学者,意亦不尽在于经义,愤宋儒之诬汉儒而已。各挟一不相下之心,而又济以不平之气,激而过当,亦其势然欤!'"《文集》卷8,第156—157页。
④ 阮元《纪文达公遗集序》云:"盖公之学在于辨汉、宋儒术之是非,析诗文流派之正伪,主持风会,非公不能。"《揅经室集·三集》,北京:中华书局,1993年,卷5,第678—679页。纪昀本人亦颇以此自许。流风所及,近代学者甚至有将《四库全书总目》著作权归属于纪昀者。在广泛参阅《纂修四库全书档案》《清实录·高宗实录》《清高宗诗文全集》及其他相关史料之后,笔者认为,真正掌控《四库全书总目》编纂大权,确定学术宗旨、编辑方针,支踪指示总裁、总纂等馆臣进行编纂工作的,正是集天下权力于一身的乾隆皇帝本人。纪昀对《四库全书》及《总目》竭尽全力,始终如一,此书之所以能编成,纪昀扮演了最重要的角色,厥功甚伟。虽说如此,在乾隆笼罩一切的绝对权力下,身为馆臣的纪昀所做的工作,只能说是忠实且彻底地执行乾隆的意旨,具体落实皇帝的学术观点,自不可能展现个人独立意志,甚至违逆乾隆的心意。就此而言,纪昀最恰当的定位应是乾隆皇帝意旨的执行者(CEO)。

学纪闻》提要云：

> 应麟博洽多闻，在宋代罕其伦比。虽渊源亦出朱子，然书中辨正朱子语误数条……皆考证是非，不相阿附，不肯如元胡炳文诸人坚守门户，亦不至如国朝毛奇龄诸人肆相攻击。盖学问既深，意气自平，能知汉唐诸儒本本原原，具有根柢，未可妄诋以空言。又能知洛闽诸儒亦非全无心得，未可概视为弇陋，故能兼收并取，绝无党同伐异之私。所考率切实可据，良有由也。①

此处以汉唐诸儒与洛闽诸儒对举，不仅肯定王应麟学识渊博，在宋代罕其伦比。更强调王氏虽有宋学根柢，但学风走向却以考证是非为主，笃实谨严，兼具汉、宋学二家之长，而无二者学术之弊。

又如，毛奇龄《孝经问》提要云：

> 汉儒说经以师传，师所不言，则一字不敢更。宋儒说经以理断，理有可据，则《六经》亦可改。然守师传者，其弊不过失之拘，凭理断者，其弊或至于横决而不可制。王柏诸人点窜《尚书》，删削二《南》，悍然欲出孔子上，其所由来者渐矣。奇龄此书负气叫嚣，诚不免失之过当，而意主谨守旧文，不欲启变乱古经之习，其持论则不能谓之不正也。②

此处分别说明了汉儒、宋儒说经的特色与缺点。二者相较，汉儒之失在谨守师传，过于保守拘谨；而宋儒说经以理判断，虽有可取之处，但其弊则横决而不可收，甚至连《六经》亦可更动。宋儒变乱古经至此，已经失去说经本义，远离圣人借以立教的原意，孰是孰非，其意不言可喻。

再如，朱泰贞《礼记意评》提要云：

> 汉儒说礼考礼之制，宋儒说礼明礼之义，而亦未敢尽略其制。盖名

---

① 永瑢、纪昀等，《四库全书总目提要》，卷118，第三册，第578页。
② 永瑢、纪昀等，《四库全书总目提要》，卷32，第一册，第653页。

物度数,不可以空谈测也。①

此处就说《礼》比较汉学、宋学之差异。四库馆臣曾指出《三礼》之中,《周官》《仪礼》皆言礼制,《礼记》则兼言礼意。② 由于礼制全为名物、度数之学,不可以空言骋辩,所以宋儒多避之不讲。③ 二者相较,在解说《三礼》上,汉学自然优于宋学。所以有此判定,原因在于"汉代诸儒,去古未远,其所训释,大抵有所根据,不同于以意揣求。宋儒义理虽精,而博考详稽,终不逮注疏家专门之学。"④汉学笃实,宋学空疏的判断极为明确。

除了上述所举之外,浏览《四库全书总目》时,汉学、宋学二者对举互做比较的文字比比皆是,普遍见于提要之中,如"光坡此书,不及汉学之博奥,亦不至如宋学之蔓衍"⑤、"其持论酌于汉学、宋学之间,与朱子颇有异同"⑥、"汉学之有孟、京,亦犹宋学之有陈、邵,均所谓'易外别传'也"⑦、"盖于汉学、宋学之间,能斟酌以得其平"⑧、"未考汉学、宋学各有源流"⑨、"盖汉学但有传经之支派,各守师说而已。宋学既争门户,则不得不百计以求胜,亦势之不得不然者欤"⑩、"其诠释义理而不废考订训诂,斟酌于汉学、宋学之间"⑪等等。

汉学、宋学对举是常例,亦有以汉儒、宋儒对举者,除前举毛奇龄《孝经问》提要、朱泰贞《礼记意评》提要外,他如:"所列卦图,皆以一卦变六十四卦,与焦延寿《易林》同。然其宗旨则宋儒之《易》,非汉儒之《易》也。"⑫"视

---

① 永瑢、纪昀等,《四库全书总目提要》,卷24,第一册,第492页。
② 《钦定礼记义疏》提要,永瑢、纪昀等,《四库全书总目提要》,卷21,第一册,第444页。
③ 《钦定仪礼义疏》提要,永瑢、纪昀等,《四库全书总目提要》,卷20,第一册,第418页。
④ 陆陇其《读礼志疑》提要,永瑢、纪昀等,《四库全书总目提要》,卷22,第一册,第453页。
⑤ 李光坡《周礼述注》提要,永瑢、纪昀等,《四库全书总目提要》,卷19,第一册,第403页。
⑥ 胡煦《周易函书约存》提要,永瑢、纪昀等,《四库全书总目提要》,卷6,第一册,第145页。
⑦ 惠栋《易汉学》提要,永瑢、纪昀等,《四库全书总目提要》,卷6,第一册,第151页。
⑧ 顾镇《虞东学诗》提要,永瑢、纪昀等,《四库全书总目提要》,卷16,第一册,第359页。
⑨ 王步青《四书本义汇参》提要,永瑢、纪昀等,《四库全书总目提要》,卷37,第一册,第771页。
⑩ 张烈《孜堂文集》提要,永瑢、纪昀等,《四库全书总目提要》,卷183,第四册,第895页。
⑪ 朱鹤龄《尚书埤传》提要,永瑢、纪昀等,《四库全书总目提要》,卷12,第一册,第284页。
⑫ 韩邦奇《易学启蒙意见》提要,永瑢、纪昀等,《四库全书总目提要》,卷5,第一册,第116页。按:本段文字文溯、文津本书前提要原作:"焦延寿《易林》同,盖纯为象数之学。邦奇于天文、地理、乐律、术数、兵法无不通究,所撰《志乐》尤为世所称。是书虽多自出新意,而推阐详尽,确有所得,亦可为说《易》家备一解焉。"《总目》所录,则已改为上述"焦延寿《易林》同,然其宗旨则宋儒之《易》,非汉儒之《易》也"。

汉儒议礼附会纬书,宋儒议礼纷更错简,强不知以为知者,尤迥乎殊焉。"①
"宋儒事事排汉儒,独《三礼》注疏不敢轻诋,知《礼》不可以空言说也。"②"宋代诸儒,惟朱子穷究典籍,其余研求经义者,大抵断之以理,不甚观书,故其时博学之徒,多从而探索旧文,网罗遗佚,举古义以补其阙。于是汉儒考证之学,遂散见杂家笔记之内,宋洪迈、王应麟诸人,明杨慎、焦竑诸人,国朝顾炎武、阎若璩诸人,其尤著者也。"③于此二者之外,馆臣有时也借用《宋史》分《道学传》《儒林传》的方式,以"道学""儒林"来区隔宋儒、汉儒,如:"道学之讥儒林也,曰'不闻道',儒林之讥道学也,曰'不稽古',断断相持,至今未已。夫儒者穷研经义,始可断理之是非,亦必博览史书,始可明事之得失,故云博学反约,不云未博而先约。"④

上述这种二者对举现象并非少数一二孤例,类此作法尚有许多,也具体呈现在各种提要中。四库馆臣将"汉宋对峙"视为论述学术的基本原则,此种观念影响至深,至今未已,依然散见于许多学术著作之中。

三、"汉宋对峙"观念源自对《诗序》的尊与废

"汉宋对峙"观念既是《四库全书总目》的核心宗旨,除了乾隆谕旨之外,此一观念是否可能有更早的来源呢?据上述《经部·诗类小序》所云,之所以会有汉学与宋学的对立,最早的肇始应来自宋儒自身的门户之见,南宋以下门户之见根深蒂固绵延长久,持续发展到清代,余波所及就导致了汉学与宋学的明显对立。所谓"振叶以寻根,观澜而索源"⑤,穷源溯本,纪昀指明主要原因是宋儒对《诗序》的尊信与废置,其中朱熹与吕祖谦因意气而争的成分极大。⑥ 在此认知下,配合经部《诗类小序》的观点,《诗》类

---

① 高宗敕撰《钦定满洲祭神祭天典礼》提要,永瑢、纪昀等,《四库全书总目提要》,卷82,第三册,第708页。
② 刘青芝《周礼质疑》提要,永瑢、纪昀等,《四库全书总目提要》,卷23,第一册,第476页。
③ 郑方坤《经稗》提要,永瑢、纪昀等,《四库全书总目提要》,卷33,第一册,第679页。
④ 吕祖谦门人《丽泽论说集录》提要,永瑢、纪昀等,《四库全书总目提要》,卷92,第三册,第34页。
⑤ 刘勰撰、范文澜注,《文心雕龙·序志》,香港:商务印书馆香港分馆,1986年,卷10,第726页。
⑥ 《经部·诗类小序》云:"《诗序》……去古未远,必有所受,意其真赝相半,亦近似《公羊》,全信全疑均为偏见。今参稽众说,务协其平,苟不至如程大昌之妄改旧文,王柏之横删圣籍者,论有可采,并录存之,以消融数百年之门户。"(《四库全书总目提要》,卷15,第一册,第320页)若与前述"《诗》有四家,毛氏独传。唐以前无异论,宋以后则众说争矣。然攻汉学者,意不尽在于经义,务胜宋儒而已。伸汉学者,意亦不尽在于经义,愤宋儒之诋汉儒而已。各挟一不相下之心,而又济以不平之气,激而过当,亦其势然欤"合并而观,即可得知汉学、宋学之所以对立,形成门户,导致互不相让之局面,馆臣认定主因来自尊《序》、废《序》双方学者的门户意气之争。

起首的《诗序》与《毛诗正义》二书提要洋洋洒洒多达数千字的论述,内容完全集中在分析讨论《毛诗序》的作者问题,甚至强调此一问题为元明以下越数百年说经之家的第一争讼问题,①尊《序》废《序》的重要性于此可见。

唐代以前,汉三家《诗》中,齐《诗》、鲁《诗》二家先亡,韩《诗》亦在若亡若存之间,②此时毛《诗》独存于世,虽偶有争议,并无诋排情事。宋室南渡以后,开始出现质疑《诗序》作者,甚至有弃《序》言《诗》的激烈作法,黄震《黄氏日抄》即说:

> 南渡后,……雪山王公质、夹漈郑公樵,始皆去《序》而言《诗》,与诸家不同。晦庵先生因郑公之说尽去美刺,探求古始,其说颇惊俗,虽东莱先生不能无疑焉。③

可见首开排斥《诗序》之端的是南宋初的郑樵与王质,④但真正造成巨大影响,导致日后汉学、宋学分立,互相争执不休的关键人物则是宋代大儒朱熹与其好友吕祖谦。吕祖谦《吕氏家塾读诗记》提要云:

> 朱子与祖谦交最契,其初论《诗》亦最合,此书中所谓"朱氏"者,即所采朱子说也。后朱子改从郑樵之论,自变前说,而祖谦仍坚守毛、郑。故祖谦没后,朱子作是书《序》称,"少时浅陋之说,伯恭父误有取焉。既久,自知其说有未安,或不免有所更定。伯恭父反不能不置疑于其间,熹窃惑之。方将相与反复其说,以求真是之归,而伯恭父已下世"云云。

---

① 毛亨《诗序》提要,永瑢、纪昀等,《四库全书总目提要》,卷15,第一册,第321页。
② 《隋书·经籍志》云:"汉初,有鲁人申公,受《诗》于浮丘伯,作训诂,是为《鲁诗》。齐人辕固生亦传《诗》,是为《齐诗》。燕人韩婴亦传《诗》,是为《韩诗》。……汉初又有赵人毛苌善《诗》,自云子夏所传,作《诂训传》,是为'《毛诗》古学'。……《序》子夏所创,毛公及(卫)敬仲又加润益。郑众、贾逵、马融并作《毛诗传》,郑玄作《毛诗笺》。《齐诗》,魏代已亡;《鲁诗》亡于西晋;《韩诗》虽存,无传之者,唯毛《诗》郑《笺》至今独立。"见魏徵等,《隋书》,台北:史学出版社,1974年影印北京中华书局点校本,卷27,第918页。
③ 黄震,《黄氏日抄》,台北:大化书局,1984年影印日本立命馆大学图书馆藏乾隆三十三年刊本,卷4,总第26页,《读〈毛诗〉》。
④ 其后,四库馆臣即将郑樵说《诗》而废《序》与孙复说《春秋》而废三《传》相提并论,强调二人的解经方式是深文巧诋,其用意无非在"务排汉学"。参见孙毂《古微书》提要,永瑢、纪昀等,《四库全书总目提要》,卷33,第一册,第685页。

盖虽应其弟祖约之请，而夙见深有不平。迄今两说相持，嗜吕氏书者终不绝也。①

又朱熹《诗集传》提要亦云：

朱子……注《诗》亦两易稿，凡吕祖谦《读诗记》所称"朱氏"者，皆其初稿，其说全宗《小序》，后乃改从郑樵之说（原案：朱子攻《序》用郑樵说，见于《语录》，朱升以为欧阳修之说，殆误也）是为今本。卷首《自序》作于淳熙四年，中无一语斥《小序》，盖犹初稿，《序》末称"时方辑《诗传》"，是其证也。②

综合上述二则提要的内容，可以得知馆臣认为朱、吕二人说《诗》原本皆信《诗序》，著作中亦互引对方说法。其后朱熹态度丕变，放弃旧说改从郑樵之说，摒除《诗序》而直接解《诗》；而吕祖谦则坚守原说仍尊《诗序》，保持原本立场不为所动。这种改变导致了二人之间关系的紧张，其中关键在于彼此坚持己见，互不相让，因而形成意气之争的成分极大。③ 朱、吕皆为南宋大儒，二人各有极多拥护者，双方坚持己说，互相讥评，各不相让，因而造成"自是以后，说《诗》者遂分攻《序》、宗《序》两家，角力相争，而终不能以偏废"④，"讲学诸家尊《集传》而抑《小序》，博古诸家又申《小序》而疑《集传》，

---

① 永瑢、纪昀等，《四库全书总目提要》，卷15，第一册，第331页。
② 永瑢、纪昀等，《四库全书总目提要》，卷15，第一册，第329页。
③ 馆臣即说："杨慎《丹铅录》谓文公因吕成公太尊《小序》，遂尽变其说。虽意度之词，或亦不无所因欤？"语虽保留，其实意思已十分清楚。见《诗集传》提要，永瑢、纪昀等，《四库全书总目提要》，卷15，第一册，第329页。但在《钦定诗经传说汇纂》提要中，馆臣则径云："盖《集传》废《序》成于吕祖谦之相激，非朱子之初心，故其间负气求胜之处在所不免。原能如《四书集注》句铢寸两，竭终身之力，研辨至精。"见永瑢、纪昀等，《四库全书总目提要》，卷16，第一册，第329页。《四库简明目录·诗集传提要》，亦持同一论调："其初稿亦用《小序》，后与吕祖谦相争，遂改从郑樵废《小序》，而《集传》未及追改，如《丰年》篇之类者。"永瑢、纪昀等，《钦定四库全书简明目录》，台北：台湾商务印书馆，1983年影印文渊阁原钞本，第31页。但余嘉锡则极不同意馆臣的此一判断，其《四库提要辨证》引成蓉镜《驷思堂答问》说法之后，即具体指出成氏反驳馆臣此说所引各书资料，作提要者其实皆尝亲目过目。见之而视若无睹，不加更正，盖已成见在心故也。因此余氏云："朱子所以废《诗序》之故，提要非不知也。知之而仍信《丹铅录》之臆说者，因纪文达诸人不喜宋儒。读杨慎之书，见其与己之意见相合，深喜其道之不孤，故遂助之张目，而不暇平情以核其是非也。"若如余说，则馆臣强调朱、吕意气相争，其实是刻意为之，非偶然之误。余说见《四库提要辨证》，香港：中华书局香港分局，1974年版，第36页。
④ 朱熹《诗集传》提要，永瑢、纪昀等，《四库全书总目提要》，卷15，第一册，第329页。

构衅者四五百年,迄无定论"①。讲学、博古二派缠斗交哄的结果是:"朱子从郑樵之说,不过攻《小序》耳。至于《诗》中训诂,用毛、郑者居多。后儒不考古书,不知《小序》自《小序》,《传》《笺》自《传》《笺》,哄然佐斗,遂并毛、郑而弃之。"②

由于宗《诗序》的毛《传》郑《笺》是汉唐《诗经》学主流,亦为汉学的正宗;相较于此,朱熹的《诗集传》为宋学的代表性著作,解《诗》则摆落汉唐旧说,尽弃《诗序》,导致《诗集传》与毛《传》郑《笺》之争大作。所谓"自北宋以前,说《诗》者无异学。……绍兴、绍熙之间,左右配剑,相笑不休。迄宋末年,乃古义黜而新学立"③。壁垒分明的尊《诗序》与废《诗序》二派,在激烈争执角逐下,影响逐步扩及整个经学,转而成为重考证的汉唐古义与重义理的宋代新学对立的局面,彼此学风虽异却各擅胜场,从此分道扬镳达数百年之久。④

南宋以下,道学独尊成为显学,《诗集传》因而一枝独秀,成了学子必习、科举必考的主流⑤;相较于此,毛《传》郑《笺》则湮没不彰,乏人问津。此一局面延续到清初,在顾炎武等大儒倡导下,⑥风气才有所转变,汉学开始力争上游,贞下起元,逐步崛起,走向足以与宋学比肩并立的局面。

乾隆下谕编纂《四库全书》时,汉学日盛,戴震、钱大昕等大师辈出,在学界的影响力极为明显,不仅早与宋学分庭抗礼,互较短长,甚至凌驾其上,已经形成取而代之的趋势。四库开馆修书之后,馆臣也就顺着这个趋势,建构起"汉宋对峙"观念,用以阐述历代经学发展。究其渊源所自,与南宋尊、废《诗序》的争执,有着密不可分的关系。就此而言,馆臣在《四库

---

① 顾镇《虞东学诗》提要,永瑢、纪昀等,《四库全书总目提要》,卷16,第一册,第359页。
② 毛亨传、郑玄笺、孔颖达疏《毛诗正义》提要,永瑢、纪昀等,《四库全书总目提要》,卷15,第一册,第322页。
③ 胡广等《诗经大全》提要,永瑢、纪昀等,《四库全书总目提要》,卷16,第一册,第342页。
④ 辅广《诗童子问》提要即云:"盖义理之学与考证之学分途久矣。广作是书,意自有在,固不以引经据古为长也。"见永瑢、纪昀等,《四库全书总目提要》,卷15,第一册,第334页。
⑤ 元仁宗皇庆二年十一月诏书云:"经义一道,各治一经,《诗》以朱氏为主,《尚书》以蔡氏为主,《周易》以程氏、朱氏为主,已上三经,兼用古注疏。"虽云兼用古注疏,其实独尊宋儒经注,下至明代,依然沿而未改,见宋濂等撰,《元史·选举一》,台北:鼎文书局,1976年影印北京中华书局点校本,卷81,第2018页。
⑥ 顾炎武揭橥"博学于文,行己有耻"大纛,猛烈攻击晚明学风,其治学方法强调贵创、博证、致用,对清儒影响至深,开启了此下汉学复兴的重大契机。参看梁启超《清代学术概论》,台北:台湾商务印书馆,1985年版,第16—23页。

全书·经部总序》中的观察堪称合理,并非自我作古,乾嘉时期的经学发展现象,就是具体的左证。

四、结语

《四库全书总目》的编纂固然伴随《四库全书》而起,但这部目录性质的大书在馆臣的经营之下,其作用已不仅限于方便阅览《四库全书》,事实上已发展成代表官方学术立场的一部专著。从乾隆三十七年(1772)十一月朱筠上奏建议校核《永乐大典》并仿刘向、曾巩前例,每进一书必"校其得失,撮举大旨,叙于本书首卷"起,①撰写每书提要并汇编为《总目》即成为《四库全书》的主要构成部分之一。② 此书上承刘向《别录》、刘歆《七略》"剖析条流,斟酌今古,辨章学术,高挹群言"的观点③,充分展现了乾隆时代的经学思想,其所揭櫫的"汉宋对峙"观点,对当时与后世学术的影响既深且远,已是学界有目共睹的事实。

"汉宋对峙"观念贯穿《四库全书总目》全书,不仅限于此处所举的经部而已,其实整部书无不如此。馆臣讨论历代学术的发展,比较或说明其特色时,也经常以此为衡量的标准。必须特别指出的是,不论是"崇汉抑宋"或由其深化发展而成的"汉宋对峙"观念,都不是从编纂《四库全书》开始时即已事先设定。此因负责撰写分纂稿的馆臣学术背景各异,汉、宋学者皆厕身其中,④他们所撰写成的提要稿原本未必与汉宋有关,其内容之驳杂不齐各有所见也可以觇知。但是提要经过各阶段的修改与核定,在删繁就简去芜存菁的考虑下,将原本繁杂的观点逐步聚焦在汉宋之学上。就上述所举的各例及相关的讨论可以看出,以《总目》为代表所呈现的"崇

---

① 《安徽学政朱筠奏陈购访遗书及校核〈永乐大典〉意见折》(乾隆三十七年十一月二十五日,宫中朱批奏折),中国第一历史档案馆编,《纂修四库全书档案》,第20页。
② 《办理四库全书处奏遵旨酌议排纂四库全书应行事宜折》(乾隆三十八年闰三月十一日,录自《办理四库全书档案》),中国第一历史档案馆编,《纂修四库全书档案》,第74页。
③ 余嘉锡,《四库提要辨证·序录》,见《四库提要辨证》,香港:中华书局香港分局,1974年,第52页。
④ 漆永祥曾说:"从开馆到第一部书成,历任馆职者多达三百六十人。但据张之洞《国朝著述家姓名略》,这些馆臣中起主要作用的著述家约二十一人,即彭元瑞、庄存与、谢墉、朱筠、纪昀、陆锡熊、李潢、任大椿、邵晋涵、周永年、戴震、姚鼐、翁方纲、朱筠(案:当作'珪')、王太岳、陈继新、金榜、曾燠、洪梧、赵怀玉和王念孙,他们中的绝大多数为举世熟知的考据学家。可以说,四库馆实际上已成为考据学在北京的大本营。"此一判断并不尽然,除了考据学者之外,馆臣中庄存与、程晋芳、翁方纲、姚鼐等皆以宋学见重当时,足见当时馆中并未完全排斥宋学。漆永祥,《乾嘉考据学研究》,北京:中国社会科学出版社,1998年,第65页。

汉抑宋""汉宋对峙"思想,都是在编纂《总目》的漫长过程中,透过提要的修订、增删甚至抽换,一步一步强化而逐渐形成的。① 在编修过程中,乾隆本人思想的主导与纪昀、陆锡熊等总纂官的实际操作,必然发挥了关键性的作用,这是论述此一观念时绝不能忽略不顾的关键。②

---

① 江庆柏,《四库全书荟要总目提要·概述》即云:"以《总目》为代表的对汉学的过度颂扬,及对宋学的相应贬抑,不是四库馆臣一贯的思想,而是逐步强化起来的。所谓《总目》尊汉排宋的门户之见,也不是一开始就形成的,而且也不代表所有四库馆臣的思想和意志。只是掌握了提要最后定稿权的总纂官纪昀,在《总目》中任意发挥,遂使与其观念相左的文字,在《总目》中难以觅见了。"《四库全书荟要总目提要》,第68页。
② 有关乾隆如何指导调整《四库总目》的核心观念,则请参看前述拙著,《乾隆皇帝的经学思想及其发展——兼论与〈四库全书总目〉编纂的关系》,《经学文献研究集刊》,第19辑,第140—175页,2018年8月。

天可汗的光与影
——费子智、谷川道雄撰唐太宗传记两种之研究[*]

童　岭^{**}

唐代是古代中国对世界最有吸引力的朝代之一。上个世纪以来,欧美及日本涌现了为数不少的、关于唐太宗李世民的人物传记。而国内学界对于这些海外唐太宗人物传记作品的翻译或研究,或限于语言障碍,或限于文献获取,迄今进展不大,甚为可惜。

本文选取国内尚未介译过的、20 世纪 30 及 60 年代,费子智(1902—1992, C. P. Fitzgerald)的《天之子:唐朝的奠基者李世民专记》(*Son of Heaven: A Biography of Li Shih-Min, Founder of the T'ang Dynasty*)及谷川道雄(1925—2013)的《唐の太宗》这两种英文、日文的人物传记,通过分析他们的传记描写结构、手法,特别是选取具体事件的叙述方式,来探求欧美及日本对唐帝国鼎盛期的缔造者——"天可汗"唐太宗的描写、构造、想象的异同之处,以及他们写作思想之时代烙印、学术背景及相关深层次理路。

一、异域之眼中的唐太宗

自义宁二年(618)五月李渊接受隋恭帝禅让,至天祐四年(907)四月朱温迫使李柷退位建立后梁,这将近 300 年间,是中国古代最璀璨的朝代——唐。

唐朝、唐代、大唐帝国,这些不同的称呼所代表的时代,或者说上溯一点,合称"隋唐世界帝国"的这个时代,是中国史乃至东亚史、世界史上最为

---

* 本文由作者提供,原文发表于《复旦大学学报》(社会科学版)2019 年第 5 期。
** 童岭,南京大学文学院教授、博士生导师,早期中国史研究会(EMCH)会员、中国魏晋南北朝史学会理事,研究领域包括六朝隋唐时代的学术、思想与文学,中国中古经学史,古代东亚史,五胡十六国及北朝文化史专题,域外汉籍研究,旧钞本研究,《文选》学等。曾于 2013 年进入高研院担任第九期短期驻院学者。

典型、最为重要的一个时代,陈寅恪《隋唐制度渊源略论稿》云:"北逾大漠,南暨交趾,东至日本,西极中亚。"①即是当时盛况之一斑。当然,最为史学家和文学家津津乐道的,是贞观四年(630)唐太宗被漠北铁勒等部推为"天可汗"②。意味着他从大唐的皇帝,升格为亚欧大陆东部的主人,有责任维持世界秩序。基于"人才主义"的理念,唐太宗文武并重,从外王功业到内圣修为,这种影响力,不仅仅波及唐代或是唐以后的朝代,更是被近现代社会的中外学者广为研究。

大唐帝国在整个中国政治、社会、文化史上的地位毋庸赘论,而这其中,对于唐代尤其对盛唐的缔造者——唐太宗李世民的传记作品,不仅仅在中国,在海外也是层出不穷。

这种人物传记的盛况是中国史其他朝代的帝王罕能相比的。但迄今为止,国内对于海外的唐太宗传记——限于语言障碍及文献获得——的研究几乎处于空白状态。

在西方世界,早在20世纪30年代就有关于李世民的传记。如费子智所著《天之子:唐朝的奠基者李世民专记》③。就笔者陋见所及,美国近年还出版了两本英文李世民传记,分别是 Hing Ming Hung 的 *Li Shi Min, Founding the Tang Dynasty: Strategies that Made China the Greatest Empire in Asia*④,以及熊存瑞(Victor Cunrui Xiong)的 *Heavenly Khan: A Biography of Emperor Tang Taizong (Li Shimin)*⑤。这些书名中,大都含有"Biography"的字样,因此作者可以在史实的基础上,作为人物传记展开程度不同的文学想象。此外,与唐太宗密切相关的魏徵也有英文传记 *Mirror to*

---

① 陈寅恪,《隋唐制度渊源略论稿》,北京:生活·读书·新知三联书店,2001年版,第3页。
② 近期关于"天可汗"的研究,如:朱振宏,《大唐世界与"皇帝·天可汗"之研究》,台北:花木兰出版社,2009年。童岭,《炎凤朔龙记——大唐帝国与东亚的中世》第三章《天可汗》,北京:商务印书馆,2014年。朴汉济,《大唐帝国及其遗产:胡汉统合与多民族国家的形成》(대당제국과 그 유산)之《可汗圈域扩大至中原与皇帝天可汗》,首尔:韩国世昌出版社,2015年,第220—231页。Pan Yihong, *Son of Heaven and Heavenly Qaghan: Sui-Tang China and Its Neighbors*, Center for East Asian Studies, 1997.
③ C.P. Fitzgerald, *Son of Heaven: A Biography of Li Shih-Min, Founder of the T'ang Dynasty*, Cambridge: Cambridge University Press, 1933.
④ Hing Ming Hung, *Li Shi Min, Founding the Tang Dynasty: Strategies that Made China the Greatest Empire in Asia*, NewYork: Algora Publishing, 2013.
⑤ Victor Cunrui Xiong, *Heavenly Khan: A Biography of Emperor Tang Taizong (Li Shimin)*, New York: Airiti Press, 2014. 此书承蒙美国莱斯大学钱南秀教授代购,谨表谢忱。

the Son of Heaven: Wei Cheng at the Court of T'ang T'ai-tsung》。①

欧美之外,日本对于唐代一直有特殊的感情。涉及唐代人物的小说、传记,早期广为中国读者熟知的当数井上靖,他的唐代主题的中译本小说集《井上靖西域小说选》由冰心作序,大获美誉,其中好几篇如《敦煌》《苍狼》还被拍成了电影。此外,日本有为数不少的李世民文学传记没有中译本,如清家莹三郎的《唐の太宗》(1934)②、被誉为"日本的金庸"田中芳树的《隋唐演義〈3〉太宗李世民ノ卷》③,田中芳树的弟子小前亮也著有小说《李世民》④。较近出版的李世民文学传记是塚本青史的《李世民上:玄武篇》与《李世民下:贞观篇》。⑤ 此外,尚有一位东洋史学家谷川道雄,他本人在中国中古史领域已有盛名,谷川道雄也在上世纪60年代撰写过一本关于唐太宗的人物传记著作《唐の太宗》⑥。

然而,这些东洋、西洋"异域之眼"⑦中的唐太宗传记,在中国文史学界除了偶在学者注释中出现一二引用之外,半个多世纪来,几乎没有针对传记本身进行研究的论文,颇为可惜。

二、二战阴云前夜的唐代名君想象

费子智所著《天之子:唐朝的奠基者李世民传记》初版于1933年,是西方世界开天荒第一部唐太宗传记,因为非常畅销,出版两年后就有了法文译本(1935),此后在1970年及2015年,又分别在台北及剑桥大学出版社重印。

费子智1902年出生于英国,曾经在伦敦亚非学院(SOAS University of London)学习汉语,于1923年开始了他的中国之旅,一直到1949年底,近三十年的时光都流连在中国大地上。此后赴澳大利亚国立大学担任教职,直

---

① Howard J. Wechsler, *Mirror to the Son of Heaven: Wei Cheng at the Court of T'ang T'ai-tsung*, NewHaven: Yale University Press, 1974.
② 清家莹三郎,《唐の太宗》,东京:康文社,1934年。清家莹三郎除这本人物传记之外,尚著有《唐の太宗と隋唐文化》,东京:光风馆,1942年。
③ 田中芳树,《隋唐演義〈3〉太宗李世民ノ卷》,东京:中央公论社,2004年。案:这本是取自中国《隋唐演义》而加以发挥而成。
④ 小前亮,《李世民》,东京:讲谈社,2005年初版、2008年再版。
⑤ 塚本青史,《李世民上:玄武篇》《李世民下:贞观篇》,东京:日本经济新闻出版社,2012年。
⑥ 谷川道雄,《唐の太宗》,东京:人物往来社,1967年。
⑦ 这里的"异域之眼"借用兴膳宏书名。参氏著,《异域の眼:中国文化散策》,东京:筑摩书房,1995年。

到1972年去世。著有二十余本作品,与古代中国有关的,除了1933年撰写的《天之子》外,尚有 China: A Short Cultural History① 一书,非常前沿地用了文化史的概念,此书初版于《天之子》成书后的两年(1935年),此后重版重印多次,笔者买到的是第3版第16次印刷版,可见这是20世纪早期西方了解古代中国的重要参考书之一。离开中国后,他还出版了关于武则天的传记 The Empress Wu②,可谓激发了此后西方对于唐代的文学兴趣。除此之外,费子智还撰写了关于云南少数民族研究的书籍③。

不过,较为遗憾的是,国内学界目前只翻译出版了他的一本著作,即其晚年回忆录《为什么去中国:1923—1950年在中国的回忆》④,从他中译名(菲茨杰拉尔德)的混乱就可知国内对于费子智的研究业绩尚不明了。

费子智《天之子》一书的正文共标十章⑤,其中第一章《隋王朝的覆灭》前面还有一个《序言:公元七世纪的中国》;第六章《玄武门之变》和第七章《征服突厥》之间还有一个《插曲:李世民的性格》,所以正文实际上应该是十二章。

首先在行文上,作者充分考虑到了作为上世纪30年代第一部英语唐太宗传记的特殊性,在序言前面列了《重要人名表》《唐室系谱表》《中国人名命名法》。在《序言:公元七世纪的中国》中,费子智用极其精练的笔墨,迅速勾勒出隋唐之前魏晋南北朝历史的大略,同时,因为是传记性质的著作,费子智也充分利用了文学性比喻。比如,在讲到永嘉之乱晋室南渡后,费子智说道:

> (六朝)南京,就像君士坦丁堡(Constantinople),是上层文化的中心,也是典雅文明的避难所。同时,南方中华帝国,就像拜占庭,更多的是在不连续进入的敌人下延续着,而非靠自己的军事力量。但两者结局是不一样的,欧洲保持了永久的分裂,失去的不仅仅是政治的统一,而且是过去的古典语言与文化。相反,(隋唐)中国则吸收了鞑靼等北族,重

---

① C.P. Fitzgerald, *China: A Short Cultural History*, The Cressert Press, 1935.
② C.P. Fitzgerald, *The Empress Wu*, Cheshire, 1955.
③ C.P. Fitzgerald, *Tower of Five Glories: A Study of the Min Chia of Ta Li*, Hyperion Press, 1973.
④ C.P. 菲茨杰拉尔德著,郇中、李尧译《为什么去中国:1923—1950年在中国的回忆》,济南:山东画报出版社,2004年。
⑤ 这十章章名试译如次:第一章 隋王朝的覆灭;第二章 唐王朝的建立;第三章 征服西北中国;第四章 汜水之战;第五章 和平与巩固;第六章 玄武门之变;第七章 征服突厥;第八章 长安的宫廷;第九章 皇太子李承乾的灾难;第十章 高句丽之战及其晚年。

建了古老的帝国,恢复了古代的文化,取得了之前从未达到过的辉煌。

在这些巨大的成就之中,李世民扮演了改变东方世界历史的角色,因为恢复的中国在他建立的王朝之下得到了巩固。中古中国为什么能成功复苏,而东罗马帝国为什么失败,这值得我们审视。①

简单几语,就将六朝后期的南京社会与西方读者熟悉的君士坦丁堡、拜占庭联系起来,为下文讲述李世民的登场做好了铺垫。更重要的是,考虑到此书写作的背景上世纪30年代,出版约5年后即爆发了第二次世界大战。费子智此刻将面临北族南下的南朝中国与欧洲作对比,可谓用心良苦。当时,不少欧洲人对中华民国的政治、军事现状都不大看得起,认为领导亚洲的应当是日本。费子智说:

在英格兰,大多数知识分子对中国历史都一窍不通。许多人认为,中国是一个不可救药的、腐败无能的国家,注定被日本征服。这种看法无疑忽视了过去的历史。这里说的"过去"不是指十九世纪的"过去"。十九世纪,中国政府的确腐败无能,外国人持有这种论调不足为怪。但是,在更早的年代,中国不仅是亚洲最强大的国家,而且是世界上人口最多的国家,他们在政府组织和工作效率方面,远比欧洲先进。②

费子智在二战到来前,已经游历了中国内地的许多古迹,煞费苦心地选取唐太宗来"研究在面临敌对势力和分裂势力挑战的情况下,他们(唐代早期)为什么取得如此巨大的成就"③。无疑其背后的意图,是想通过唐太宗的传记来彻底改变欧洲人对于明清中国腐败无能的成见。

为了展现李世民的英武,费子智特意选取了"汜水之战"(The Battle of Ssǔ Shui),这是迄今为止的李世民传记,甚至是隋唐通史④都不太过多描写

---

① *Son of Heaven: A Biography of Li Shih-Min, Founder of the T'ang Dynasty*, p. 4.
② 《为什么去中国:1923—1950年在中国的回忆》,第161页。
③ 《为什么去中国:1923—1950年在中国的回忆》,第162页。
④ 比如王仲荦《隋唐五代史》(上海:上海人民出版社,1988年版)、韩国磐《隋唐五代史纲》(北京:人民出版社,1979年),都没有花太多笔墨写到"汜水之战"。如王仲荦书,写汜水之战约三行,当然,通史的性质限制了他们展开叙述。

的地方,记载最详细的《资治通鉴》,大约六百余字①,但费子智却专门铺陈用了一章的笔墨。隋末群雄,自公元 618 年李密失败到 620 年唐军向东方进攻的这三年间,关东主要割据势力是:王世充(建号"郑")占据洛阳,窦建德(建号"夏")占据河北。公元 620 年 7 月,唐军稳定了西北局面后,派秦王李世民统帅大军进攻王世充。窦建德率军来救,第二年 5 月,李世民与窦建德的大军围绕汜水布阵决战。费子智写道:

> 李世民不得不做出他有生以来最严酷的军事决定,夏的军队数倍于自己,而且装备精良,迄今为止战无不胜。②

接下来,费子智细致入微地描写了李世民如何在汜水之滨英武地大败劲敌窦建德。决战开始之际:

> 李世民的骑兵分遣队宇文士及突击夏的军阵,敌人士兵的阵形被冲散和变形了,呈现出混乱的移动,一些在后撤,另一些则在试图重新整合阵形。李世民注视着这一切,大声呼喊:"现在我们进攻!"这位王子一骑冲在队伍的最前面,在他身后,紧跟着的是全部出击的唐军。他们从斜坡上冲下,顺势穿过平地,进而渡过汜水的溪流,与混乱的夏军展开决战。③

为了说明这次战役的意义,费子智自己画了一幅汜水对阵图,西方的读者可以一目了然看出对阵的唐(Tang)、夏(Hsia)两方阵地。晚年费子智回忆自己撰写《天之子·汜水之战》这一章时,说道:"汜水战役虽然完全不被西方世界知道,但它的重要性却可以与阿克什姆战役相提并论。"④阿克什姆战役,今又译为:亚克兴角战役(Battle of Actium)。如果说亚克兴角战役决定了罗马帝国的统一与扩大,那么,欧美读者也一定会联想到汜水之战在

---

① 司马光,《资治通鉴》,北京:中华书局,1956 年,卷一百八十九,第 5913—5915 页。
② *Son of Heaven: A Biography of Li Shih-Min, Founder of the T'ang Dynasty*, p. 79.
③ *Son of Heaven: A Biography of Li Shih-Min, Founder of the T'ang Dynasty*, p. 85‑87.
④ 《为什么去中国:1923—1950 年在中国的回忆》,第 163 页。

中国统一历程上的重大意义。

对内作战的胜利使得统一的唐帝国,随即就要面对北方的强敌突厥,费子智又用《征服突厥》一章的笔墨重点描写李世民对外作战的胜利。他说:"当李世民登上帝座时,唐帝国最紧迫的问题就是防守住北方的边境,并对付突厥的进攻。"①其寓意不言自明——中国能否独自对抗强敌?——这个语境在上世纪 30 年代,意义已经超出了一本传记的内涵。近 20 页细致入微的描写,将唐帝国如何打败突厥的经过,亦文亦史地勾勒出来,同时不忘时刻将之与罗马帝国和蛮族的战争进行比较。这一章的末尾,费子智写道:

> 从内蒙古到戈壁沙漠边缘,随着对突厥战争的大胜,漠北部落和酋长都臣属于中国的皇帝。而中国的皇帝,根据漠北可汗们的提议,一度被命名为"天可汗(Heavenly Khan)"。②

虽然说唐帝国对突厥汗国的胜利,原因是多层的;而费子智愿意将这一切主要归功于"天可汗"李世民个人:

> 李世民是一个富有行动力的男人,一个战场上的将军,或者是一个军事会议上的出色战略家。总之,他的性格果断、警觉、有洞察力。③

唐代"皇帝"的概念,从"普天之下莫非王土"到"天下为公"。帝国不再是统治者的私有品,公德是"天之子"之所以能统治天下的最核心要素。这一点,从费子智《天之子》,直到它成书 70 多年后的 2009 年英文版《世界性的帝国:唐朝》都有明确的类似表述。④ 可见在费子智奠定的论述基础上,欧美文学和史学界对于李世民的若干认识是一脉相承的。

---

① *Son of Heaven: A Biography of Li Shih-Min, Founder of the T'ang Dynasty*, p. 129.
② *Son of Heaven: A Biography of Li Shih-Min, Founder of the T'ang Dynasty*, p. 145.
③ *Son of Heaven: A Biography of Li Shih-Min, Founder of the T'ang Dynasty*, p. 124.
④ 陆威仪著,张晓东、冯世明译,方宇校,《世界性的帝国:唐朝》,北京:中信出版社,2016 年,第 204 页。笔者检核了曾经在新加坡购得的陆威仪英文原书第二版,该处作"all under Heaven is [the affair of] a family"和"all under Heaven is public",这种英语对比,可以比古典原文更直接地引起西方读者的高度注意。参考:Mark Edward. Lewis, *China's Cosmopolitan Empire: The Tang Dynasty*, Cambridge: Harvard University Press, 2012, p. 226.

书中的一些地方,从纯粹史学角度考虑,或有可以相商之处,但考虑到费子智对于中国的热爱,以及他唤醒欧美人对于当时积弱积贫的中国的信心,此书功绩甚伟。他说古代中国虽然经历了分裂和衰弱,但唐帝国不久就重新屹立于欧亚大陆上,而"这一伟大复兴的缔造者,就是唐太宗"①。

三、"义"的世界:中国中世社会之根基

西洋东洋相映成辉,就在费子智的退休之年(1967),日本也恰好在同一年出版了谷川道雄的传记作品《唐太宗》(日语原名《唐の太宗》)。

谷川道雄(たにがわ みちお、1925—2013)是日本著名的东洋史学者。出生于熊本县水俣市。谷川道雄毕业于京都大学文学部史学科,历任名古屋大学文学部、京都大学文学部、龙谷大学文学部教授,京都大学名誉教授。关于谷川道雄有没有读过费子智的《天之子》虽然没有明确记载,但京都大学图书馆藏有费子智的《天之子》等著作,作为京大史学科毕业的高才生,谷川道雄完全有可能借出此书阅读。

谷川道雄的主要史学著作有:《隋唐帝国形成史论》,筑摩书房1971年版(此书有李济沧中译本,上海古籍出版社,2004年版),以及《中国中世社会与共同体》,国书刊行会1976年版(此书有马彪中译本,中华书局,2002年版)等②。此外,谷川道雄还编著过不少著作③。相对于中文学界,谷川道雄的学术思想更早地被北美学界熟知。他的《中国中世社会与共同体》的节译本 Medieval Chinese Society and the Local "Community" 由傅佛果(Joshua A. Fogel)于1985年译出④。

---

① 《为什么去中国:1923—1950年在中国的回忆》,第162页。
② 此外尚有如:《世界帝国の形成 后汉-隋·唐》,东京:讲谈社,1977年;修订版《隋唐世界帝国の形成》,东京:讲谈社,2008年(此书有耿立群中译本,台北:稻乡出版社,1987年)。《中国中世の探求:历史と人间》,东京:日本エディタースクール出版部,1987年。《中国史とは私たちにとって何か:历史との对话の记录》,名古屋:河合文化教育研究所,2003年。《战后日本から现代中国へ:中国史研究は世界の未来を语り得るか》,名古屋:河合ブックレット,2006年。
③ 如:《中国民众叛乱史》1—4,与森正夫共编,东京:平凡社,1978—1983年。《交感する中世:日本と中国》,与网野善彦共著,东京:ユニテ,1988年。《地域社会在六朝政治文化上所起的作用》,东京:玄文社,1989年版。《战后日本の中国史论争》,名古屋:河合文化教育研究所,1993年。《魏晋南北朝隋唐时代史の基本问题》,共著,东京:汲古书院,1999年。《内藤湖南の世界:アジア再生の思想》,内藤湖南研究会编(代表),名古屋:河合文化教育研究所,2001年。
④ *Medieval Chinese Society and the Local "Community"*, trans. Joshua A. Fogel, Berkeley: University of California Press, 1985.

作为史学家谷川道雄 42 岁时,写出的第一本著作却是人物传记——《唐太宗》。这本书是宫崎市定监修的"中国人物丛书"第二期 12 本中的一种①,"中国人物丛书"两期共 24 本,大多撰写、出版于上世纪 60 年代,执笔者多为有京都学派学统的中坚学者。其中有一些得到了重印、重版、文库化、中译②,但也有一些初版之后就"销声匿迹"。了解一位学者的基本思想,成名作固然重要,但第一本"少作"往往可以从不同的角度理解作者的思想缘起与演变轨迹。

谷川道雄在他的博士论文中文版自述:"经过反复的辗转与苦恼以后,决心从根源上重新把握唐朝权力,也就是需要追溯至唐朝的形成过程当中,从那里找出唐朝的原初形态。"③如果从学理上阐释,谷川晚年在一部对话录中认为:形成隋唐帝国高峰的谷底,一直可以追溯到六镇之乱。④ 这种上下求索,探求唐帝国形成轨迹的努力,除了他的史学著作外,其实早在《唐太宗》一书中,就非常巧妙地利用了文学性的手法加以体现。

除去该书的《后记》《太宗年谱》《索引》,此书共分十一章⑤。第一章第一节《被背叛的青春》,出人意料地并没有按照时间顺序写李世民的出生,而是直接写隋炀帝在大业十一年(615)被突厥围困雁门:

大业十一年的秋天,湍流于山西台地的汾水水面,忽然浮出许多木

---

① 同期与中国中古相关的还有:河地重造《汉の高祖》、兼子秀利《玄奘三藏》、横山裕男《白乐天》。此前第一期 12 种中,中古领域比较著名的尚有:永田英正《项羽》、狩野直桢《诸葛孔明》、吉川忠夫《刘裕》、宫崎市定《隋の炀帝》(有中译)、藤善真澄《安禄山》(近有中译)、砺波护《冯道》。
② 比如,笔者就买过吉川忠夫的重版文库本《刘裕:江南の英雄・宋の武帝》(中公文库,1989 年)。
③ 谷川道雄著,李济沧译,《隋唐帝国形成史论・中文版自序》,上海:上海古籍出版社,2004 年,第 1 页。
④ 谷川道雄著,《中国史とは私たちにとって何か:歴史との対话の记录》,名古屋:河合文化教育研究所,2003 年版,第 45 页。
⑤ 笔者将其章节名试译如下:第一章 少年及其家系(一)被背叛的青春(二)远祖乃夷狄?(三)武人贵族(四)父与母;第二章 长安的旗风(一)举兵(二)奔赴关中(三)唐朝诞生(四)隋的忠臣;第三章 年轻的战术家(一)陇西讨伐(二)山西归唐;第四章 中原的英雄们(一)中原与洛阳(二)杨玄感的反乱(三)李密图再举(四)李密的误算(五)李世民围洛阳(六)夏:礼节之国(七)一战降两雄;第五章 血染宫门(一)天策上将(二)兄弟相剋(三)血争之路(四)玄武门之变;第六章 复活的和平(一)天可汗(二)由武至文(三)《兰亭序》始末记(四)贞观之治;第七章 帝王应何如(一)皇帝论(二)王者之道(三)魏徵;第八章 人生摸索(一)扩大的空虚感(二)伴侣之死;第九章 未来的继承者(一)太子乱行(二)晋王泰(三)太宗弑逆计划(四)意外的结果;第十章 辽东之血(一)高句丽亲征(二)死守的安市城(三)败军之将(四)败因何在;第十一章 老病(一)心系死后(二)"参天可汗道"(三)高句丽平定作战(四)终焉。

片,漂流而去。不清楚的人拿起来一看,以为是朝廷的文书。可是,这却不是文书,而是隋炀帝发布天下的募兵诏书!①

这一年,李世民 16 岁,他应募起兵相救,谷川道雄写道:

> 当时的时局已是内乱肇始,在年轻的李世民眼中如何看呢?我们不得而知。但是,他是一位智慧的正义派,对于隋炀帝的虐政,固然是义愤填膺,但是,面对突厥来袭这样的国家紧急募兵诏书,又燃烧起了青年的热血。②

然而解围之后,隋炀帝并没有实现他最初募兵诏书所云:结束高句丽征战、奖赏勤王将士的约定。对于 16 岁的李世民来说,谷川道雄认为这是贵重的少年体验,在他自己称帝,甚至成为"天可汗"后,这种少年时期被背叛的感觉依旧提醒李世民:"义"是天下人共守之准则。固然从史料上,无法抽绎出这样的因果关系,但是文学传记这一题材,却给予了谷川道雄合情合理的想象空间。

在京都学派的中国中古文史叙述系谱上,诸如:内藤湖南的唐宋变革论 T'ang Sung Transition,或是宫崎市定的九品官人法研究,或是川胜义雄的六朝贵族制说都非常有影响力。谷川道雄在此书第一章第三节,从"六镇之乱"——武川镇剖析了唐帝国的远流。这种长线条的做法,其实就是从内藤湖南、宫崎市定一脉相承而来。谷川道雄认为,诸种现象的变化,其实背后都是人的变化,他说"所谓唐宋变革,本质上是人的存在方式的变化"③。因此,研究具体的人,或是说描写具体的人,是从他第一本人物传记《唐太宗》到学术专著《隋唐帝国形成史论》一以贯之的思路。

此外,对于"义"的重要性的理解,它是六朝乱世迄隋唐社会的共同体根基。虽然上世纪 60 年代,谷川道雄与川胜义雄联手倡导"六朝贵族制"的鼎盛期尚未到来,但在如描写隋将尧君素时,谷川氏说:

---

① 《唐の太宗》,第 7 页。
② 《唐の太宗》,第 11 页。
③ 上揭本《中国史とは私たちにとって何か:歴史との対話の記録》,第 129 页。

> 尧君素的传记,收录于《隋书》的《诚节传》。史书只是举出他的出身"魏郡汤阴(河南省)人",其他并无多言了。恐怕他并不是那种抱有自己是有着与天子对等声望的贵族的意识吧。那个时代,与民众相近的阶层的人,因为勇武,被君主拔擢而起的例子,在史书上很多。尧君素也是那样的人物。不得不长期处于贵族阶层之下的他们,因为遇到君主的厚恩,这种感激,强烈地影响了他们如何决定自己的生涯。甚至君主自身的道德有缺,但尧君素他们也还是有自己的独立性,行走在自己的精神世界里面。隋炀帝的低劣与他们的崇高,可谓互为表里,这就是隋末内乱时期的人间诸像。①

这位隋将尧君素,最后被降唐的部将所杀。这里,谷川道雄标举的尧君素这样的独立于君王之外的"人间大义"②,或许有些日本武士道的影子,也可以说是他今后"共同体"理论的先导。

谷川道雄出身于熊本的"贵族",幼年时看过自己的父、祖在熊本老家赈济乡里、焚烧债券,后来自己读到六朝贵族尤其是北朝士大夫做过同样的事情,就立刻深深地"认同"③。同样,这种对于隋末乱世"义"的存在,谷川道雄笔下更为推崇的是窦建德,对于他的兴起与他的失败,作为史家的谷川道雄,笔端赋予了很多感情。他说:

> 窦建德生来即为侠义的人,再加上他广阔的视野,使他脱离了土匪的偏狭,获得了与几乎都为贵族出身的群雄一起逐鹿中原的地位。④

在窦建德失败身死之后,谷川写道:

> 一介农民窦建德所打开的信义之国,至此并未完全消去。下一个

---

① 《唐の太宗》,第55—56页。
② 《唐の太宗》,第54页。
③ 拙作《"五朝遗绪"与"大夏龙雀"——唐及先唐"文学"研究趋势之姑妄言》,文载《求是学刊》2014年第5期,《钞本时代的经典研读与存在的问题(笔谈)》专辑,第151页。
④ 《唐の太宗》,第107页。

刘黑闼及其残党,他们执拗的抗战,就是为了继承窦建德的遗志。①

巧合的是,这种对于窦建德"义"的认识,在香港武侠小说大家黄易的《大唐双龙传》中也有很好的体现,窦建德在与小说主人公寇仲的对话中,也自认为能够讨灭宇文化及、攻陷黎阳等,凭借的就是"仁义"②。一中一外,一文一史,可谓殊途同归。

《唐太宗》一书认为在"义"的世界中唱主角的,无疑是那些个人色彩浓厚的英雄。谷川在杨玄感起义失败之后写道:

> 英雄的命,好像花一样短暂。③

总之,在叙述隋末群雄之后,谷川道雄的笔墨重点移到李世民身上。同样,谷川对于李世民性格中的"智而不奸"给予了浓厚的赞许笔墨。而在玄武门之变一节结束时,谷川道雄说,"真正的唐帝国时代,从现在开始了"④。尤其在李世民完成武功,成为"天可汗"之后,谷川道雄跳出常规的李世民魏徵君臣相得的视角,重点分析了"天子无私"的概念,多处可以看到"共同体"的影子。

谷川道雄在描写李世民登基时,还特别回忆了开篇的隋炀帝雁门之围:

> 雁门被突厥围困之时,(隋炀帝)宣布了好几条与天下人的约束,但在其后又自食其言。约束,是人心与人心的关系。而不再想去践踏这种关系的独裁者(唐太宗),至此方才出现了。⑤

在这里,"守约的独裁者"与"不守约的独裁者"之间的差别,在于是否遵守与"民众"的承诺。这本文学传记对于"民众"力量的肯定,与我们国内的唐代历史记述或文学传记有一定程度上的异曲同工之妙。

---

① 《唐の太宗》,第118页。
② 黄易,《大唐双龙传(卷十五)》,香港:黄易出版社,2004年修订版,第154页。
③ 《唐の太宗》,第86页。
④ 《唐の太宗》,第145页。
⑤ 《唐の太宗》,第186页。

第八和第九章,无疑是天可汗光辉之下的"阴影",如第八章第一节《扩大的空虚感》云:

> 帝王之道甚为严酷,归根到底是一种空虚。虽然自己有才能也有欲望,但是必须将它抑制在极限状态下。帝王之道是全力发挥众人之道。"舍小我而生大我",虽然看起来是简单之语,但是,帝王也是有自己的肉体与欲望的人啊。①

帝王作为"人"而又必须克服"人"的极限,这种悖论的描述,也正是贯穿了谷川道雄的"完整人间相"的构思。在这一思路下,谷川道雄认为唐太宗晚年建造的凌烟阁二十四功臣图,也是一种"寂寥感"的体现:

> 如果我们推测唐太宗命令阎立本制作肖像画的心境,并不是一种与众人一起奔向未来的心情,毋宁说是其反面:追想已经过去的荣光吧。证据就是,二十四功臣的半数,至此已经去世了。②

天可汗"影"的一面,史学家谷川道雄利用文学之笔,很好地勾勒了出来。最后的第十一章四节《心系死后》《参天可汗道》《高句丽平定作战》《终焉》的布局,也体现了谷川道雄这一用心。他最后写道:

> 然而,人生的经营,也许原本就是如此。被期待成为永恒的事物,如果不是在瞬间崩坏了,那么历史就应该不存在了吧。但是,有价值的人生,却是超越了这样的历史,放出了不灭之光。唐太宗所打开的人生,超越了唐朝的治乱兴亡,被后世历代的为政者所敬仰。③

我们读谷川道雄《唐太宗》,也一定会有感于半个多世纪前,一个外国学者对于唐太宗"不灭之光"的激动心境。

---

① 《唐の太宗》,第 207 页。
② 《唐の太宗》,第 227 页。
③ 《唐の太宗》,第 286 页。

四、结语:风月同天

如果笼统地问,"西方人为什么要关注唐代",以及"日本人为什么要关注唐代",答案恐怕会过于枝蔓。本文所选取的两种外国人撰写的李世民传记,一种是欧洲人30年代之作,一种是日本人60年代之作。两种都是作者的少作,命运也非常相似,分别在作者所处的年代,唤醒了欧美人及日本人对于中国的重新理解。

虽然说两书的创作手法多有不同(比如,同样是对于窦建德的描写,费子智意在烘托李世民的英武、决断;而谷川道雄则是反衬出"义"的世界),但是,他们文字背后对于中国文化浓浓的热爱之情,都力透纸背。

2015年,剑桥大学出版社重印费子智《天之子》,封底有一段介绍说:"此书提供了一本综合的唐太宗传记(中略),任何对唐太宗及中国历史感兴趣的人都会发现这部书的价值。"从初版至今,剑桥大学出版社的学术编辑们依旧认为此书对"任何对唐太宗感兴趣的人"都有价值,这种价值植根于唐代历史的优秀文笔所勾勒出来的唐太宗形象,使得这部书再次进入西方普通读者的视野。比如著名华裔学者王赓武先生在纪念费子智的文章中,说他并不仅仅是一个传统的汉学学者,还是一个热爱中国的人①。

就谷川道雄来说,同样在京都学派里,谷川道雄的友人川胜义雄道出中国的皇帝与日本的皇帝在象征意义上的差别②,或许是这样的差别,导致了谷川道雄去深入思考唐太宗的个人特质。与费子智书中时常将唐帝国与罗马帝国对比相似,谷川道雄则常常将唐代的情况与古代日本作比较,比如提到唐代的"国子祭酒",说"好比现在日本的东大总长(东京大学校长)这样的人物"。③

无论是费子智还是谷川道雄,他们对于古代中国都不视为铁板一块,为了改变他们所在国家和地区(欧美、日本)在上世纪30至60年代对中国古

---

① Wang Gungwu(王赓武), In Memoriam: Professor C. P. FitzGerald 1902 - 1992, *The Australian Journal of Chinese Affairs*, No.29 (Jan., 1993), pp.161-163.
② 川胜义雄认为:"如日本那样,将皇室与公卿作为文化传统的象征而另置于远离政权之处的方便方法,并没有在中国出现。"参氏著,徐谷芃、李济沧译,《六朝贵族制社会研究》,上海:上海古籍出版社,2007年,第309页。
③ 《唐の太宗》,第92页。

代(尤其是明清)和现代的负面印象,他们在纯粹的学术研究之外,以狮子搏兔之力,创作了《天之子》与《唐太宗》。甚至可以说他们是中国文化最困难时期的"域外护法"。唐代日本皇子曾言"山川异域,风月同天",鉴真大师亦感之而东渡弘法。唐代,是中国古代最有吸引力的朝代之一。海外类似费子智《天之子》、谷川道雄《唐太宗》这种优秀的唐代文学传记,如开篇所叙,其数量不在少数,可惜在中国读书界知之甚少。

我们阅读这些海外传记时,一方面固然要注意其描写天可汗李世民的"光"——正面的文本叙述与笔法,另一方面,也要充分留心他们为什么写李世民的言外之意,也就是"影"——如何从唐代看现实中国的文化特质。故而不能单单就传记谈传记,在这些海外传记光与影的流连中,后者尤其是作为本土学者的我们要引起关注的。

英国"脱欧"的历史缘由与前景展望[*]

刘 成[**]

自 2016 年 6 月公投决定"脱欧"至今,英国的"脱欧"进程一直波折不断。2019 年 4 月,由于英国政府未能说服议会通过"脱欧"协议,无法按期"脱欧",欧盟各国不得已将"脱欧"截止日期延迟至 2019 年 10 月 31 日。7月,英国首相特蕾莎·梅因应对"脱欧"问题不力而辞职,前外交大臣、伦敦市前市长鲍里斯·约翰逊继任,再次凸显出"脱欧"的艰难与无序。对英国来说,"脱欧"既是对未来的一种承诺,也是其对欧政策遗产的继承与发展。

一、英国与欧洲关系的历史回溯

纵观英国历史,英国与欧洲的关系存在五个重大历史拐点。一是 1066 年的诺曼征服(Norman Conquest)。法国的诺曼公爵成为英国国王,英国从此走向欧洲大陆,打破了过去自我封闭的状态。二是 1337—1453 年的英法百年战争(Hundred Years' War)。战败的英国几乎失去了在欧洲大陆的所有领地,此后不再谋求欧洲大陆的领土和霸权。三是 1485 年都铎王朝(Tudor Dynasty)的建立。在都铎王朝一百多年的时间里,英国确立了对欧政策的基本原则,即实行欧洲均势战略,只要不牵扯自身的核心利益,就尽量脱离于欧洲之外,不轻易卷入欧洲事务。四是 1973 年英国加入欧盟的前身——欧洲经济共同体(EEC,下称"欧共体")。这一事件标志着英国放弃了几百年来独立于欧洲之外的外交政策传统,开始成为欧洲的一员。五是

---

[*] 本文最初为作者在 2019 年 3 月 28 日高研院学术午餐会上做的"英国脱欧的历史逻辑"的内部发言,后发表于《当代世界》2019 年第 9 期。

[**] 刘成,南京大学历史学院教授、博士生导师,联合国教科文组织和平学教席主持人、南京大学英国与英联邦国家研究所所长。曾于 2018、2019、2020 连续三年担任高研院第十四、十五、十六期短期驻院学者。

2016年的英国"脱欧"公投(Referendum on Brexit)。目前,学界已经给出了英国"脱欧"的诸多缘由:比如英国在希腊危机后不愿承担更多的欧盟经费分摊,不愿意接收欧盟摊派的难民,或是英国领导层政治经验不足而误判了形势,等等。但这些理由并不充分,因为在德国、法国等欧洲大陆国家也能够找到类似理由,并且英国曾在加入欧共体两年后(1975年)就举行过一次"脱欧"公投,而且一直拒绝使用欧元和加入申根签证等。因此,英国"脱欧"有其历史根源和身份特征,对其"脱欧"政策进行历史分析,可以更好地对其"脱欧"后的政策走向作出研判。

1972年1月,英国保守党希思政府在加入欧共体的协议上签字(该协议于1973年1月1日正式生效),承认加入欧共体符合英国的地位和利益。但英国只是形式上加入,并不打算将注意力集中于欧洲事务,也没有彻底改变独立于欧洲之外的外交传统。比如,英国尽可能强调自己曾是世界第一强国的国家身份,其国防开支占国民生产总值的比例超出其他任何一个西欧国家。[1] 撒切尔政府也一直坚持这种"貌合神离"的对欧方案,提出把"独立主权国家之间的合作"作为欧共体的基础,拒绝把欧共体中央银行作为共同货币体系的核心,拒绝加入欧元区,反对欧洲防务一体化等,将欧共体视为对其"退回国家边界"计划的一种威胁。

英国加入欧共体的20世纪70年代也是工党左翼当权时期。工党左翼领袖提出了激进的"更替性经济战略",包括工业民主、控制进口和退出欧共体等。[2] 1980年的工党年会再次重申了"更替性经济战略"的主张,当时的工党领袖托尼·本(Tony Benn)[3]甚至提出工党政府上任后一个月内就要退出欧共体。[4] 此外,工党还担心加入欧共体带来的大量欧洲移民将抢占英国工人的工作岗位。这一点在2016年的"脱欧"公投中再次得到验证。现任工党领袖杰里米·科尔宾(Jeremy Corbyn)也是左翼人士,但并没有通过控制移民计划来缓和英国工人阶级对工作岗位的忧虑,而正是这些担忧

---

[1] Stephen Howe, "Labour and International Affairs," in Duncan Tanner and others edited, *Labour's First Century*, Cambridge: Cambridge University Press, 2000, pp.140 - 141.
[2] 英国是欧共体的成员就要执行欧共体的规定,工党左翼担心公有制纲领、国家经济计划性、控制进口和提高公共开支的主张会因此受到阻碍和削弱,这是其反对英国加入欧共体的重要原因。
[3] 托尼·本在党内的权力显赫,是20世纪六七十年代"工党国内政策的设计师和监护人"。参见 Patrick Seyd, *The Rise and Fall of the Labour Left*, New York: St.Martin's Press, 1987, p.98。
[4] Robert Harris, *The Making of Neil Kinnock*, London: Faber and Faber, 1984, pp.155 - 156.

导致一些工人阶级选民支持"脱欧"。①

两大政党对欧洲一体化的态度也有不同,这主要源于它们不同的社会经济政策。但是,英国与生俱来的"孤立主义"传统,是其对欧政策的一条主线,在不同历史时期有着不同的表现。这种"孤立主义"传统与英国的历史地理和外部战略追求相关,甚至是其试图控制欧洲乃至世界局势的一种手段。所以,英国政党的任何一个对欧决定,都不可能完全违背英国对欧政策的"孤立主义"原则。英国从来不希望有一个永恒的欧洲联盟,也不愿意成为其中的一员,甚至不认为自己属于欧洲。也正是这种"孤立主义"的外交思想,让英国总是在对欧问题上权衡利弊,盘算以更少的付出获得更多的回报。②

然而,在欧盟能为英国带来什么利益的问题上,英国的政治精英们一直缺乏自信。与此同时,作为英国政策的制定者与执行者,他们又自我标榜是英国成功塑造了今天的欧盟。在1999年的保守党年会上,撒切尔夫人曾说:"在我的一生中,我们所有的问题都来自欧洲大陆,而所有的解决方案都来自世界上说英语的国家。"③这句话流露出英国作为欧洲救世主的优越感。在20世纪90年代末,最"亲欧"的托尼·布莱尔工党政府实施了一项"功利主义的超国家主义"(Utilitarian Supranationalism)政策,即在与欧盟进行建设性外交的同时,在公开场合却要淡化欧盟的突出作用。英国精英们在国内谈及欧盟成员问题时,总是关注"我们得到什么""我们的投入有什么回报",而不是欧盟成员国之间的战略共识、互助意识或历史视野。这还体现在1991年《马斯特里赫特条约》(下称《马约》)的辩论中,④该条约规定:最迟于1999年1月18日在欧共体内发行统一货币,实行共同的对外与防务政策,扩大欧洲议会的权力。但英国对这三个问题都持迟疑或反对态度,因为这从根本上违反了其传统的对欧政策。也正是在《马约》的辩论后,英国议会内外的"疑欧"论调不断增长,"反联邦联盟"(the Anti-Federalist

---

① Peter Dorey, "Jeremy Corbyn Confounds His Critics: Explaining the Labour Party's Remarkable Resurgence in the 2017 Election," *British Politics*, Volume 12, August 2017, pp. 308-334.
② 刘成,《英国孤立主义外交思想的历史逻辑》,载《学术前沿》,2017年第16期。
③ David Richards, Martin Smith, Colin Hay, eds., *Institutional Crisis in 21st Century Britain*, New York: Palgrave Macmillan, p. 166.
④ 1991年12月,第46届欧共体首脑会议在荷兰的马斯特里赫特签订了《欧洲经济与货币联盟条约》和《政治联盟条约》,统称《欧洲联盟条约》即《马斯特里赫特条约》(Treaty of Maastricht,简称《马约》)。

League)及后来的英国独立党、公投党(the Referendum Party)借机而生。这些组织要求对英国"脱欧"进行公投,他们的活动同时得到了发行量较大且持"疑欧"立场的媒体支持。① 因此,亲欧派政治家出于种种考虑,并不愿过多公开发表支持欧盟的主张。而且,公众对其他欧盟成员国的态度比较冷淡。英国调查机构益普索-莫里(Ipsos-MORI)的一项民调显示,自20世纪70年代以来,英国"亲欧"和"疑欧"的人数虽有很大波动,但"脱欧"者从未低于25%,通常在35%—45%的区间内徘徊。② 英国受访者回答有关欧盟问题的正确率在所有成员国中一直处于最低水平。因此,由于对欧盟事务了解程度低,当公投临近时,许多英国选民甚至大多数英国媒体都不能对"脱欧"问题作出客观合理的评判。③

还需要指出的是,近期英国围绕"脱欧"的辩论发生在欧洲民主资本主义历史上一个非常独特的时刻,即欧洲民主资本主义三大支柱正在衰落:长期持续的经济增长、符合更广泛社会群体的市场配置、强大的政党。在此背景下,英国内阁不仅在"脱欧"问题上犹豫不决,也对"脱欧"后英国的政治经济愿景存有争论。因此,即使英国的内阁大臣们同意通过"尊重人民意愿"来处理公投结果,他们对英国应该采取什么样的谈判立场,以及如何更好地为英国在"脱欧"后制定一个可行的增长战略,都有着不同的意见。当然,英国的政治分裂现象早已存在,只是"脱欧"重新引发并扩大了长期以来的裂痕。这种复杂政治本身又受到更广泛的欧洲危机情势的影响,这是当代欧洲政治和欧洲各国的共同特色,并由此推动英国走向"脱欧"。④

二、"脱欧"公投的差异性与多重影响

公投(Referendum)在英国历史上一共出现过12次。第一次是1973年3月8日关于北爱尔兰主权问题的公投,即北爱尔兰是继续作为英国的一

---

① 《英国公投:"留欧""脱欧"之争白热化》,http://www.xinhuanet.com/world/2016-06/10/c_1119019232.htm。
② "European Union Membership-trends," https://www.ipsos.com/ipsos-mori/en-uk/european-union-membership-trends.
③ Anand Menon and Brigid Fowler, "Hard or Soft? The Politics of Brexit," *National Institute Economic Review*, No.238, November 2016, pp.4-12.
④ Ben Rosamond, "Brexit and the Politics of UK Growth Models," *New Political Economy*, Vol.24, No.3, 2019, p.408.

部分还是加入爱尔兰共和国。在 12 次公投中,绝大多数是关于北爱尔兰、苏格兰、威尔士等地区要求权力下放的地方性公投。全英范围内的公投只有三次:第一次是 1975 年 6 月 5 日关于英国是否留在欧共体;第二次是 2011 年 5 月 5 日关于下院议员的选举投票制度,即是否将简单多数票当选法(First Past the Post)改为选择性投票法(the Alternative Vote);第三次就是 2016 年的"脱欧"公投。①

统计表明,"脱欧"公投呈现地域差异,苏格兰和北爱尔兰的留欧倾向明显。英国共有 3 300 多万人参加投票,投票率为 72.2%。有 51.9% 的选票支持英国离开欧盟,以 3.8% 的优势获胜。但是,伦敦、苏格兰和北爱尔兰三个地区的留欧票数超过 50%(苏格兰 62.0%,伦敦 59.9%,北爱尔兰 55.8%),并且这三个地区的留欧支持率高于英国其他地区。② 然而,在 1975 年的"脱欧"公投中,"英国四大地区支持留欧票数全部超过 50%,其中英格兰 68.7%,威尔士 64.8%,苏格兰 58.4%,北爱尔兰 52.1%。苏格兰和北爱尔兰的留欧支持率却低于整个英国。③ 可见,苏格兰和北爱尔兰在两次"脱欧"公投中的立场发生了明显的变化。

"脱欧"公投也呈现阶层差异。英国最大的家庭调查组织"了解社会"(Understanding Society)调查表明,赞成"脱欧"的民众大多为年长者、白人和福利获得者,他们受教育程度相对较低、不经常使用智能手机和互联网、健康状况不佳、生活满意度不高。在类似的社会经济特征的个体中,工党的支持者更赞成留欧,而保守党的支持者更倾向于"脱欧"。④ 可见,"脱欧"政治与个人身份有关。"离开欧洲"的政治口号不仅吸引了那些在经济上被抛弃的人,而且还利用了文化上的疏离感和种族主义情绪。这一点在英国"脱欧"公投前后体现得非常明显。比如,公投前右翼极端分子托马斯·梅尔

---

① "Referendums Held in the UK", https://www.parliament.uk/getinvolved/elections/referendums-held-in-the-uk/.
② "EU Referendum Results", https://www.electoralcommission.org.uk/find-information-by-subject/elections-and-referendums/past-electionsand-referendums/eu-referendum/electorate-and-count-information.
③ 1975 年的"脱欧"公投中,"全英的投票率为 64.0%,67.2% 的选民支持留在欧洲共同体,而 32.8% 的人支持英国离开欧洲"。参见:Lukas Audickas, Richard Cracknell, "UK Election Statistics: 1918 - 2018: 100 Years of Elections," *Briefing Paper*, Number CBP7529, 13 December 2018, pp. 84 - 85。
④ Eleonora Alabrese and others, "Who Voted for Brexit? Individual and Regional Data Combined," *European Journal of Political Economy*, Vol.56, 2019, p. 132.

(Thomas Mair)谋杀了工党的进步议员乔·考克斯(Jo Cox),并高呼极右翼口号"英国第一"(Britain First);在公投后一个月,仇恨犯罪比2015年同期增长了41%,此后这一增长仍在持续。①

"脱欧"公投还显示了族群差异。英国四大民族(英格兰人、苏格兰人、爱尔兰人和威尔士人)②同样在英国"脱欧"问题上存在分歧。不同的民族认同导致了不同的"脱欧"立场。少数民族普遍认为,英国"脱欧"加重了对少数民族的社会歧视。"平等集团"(Equality Group)的调查指出,英国"脱欧"可能会阻碍甚至减退企业在种族平等方面取得的进步。英国白人尽管承认种族身份的重要性,但认为"脱欧"并不会给白人带来太大的影响,因此更倾向于英国离开欧洲。③

不过,英国民众在"脱欧"问题上的态度具有变化性和复杂性,比如在移民问题上,公投之前,很多人既不信任政府也不信任媒体,在公投之后这种看法发生了很大的转变。④ 公众舆论一直是英国民主政治的核心,重大公共政策决策往往都基于公民投票,然而投票结果却可能与大多数选民所期望的结果不同。2019年《英国"脱欧"与公共舆论》(*Brexit and Public Opinion 2019*)⑤报告指出,自2016年以来,英国的政治辩论一直围绕公众对"脱欧"的态度以及"脱欧"的相关问题进行。辩论中各方都声称代表着"人民意志"(The Will of the People),"人民意志"成为被滥用的一个词语,成为任何政党、政府宣称其主张合法化的一种托辞。但到底哪一个英国政府或政党能够代表复杂的公众舆论呢?遗憾的是,在"脱欧"问题上,英国政党之间和各政党内部都有分歧,政党的领袖们与成员之间也有分歧,在"脱欧"究竟对英国或对本党的利弊如何这一问题上,谁也说服不了谁。从"动机推理"上看,没有证据表明"亲欧"选民比"疑欧"选民更了解欧盟与英国的有关信息。但可以确定的是,英国存在不同的"脱欧"身份(Brexit

---

① Arshad Isakjee, Colin Lorne, "Bad News from Nowhere: Race, Class and the 'Left Behind'," *Environment and Planning C: Politics and Space*, Vol.37(1), 2019, p.10.
② 《英国的民族现况》, https://web. alcd. tw/uploads/2017/12/03/834c574734fe8a3db965c41a171a1ea9. pdf。
③ "Britain's Ethnic Minorities Worry About Their Careers After Brexit," https://www. forbes. com/sites/bonniechiu/2019/03/04/britainsethnic-minorities-worry-about-their-careers-after-brexit/.
④ Lindsay Aqui, "Contingency Planning The 1975 and 2016 Referendums," https://ukandeu. ac. uk/wp-content/uploads/2019/03/Contingency-Planning-1975-and-2016. pdf.
⑤ 该机构(The UK in a Changing Europe)总部设在伦敦国王学院,专门研究英国与欧盟关系。

Identities),同样是支持"脱欧"的英国人,他们之间的社会和情感的差异性很大,甚至远高于英国各个政治派别的分歧。可以说,英国"脱欧"的辩论阻碍了这一进程的正常推进。

在如此错综复杂的情况下,即使再举行另一次"脱欧"公投也不可能改变英国在"脱欧"问题上的分裂现状。因而英国再次为"脱欧"举行公投的可能性很小,因为它解决不了英国围绕"脱欧"所激烈争论的问题。

三、英国可能的"脱欧"模式与发展前景

"脱欧"引发了英国主权与欧盟超国家治理之间的矛盾,打开了潘多拉盒子,使英国陷入困境。① 英国需要最先考虑的是采取何种"脱欧"模式。"脱欧"模式不同,英国进入欧盟的商品、服务、资本和劳动力市场的方式也会不同。移民可能是"脱欧"谈判中需要首先处理的问题,即如何保证英国公民和欧盟公民的权利;其次是自由贸易协定和双边投资协定;再次是关税问题。

英国"脱欧"后如果依然保留进入欧洲单一市场的机会,以及与第三国合作签署自由贸易协定的可能,就意味着英国将成为欧洲经济区(EEA)的成员国,其贸易和移民政策将与欧盟高度一致,然而英国既想完全控制移民,又不接受欧洲法院的裁决。此外,英国也可采取在特定行业进入单一市场的瑞士模式,②但欧盟很难在这个问题上让步。特蕾莎·梅在 2017 年 1 月 17 日的演讲中提到英国未来与欧盟关系的目标,有人认为,这次讲话意味着英国将排除瑞士模式和挪威模式,③并可能采取类似欧盟与乌克兰的协议模式,④双方只在安全和防御政策上进行协作,采取互惠的市场准入,

---

① Ahmed L. M. Ahmed, "The Social Background of Brexit," Copernican Journal of Finance & Accounting, Volume 7, Issue 4, 2018, pp. 26 - 27.
② "瑞士模式",指欧洲自由贸易联盟(EFTA)成员,但不是欧洲经济区(EEA)成员,与欧盟签订双边经贸协议,覆盖部分但不是全部贸易领域,也分担欧盟预算但金额少于挪威。没有义务遵从欧盟法律,但必须实施欧盟的相关规则以便双方开展贸易和人员自由流动。参见:《英国脱欧倒计时:四种可能、五套模式、六个关键词》,https://www.bbc.com/zhongwen/simp/uk-45707045。
③ 挪威模式,指欧洲经济区成员,完全参与欧盟单一市场,必须向欧盟交费并遵循欧盟大部分法律,享受欧盟成员间的人员自由流动。参见:《英国脱欧倒计时:四种可能、五套模式、六个关键词》,https://www.bbc.com/zhongwen/simp/uk-45707045。
④ "硬脱欧":不会在移民问题上妥协,更不会"抓住欧盟成员国的部分资格不放"即所谓"半留、半退",完全退出欧洲关税同盟。"软脱欧":必须重新拿回对边界的控制权,控制进入英国的欧洲移民人数,同时强调英国将欢迎欧洲公民。参见:《英国"脱欧"最新进展:"硬脱欧"+12 点计划》,http://www.sohu.com/a/124606646_428926。

但不包括贸易的自由流动。这种在自由贸易和安全与防务政策方面合作的"乌克兰+"模式（Ukraine Plus）被认为是最符合英国和欧盟利益的模式。①

英国与欧盟的"脱欧"谈判必须在短时间内完成，但两者的目的和目标存在很大差异，很容易在一些主要内容上发生冲突。无论英国采取什么"脱欧"模式，都不太可能改变其发展政策的总体框架，因为从一开始欧盟对英国的影响就不大。"脱欧"是英国从40多年的欧盟成员国身份中的脱离，英国需要考虑"脱欧"后在援助、贸易、气候变化和税收等方面的政策，也涉及移民和贸易政策、环境和性别政策等方面的调整。就国外而言，"脱欧"后的英国仍将是全球发展议程的制定者以及各类发展论坛的重要成员，如英国可以在经济合作与发展组织（OECD）内继续发挥自己的影响力。

需要指出的是，"脱欧"并不意味着英国放弃就发展政策问题与欧盟进行建设性对话，尽管非欧盟成员国与欧盟进行这种对话的先例很少。英国仍有机会参加欧盟在高加索、中亚部分地区、欧盟周边地区和非洲等很多国家和地区的项目，积极谋求本国利益。在欧洲之外，英国与发展中国家仍会有许多合作关系，这些内容也会体现在"脱欧"谈判中。此外，英国"脱欧"后，欧盟将失去英国对欧盟全球影响力的贡献，尤其是英国对欧盟的经济援助；英国也将无法继续在北约（尤其是美国）与欧盟之间扮演"桥梁"角色，相反北约可能成为欧盟和英国之间的桥梁。②

英国"脱欧"后，其外交政策与国际发展之间的联系将变得越来越紧密，尤其是软实力的塑造。③英国对欧洲共同外交政策的影响将显著下降，同时英国很可能会加强对符合其国家利益的安全政策的关注。在1997年后的10年间，即布莱尔/布朗工党政府时期，英国奉行的国际主义安全政策曾达到鼎盛，"脱欧"后这一政策的重点也将发生根本变化。在美国总统特朗普强调"美国优先"的现实压力下，英国和欧盟在防务政策上的合作可能更为紧密。俄罗斯对英国和美国双重冲击的反应也是一个影响因素。如果欧

---

① "'Ukraine Plus' as a Model for Brexit," https://docplayer.net/36275379-Ukraine-plus-as-a-model-for-brexit.html.
② Ian Bond, "NATO, the EU and Brexit: Joining Forces?," https://www.cer.eu/insights/nato-eu-and-brexit-joining-forces.
③ Simon Lightfoot and others, "Brexit and UK International Development Policy," *The Political Quarterly*, Vol. 88, No. 3, 2017, pp. 522–523.

盟想要进一步拓展其势力范围,就需要与美国和北约盟国达成更广泛协议,这将会促进欧盟和英国深化防务合作,甚至可能会减轻欧盟对英国"脱欧"采取的经济"惩罚"。① 与此同时,欧盟27国的外交、安全和防务政策也应重新调整。英国更可能实现的目标是将安全、外交和防务政策的各个部分分开签订协议,但这将更多取决于欧盟的意愿。②

无论英国以何种模式"脱欧",对其在欧洲和全球有关医疗健康的领导和管理地位都是负面的。对英国国民健康制度(NHS)而言,"无协议脱欧"是最不利的模式。英国"脱欧"后,其国民健康服务唯一可能不会出现变化的是融资,现有的社会保障互惠协调机制将继续存在。这些机制包括欧洲医疗保险卡(European Health Insurance Card)、跨境医疗的转介、居住在欧盟国家(如西班牙的英国退休人员)的英国国民的医疗保健。然而,这些权利还取决于患者是否正确登记,以及比如居住在西班牙的英国人与正确登记的英国本国居民医疗标准的差异,这可能会在实践中引发新的问题。③

"坎祖克"(CANZUK)联盟被视为"脱欧"后一种可能的发展模式。2016年3月,英国"脱欧"公投前,"坎祖克"模式就已被提出,其倡议者是总部位于加拿大的国际非政府组织"坎祖克国际"(CANZUK International),该组织以"在英国、加拿大、澳大利亚、新西兰四国间达成协议,实现国民自由迁徙、自由贸易和外交协作"为目标。"坎祖克"模式强调各国议会作为最高决策机构,而不是像欧盟那样将布鲁塞尔的行政指令凌驾于各国民意代表之上。所以,英国"脱欧"派将"坎祖克"视为英国"脱欧"后的一个想象的共同体,但该模式的可行性有待现实印证。④ 2019年7月,英国首相候选人约翰逊承诺,如果胜选,不管有没有协议,英国都会在10月31日"脱欧"。显然,约翰逊的当选排除了第二次公投的可能性,英国"脱欧"几乎已是铁板钉钉。7月27日,约翰逊在演讲中再次重申并警告欧盟,要么废除爱尔兰

---

① Malcolm Chalmers, "UK Foreign and Security Policy After Brexit," *RUSI Briefing Paper*, Royal United Services Institute for Defence and Security Studies, January 2017.
② Richard G. Whitman, "Avoiding a Hard Brexit in Foreign Policy," https://doi.org/10.1080/00396338.2017.1399724.
③ Nick Fahy and others, "How will Brexit Affect Health Services in the UK? An Updated Evaluation," *Health Policy*, Vol.393, March 2, 2019, pp. 949-953.
④ Duncan Bell and Srdjan Vucetic, "Brexit, CANZUK, and the Legacy of Empire," *The British Journal of Politics and International Relations*, Vol.21(2), 2019, pp. 367-382.

边境保护措施(Irish Backstop),要么"无协议脱欧"。欧盟不接受约翰逊的要求,但表示愿意与英方进行"建设性合作",就脱欧事宜启动对话。① 英国与欧盟的对话结果将取决于双方的协商与博弈。支持约翰逊的强硬"脱欧"派人士还认为,与美国达成贸易协议也是英国"脱欧"计划取得成功的最佳方式,而这将增大英国"硬脱欧"的可能性。尽管如此,由于保守党在议会的有效多数优势只有一席,此外该党内部的分歧依然很大,约翰逊刚上台就面临重新大选和下台的威胁。因此,对约翰逊政府而言,如何"脱欧"将是一个严峻考验。

结语

迄今为止,所有对英国"脱欧"未来前景的判断都是探索性的。英国"脱欧"符合其国内公认的历史叙事与现实政治。英国不论以何种方式离开欧洲,都不意味着其与欧盟的关系将走向终结。在国家、议会或政党中,英国"脱欧"应采取什么样的"脱欧"模式尚未达成共识。至少在形式上,英国"脱欧"公投表明,管理国家不只是威斯敏斯特的主权,个人和社区对影响他们的决定也拥有发言权。约翰逊的当选似乎增加了"硬脱欧"的可能性,但可预见的是,无论哪种方式"脱欧",英国未来都将面临较长时间的调整甚至混乱。其实,无论谁做英国首相,对英国而言,"脱欧"后的未来道路都将坚持回归历史与传统的基本走向,即回归"孤立主义"的外交传统,脱离统一的欧洲联盟之外。

---

① 《英国首相与议会"斗法","无协议脱欧"几成定局》,https://news.sina.cn/global/szzx/2019-08-12/detail-ihytcern0200905.d.html?cre=tianyi&mod=wpage&loc=7&r=32&rfunc=32&tj=none&tr=32&wm=1880mpltbr/。

跨界与回归:边疆环境史学的现代价值[*]

周 琼[**]

环境危机已成为人类社会可持续发展的最大威胁,生物入侵则是目前最严重的环境危机,而边疆地区因种种原因成为生物入侵危机最严重的地区,逐渐被赋予了生态学的性质。传统研究强调的地理空间、国家疆域及政治、经济、军事、文化、民族、宗教等边疆内涵,已不能适应环境史及生态危机演变研究的需要,边疆内涵需要适时扩大。生态界域里的边疆,强调疆界、边界线内涵的同时,更注重在以生态类型划分的地理空间中生存的主体——生物及其演变。生态层面的边疆及其分界线,主要以植被类型的分布及其生态系统的存在为基础。虽然自然科学在中国植被类型及其区域分布的研究上成果丰富,却很少有人探讨各类植被区交界线的存在及其划分标准;人文社会科学范畴内的边疆虽受到学界的极大关注且成果频出,但生态层面的边疆及其分界线的研究却极少受到关注。

在边疆的生态状况及其危机备受学界关注,生态安全成为2015年1月1日起实施的国家环境保护法的主要内容之时,边疆生态及疆界线的存在、变迁成为环境史及边疆学研究中最基础、最不能回避的问题,也成为现当代生态安全构建过程中必须面对的问题。从环境史的视域来探讨生态边疆的内涵及其形成、变迁的原因和后果,以及生态界域里的边疆安全与生态防护屏障的建立等,不仅有助于边疆史、环境史及现当代边疆问题的研究,也能促进边疆生态安全界线及防护体系的建立,使生态安全成为国家安全、边防

---

[*] 本文是作者2020年11月17日在南京大学高研院第259期的演讲,讲稿由作者提供,编辑时有所删减。
[**] 周琼,云南大学西南环境史研究所所长,中国环境史方向博士生导师,特聘教授,2017年度国家社科基金重大招标项目"中国西南少数民族灾害文化数据库建设"首席专家,2019年获评云南省云岭学者,是云南省第12批学术技术带头人后备人才。主要从事环境史、灾荒史、生态文明的研究。

安全建设的重要内容。

一、生态边疆的内涵：生态界域中的疆界线

与人文层面的边疆相比，自然生态层面的边疆，无论是其内涵还是表现形式都要丰富、精彩得多。重视自然生态层面的边疆内涵及其理论的探讨与研究，就成为当下边疆史地及环境史研究中的重要问题。

（一）存在于人文边疆之外的生态边疆及其内涵

生态边疆的内涵既不同于地理、行政区划等空间层面的边疆，也不同于政治、经济及文化、民族、宗教等人文层面的边疆，而是因山川河流等自然地理阻隔、气候带及温度带、干湿带分隔而形成的自然特色浓厚的一道道分界线，在生物学及环境史层面具有了更为广泛的学术与现实意义。因此，边疆是多维的概念，兼具人文及自然、生态的特点。生态层面的边疆与行政层面的边疆，无论是边界线还是疆域都有重合的部分，但更多是各自独立存在。具体说来，生态边疆的内涵更具体、形象，疆界线的意味更重，一个行政区划或一个国家的疆域里，可能有无数条生态分界线；在一个完整的生态区域里，也可能存在几个行政区划，甚至可能存在几个小国家。

人文层面的边疆，是国家主权、民族分界、经济区划、军事防御、文化类型、宗教分域等的分界线。国家疆域，无论是陆疆还是海疆一般只存在一条分界线，但一个国家却可能存在多条民族、文化、经济、宗教、军事等人文特点明显的、大多重合的分界线，气候、温度、干湿度等在其形成过程中未起主导作用。撇开不自觉的人类中心主义，从生物界的视角来看，生物物种的分布及其生态系统分界线的形成，行政、民族、经济、文化等分界因素不占主要作用，气候、温度及干湿度、经纬度、自然地理地貌、水域分布等因素发挥了主导作用。故生态层面的边疆因气候、温度、干湿度的多元化及分布的多样性而存在多条分界线，生态及其环境系统被这些分界线分成了若干个大小不一的区域，并在人类的视线之外长期客观地存在着，使生态层面的边疆具有了多样性、复杂性的特点。

从国家地理疆域形成的历史及自然原因看，国家疆域与生态边疆具有极大的吻合性。但因历史进程及各种人为原因，国家疆域分界线既可能与生态边疆重合，也可能与生态边疆毫无联系——在不同纬度带、降雨带的疆

域线上可能存在多条生态界线,而一条漫长、横向的生态界线上有可能存在一条或几条疆域线。因此,一个国家尤其领土面积狭小的国家很可能只有一条生态边疆线,或只有疆域线而没有生态边疆线;疆域面积大的国家可能有多条生态边疆线,这些疆界线可能因自然地理结构的分割作用而与疆域线重合,也可能完全不重合。这再次说明生态边疆的形成及数量、分布与国家疆域的大小有关,更与其跨越的气候带、干湿带、水域面积、地理地貌等自然元素有密切的关联。

国家疆域层面上的边界是人为划定的,既靠军事、政治、经济实力,也靠宗教、文化、思想意识、民族等的差异。生态边疆的边界线是自然力量划分的,早期完全依靠气候、降雨、温度、湿度、水域、地理地貌等因素,这种自然形成的生态边疆及其变迁多存在于19世纪以前的传统社会时期,当时生物的分布及其生态系统受人为干扰较少,生态边疆是自然形成和发展的,虽然存在生物物种的自然迁移及少量的人为引进,但物种在迁移时会融入当地而被同化,生态边疆线并未受到太大影响,也未发生大改变。近现代以后,人为力量分割生态边疆的因素逐渐增强,边疆线的改变与自然的变迁和人为干预有关。

至此,生态边疆的内涵逐渐明了。但值得注意的是,此处的生态边疆并非目前通俗层面上所指的边疆地区的生态保护、生态恢复或生态文明建设,或是政治、经济、文化建设中的生态重建等内涵①,而是指受地理、气候、降雨、温度、湿度、水域分布及其面积等自然或人为因素影响而形成的生物及生态区域的边界线或疆界线。这些分界线使地面生态景观、生物物种的分布及其区域有了差异及渐次的变化。地面覆盖因之千差万别并因此影响到区域气候、景观及民族的分布、文化的形成乃至政治经济中心的变迁等。

生态边疆是生物分布界域、生物入侵及防范的疆界线,是地区、国家乃至国际生态安全不可忽视的领域。由于现当代生物自然分界线色彩的弱化,生态边疆在一定层面、一定空间范畴内成为专指国家、区域间生物分布

---

① 目前媒体及官方宣传中常提到的生态边疆,多指边疆地区的生态环境保护及建设、恢复,故官方文件中常有各地农牧业局、环保厅局的工作"要突出生态建设,为建设美丽中国构筑边疆生态屏障","加大林区生态修复与保护力度,采取各种有效措施,强化资源管理,认真做好营造林、森林抚育、补植补造和森林管护经营工作"等内容。

及生态系统疆界线的代名词,生态层面的边疆地区成为防治生物入侵的首要之区,即建立生态安全的重要防线。

生态边疆的形成及变迁受到诸多因素的影响及制约,早期的生态边疆主要受到自然因素的影响,人为因素影响不大,甚至是可控的。20世纪后,人为因素的影响随着科学技术的发展、现代化乃至全球化的深入而加大,在很大程度上成为改变生态边界线及其疆域的重要因素。

(二)中国生态边疆的形成与变迁

自然形成的传统生态边疆时期,主要是指有史以来至20世纪初。从传统的历史分期来看,自旧石器时代开始至清朝灭亡时止;人为干预的生态边疆,从近现代一直延续到目前,在政治、军事、经济、制度等人为因素影响下形成,受到新科技及不断扩大的近代化乃至全球化的影响。故此,中国生态边疆的发展历史,可分为两个时期,一是传统生态边疆时期,二是科技影响下的近现代化生态边疆时期。

首先,传统时期的生态边疆经历了漫长的社会发展阶段,可分为三个时段。

第一是旧石器时代至汉晋时期,生物的自然分界线是天然形成的,很少受到人为干扰。虽然两汉时期从西域等地引进葡萄、苜蓿、核桃、胡萝卜等果蔬类经济作物,但种植范围多限于庭前屋后或菜园地,未形成规模种植,对传统的农业社会没有造成冲击,当地生态系统的区域划分及自然分界线也未发生改变。

第二是隋唐至元朝末年,生态疆域的分界线及其变迁受到了初步的人为干预,但干预力量较为微弱,未引起生态疆界的改变。这是自然生成的传统生态疆界线向人为干预的生态疆界线过渡的承上启下阶段。此期,中国虽然从波斯等中亚地区引入过宿麦(冬小麦)、苜蓿、菠菜、胡椒、波斯枣、莙荙、胡荽(芫荽)、橄榄、芦荟等作物,从越南等地引进过占城稻等农作物并扩大种植区,在一定程度上改变了自然物种的分布区域及其分界线,但种植区域还受限于自然气候及水体适应及承载力,植被分布和生态边疆的生成及其变迁主要还是以自然因素为主。

第三是明清时期,这是人为力量介入并对生态疆界线生成及变迁影响力度大大加强的时期,人为干预使物种的引进及分布面积大大扩大,改变了自然生态界线的分布及变迁方向。这一时期,大量农作物、经济作物从美洲引进并推广种植,这是有史以来规模较大、种植范围急速扩张的物种迁入期,打破了作物种植受纬度及海拔的限制,促进了农业经济的发展,生物物种的分布及其界域发生了根本性改变。在人力与自然力量的对抗中,人力取得了改变自然疆界的巨大胜利。但这些物种主要是日常生活所需的粮食或经济作物,其栽种面积及数量既受人为需求的控制,也受栽种、培植技术及水、热、光、土、气候等自然条件限制,人力及技术对作物所需的温度、水热、土壤等的调整作用不大,尚未完全打破生态系统中自然分割的界限。故生物疆域的分界由自然及人为因素共同决定,人为因素主要在种植农作物、经济作物的长江、黄河流域以南的农耕区、矿冶区发生作用;自然因素主要在森林、草原、草本沼泽地带、深山区和河谷区等广大地区发生作用。此阶段还未发生政治、军事、经济及技术超越自然力量而重新划分生态疆界线的事。

其次,近现代化阶段的生态边疆变迁,战争、社会制度、政策、思想意识的巨大变化,引发了生态环境的重大变迁。迅猛发展的近现代科学技术,对生态疆界的存在及变迁造成了强烈冲击,人为强制性分隔生态边疆线成为生态边疆形成的主旋律。

20世纪后,战乱频繁,人口急剧减少又迅速飞增,近代科技迅猛发展,社会经济的发展日新月异,对历史进程尤其是生态环境产生了巨大冲击,生态环境受到国家制度、政策、人口及社会经济、新兴科技、交通通信的极大影响而发生巨变,生态边疆线也因此而改变。一些地区因生态环境及植被分布区的剧烈变迁,生态边疆开始混乱。同时,异域生物大量、频繁地引进,物种入侵逐渐成为普遍且日渐严重的现象,令人始料未及,对生态系统的威胁日益增大,进一步模糊、混淆了生态疆界,威胁到本土物种及其生态系统的发展与安全。这一时期生态边疆的发展变迁可分为四个时段。

第一是1900—1950年生态疆界的人为初步改变期。此期是近现代科技推广应用并对生态环境影响力度逐渐加大的时期。持续不断的战争、社会动荡,对生态环境造成了极大破坏,对生态边疆线的变迁造成了极大影响。橡胶、可可、咖啡、桉树、烟草等经济作物被引进并推广种植,成为本土生态区里的新兴强势物种,打破并模糊了生态边疆的天然分界线。

第二是1950—1979年人为干预加大期。因国家制度、政策及诸如大炼钢铁、"大跃进"等政治运动,生态环境受到了自明清以来的第一次大破坏,生态边疆线发生了巨大改变,很多地区因森林植被的消失,生态边疆线随之消失。同时,随着技术、交通、通信等的发展及应用,非人为原因造成的物种入侵现象逐渐凸显,如生长繁殖极快的紫茎泽兰等植被的自然入侵就发生在此时,不仅使本土生态环境遭受较大破坏,自然生态边疆线也开始被打破。此期的入侵物种多见于植物,动物入侵及其对生态疆界的改变还未出现,但因经济作物引种而带来的巨大经济效益,其对生态环境及生态边疆的冲击及破坏性后果被掩盖,成为下一阶段追求经济效益而肆无忌惮地借助科技手段引进植物、动物的推力。

第三是1980—2000年人为干预引发的急剧变迁期。在中国政治、经济体制改革及转型中,以生态换资源和发展成为各地方政府发展的主要模式。因制度、政策的调整和人口的急速增长、市场经济体制改革,各地无限制地开发自然资源,生态系统因现代高科技的介入和政府决策、制度改革而急剧改变。随着科技的发展,早期生态疆域里的森林植被及其他动植物种类和数量纷纷减少乃至灭绝,更突出的是新的异域物种不断被引进,从鱼、龟、螺、虾等水生动物到爬行动物等一系列陆生生物不断地在人们毫无防范意识的状况下入侵,且很多入侵生物是在科技及人为力量的扶持下迅速成为新型入侵物种,生物的自然分布区域逐渐淡化,生态边疆线模糊、断裂甚至消失。疆界的打破导致了生态区域的物种构成、景观面貌及生态系统的改变,物种减少乃至灭绝的趋势加速,本土生态系统日益脆弱化,进而引发了不同类型的生态灾难。

第四是2001年至今,经济体制改革的力度及深度不断被强化,国家和地方政府的制度、决策、措施及经济发展的地方性诉求、不同组织及集团的利益追求,使以资源换未来、以环境换经济成为各地的发展模式,生态破坏及环境恶化的速度呈几何倍数在增长,本土生态系统受到进一步摧残。物种的肆意引进扩大了物种入侵的通道,2001年国家环保总局对外来物种的普查发现,中国自然入侵物种仅占3.1%,其余均为人为有意或无意导致的入侵[①],入侵物种对环境的冲击及生态系统的破坏力度超过了人们的想象。

---

① 徐海根等,《中国外来入侵物种的分布与传入路径分析》,《生物多样性》,2004年第6期。

部分热带植物被移植到寒温带,寒带、温带的生物大规模移入亚热带、热带,人为打破并构建起新的生态边疆线,引发了自然生态边疆线的混乱甚至消失。

因此,自20世纪初中国开始进入近代化轨道,生态边疆就随着生态的变迁日渐变化、混乱、模糊。在当代全球化的生态巨变中,自然生态边疆遭到人为力量的巨大破坏,其对生态系统的安全效能逐渐散失,引发了不同层面的生态危机,生态边疆线的重建就成为区域生态恢复及本土生态系统重建的首要任务,即构建明显且具有防护作用的生态边疆线并使之成为物种入侵的屏障,就成为重建本土生态系统和生态环境保护、生态安全,甚至国家安全建设中值得重视的问题。

二、生态边疆分界线变迁的原因

植被标志是划分各级植被区、植被地带及植被省的基础,植被的分布不单纯取决于大气热量或水分条件,还决定于水热条件的综合。热量与纬度相联系,水分与经度有关,高极植被分区单位既反映植被纬度地带性,也显示经度地带性[①],若物种分布受到自然因素及人为因素影响发生异域移民,从而导致生物的生态界域发生改变,生态边疆就会被改变甚至遭到破坏。概言之,不同层级的生态界域及各级别的生态边疆,既受气候、经纬度、海拔、降雨度等自然因素的影响,也受人为因素的影响,还因自然条件及人为条件的改变而变迁。

(一) 气候、帝制与民族:传统时期生态边疆分界线变迁的主要原因

中国历史上生态边疆线的自然转型,主要受降雨带、干湿带的变化导致的植被分布界域变迁的影响,还受到政治、经济、军事、民族生产生活的影响。

气候及其在不同历史时期的变迁是影响历史上植被区分布的重要原因。关于中国历史气候的变迁,无论是自然科学还是人文社会科学,研究成果均很丰富。竺可桢关于中国历史气候变迁经历了四次温暖期、四次寒冷期交替变化的观点众所周知[②],气候变迁史的其他研究成果表达了同样的

---

① 侯学煜,《论中国植被分区的原则、依据和系统单位》,《植物生态学与地植物学丛刊》,1964年第2期。
② 竺可桢,《中国近五千年来气候变迁的初步研究》,《中国科学》,1973年第2期。主要观点此略。

观点,即早在第一次、第二次甚至第三次温暖期,热带、亚热带的最北界都达到黄河北界,黄河流域温暖湿润,遍布着落叶阔叶林、常绿阔叶林,竹林是最常见的植被类型,獐、竹鼠、象、貘、水牛等是常见的热带动物。但气候的变迁、温暖期的日渐缩短及寒冷期的延长,降雨带及降雨量的南向变化,导致植被分布区尤其是热带、亚热带植被的南向迁移,以竹类植被的南向迁移最为突出①,阔叶林逐渐南迁到淮河、长江流域,与植被迁移相应的是孔雀、大象、犀牛等热带动物也发生了南向迁移②。不同历史时期的气候变迁导致的植被区、带及生态界域的南向、北向移动,使生态边疆线也在不同气候期内发生着相应的南向、北向移动。典型例子是中国北方农牧交界地带随气候变迁发生的推移,"每当全球或一定地区出现环境波动时,气温、降水等要素的改变首先发生在自然带的边缘,这些要素又会引起植被、土壤等发生相应变化,进而推动整个地区从一种自然带属性向另一种自然带属性转变"③。农牧交错带的南北变迁不仅影响了生态界域,也影响到生态系统的顺向演进,"农牧交错带在空间上实现了与自然地带的同步推进……因此农牧交错带的走向显现了与自然地带一致的特征"④。农牧交错带的推移导致了植被及其生态系统的推移,生态边疆线也随之发生了南北向的推移及变化。

不同王朝的政治统治及其经济开发模式,是生态边疆变迁最显著的人为影响因素。学界对不同自然环境对政治及制度的影响进行了不同层面的研究,对历史时期各王朝的政治及制度对生态环境影响的发展变迁也有丰富的研究成果,但对二者相互影响导致的生态边疆的变迁,尚未涉及。毫无疑问,不同的政治制度、决策、措施等都对植被区、植被地带,尤其是植被省的分布、各植被区系的生态系统造成了影响。如不同的水利系统、耕作制度、垦殖措施、矿冶开发策略等都对相应区域的生态环境、植被分布面积造成了不同程度的破坏;不同王朝实施的对山林川泽的管理及保护制度等,对当地生态系统的良性循环产生了积极的作用,而明清以后川泽山林的弛禁

---

① 王利华,《人竹共生的环境与文明》,北京:生活·读书·新知三联书店,2013年,第16页。
② 详 Mark Elvin, *The Retreat of the Elephants: An Environmental History of China*, Yale University Press 2004.
③ 韩茂莉,《中国北方农牧交错带的形成与气候变迁》,《考古》,2005年第10期。
④ 韩茂莉,《中国北方农牧交错带的形成与气候变迁》,《考古》,2005年第10期。

措施却将这些地区的生态系统置于被破坏的境地,进而引发了生态边疆线的变迁。如明以降对边疆民族地区的开发及垦殖引发了生态疆界线的巨大变迁。因山地的垦殖、工矿业的开发等人为原因,森林砍伐量日益增加,原始森林演变为次生植被,再被持续砍伐后退化为乔木、灌木,最后变为草甸等,生物分界线也随之发生着渐次变迁。这是传统时期人为力量改变生态边疆界线的典型事例。

不同的民族,无论是农耕、狩猎还是游牧民族,其生产、生活方式对当地生态环境及其效应均能产生不同的影响。如农业民族不同的耕作、土地利用、建筑、丧葬、能源利用等方式及宗教崇拜、民族生态传统思想等,都对当地的植被分布范围及生态环境产生直接的影响,尤其影响到该地的植被类型及其界域。如彝族是一个崇尚火的民族,节日、婚丧嫁娶、宗教活动中,一堆堆冲天的熊熊大火耗费的木材不在少数;其垛木房、闪片房、土掌房等传统建筑需要耗费大量优质木材;聚居在山腰及山顶等寒冷地区的彝族人家里常年不熄的火塘是生活及家族活动的核心区,对植被的需求量可想而知;彝族早期火葬习俗及清以降棺木葬的盛行都对植被的分布及其界域造成了极大破坏……这些影响到植被的种类及其分布的生产生活方式对生态边疆线的存在及变迁产生了直接影响。又如游牧民族逐水草而居的生活方式及在不同历史时期南下中原,导致黄河流域草原及森林植被分布线的不断变迁,使不同时代生态边疆线的分布随游牧民族聚居区的变动发生相应的变迁。

此外,人们对森林尤其是多年生的名贵木材的追求及砍伐,造成植被种类及其分布区域的南向变迁,最终导致植被种类的不断减少乃至灭绝。如楠木、杉木等名贵树种就是在历朝历代的砍伐下分布区不断缩小,从黄河流域渐次缩减到长江以南、西南、东南亚等地区[①]。

当然,传统时期生态边疆的变迁多以自然因素为主,虽然明清以后因人口不断增加及边疆经营的深入,人为影响因子逐渐增加,但限于技术原因及环境管理制度,人为影响的范围和程度相对有限,尚未引起生态边疆线的根本性变迁。

---

① 蓝勇,《明清时期的皇木采办》,《历史研究》,1994 年第 6 期;蓝勇,《近 500 年来长江上游亚热带山地中低山植被的演替》,《地理研究》,2010 年第 7 期。

(二) 技术与物种移民:近现代生态边疆分界线变迁的原因之一

19世纪工业化以后,殖民主义在全球大肆扩张,中国迅速被拖入殖民化浪潮中,自然的生态边疆一再被科技及其他人为原因打破,生态边疆的分界线发生转型。社会制度、思想意识、国家政策、信息、交通、通信等均成为生态边疆变迁的重要因素,其中,在科技、制度及经济利益驱动下造成的异域物种引进及入侵是最典型的因素。

各地不同类型的生物之间,生物与阳光、温度、水分、土壤、矿物质等自然环境要素之间是个相互依存、制约的有机整体,形成了一个个独特平衡、持续发展着的生态系统,各系统组合成不同的生态界域。一旦发生异域物种引进或生物入侵,本土生态系统的平衡就会被打破,生态界域及生态边疆线也随之被破坏。异域物种的引进历朝历代都在进行,但大规模引进农作物、经济作物而导致生物界域及生态边疆线发生变迁,则是在明清时期。此期,玉米、马铃薯、番薯、烟草等作物相继从美洲引进到中国南方地区并逐渐成为本土物种。因粮食需求及经济利益的驱动,种植面积及范围日趋扩大,很快在种植区以人为的力量重新分隔出了新的物种区及其生态界线,引发的巨大生态变迁打破了生物的天然疆界线,这是一种以人为强制的方式在自然界分割出新的生态界域的结果。但明清时期的异域物种引进,只在人为需求的小范围生态界域内进行,在很大程度上依然以物种对自然的适应规律为基础,生态边疆的改变也遵循着自然的原则,即在自然及人力组合改变生态边疆的过程中,自然的因素依然占据了优势,对生态界域及其边疆线的改变极小、极缓慢。

近代化以后,借助制度、政策、科技等方面的力量,进行了大量的物种异地引进。经济作物及动物不加节制地引进,引发的物种入侵现象逐渐加剧,对本土生态系统的冲击及破坏以史无前例的速度发生,本土生态系统的结构和功能迅速被改变,生态平衡被打破,原有的生态边疆线迅速被破坏,产生了新的生态边疆线,即在自然生态边疆中出现了极不和谐的人为生态边疆线。20世纪上半叶,确切地说是民国时期,中央政府乃至各地方政府开始有意识地从发展经济、振兴国家的立场出发,先后在南部边疆省区引进了橡胶、咖啡、可可、桉树等外来物种,以强大的力量改变了这些区域生物的种类及其分布状况,也改变了生态系统的分界线,促使中国生态分界因素发生了巨大转型,即在科技甚至是制度的支持下、在经济利益的驱动下,生态边疆的分界标准从以自然因素为主向人为干预力量日渐加强的方向转变。

20世纪50年代后,现代科技的推广运用及政治、经济、思想文化、意识形态对生态环境的影响越来越大。在一波接一波的政治运动的冲击及影响下,生态边疆的自然分界功能进一步弱化,很多北方的植被及动物翻山越岭,移民落户到了更容易生存、繁衍的亚热带或热带的南方,或从境外跨越海洋、飞越冰川雪域,移民到完全陌生的区域,在移民区逐渐占据生态位,强力分割出了新生物与原有生物的边疆界限。更多的桉树、橡胶、咖啡、可可等热带、亚热带栽培的物种在云南、广西、广东、福建、台湾等地推广种植,南方大部分省区的生态界域发生了人为力量主导的第一次巨变,生态边疆线也发生了急剧变迁,可谓史无前例。但此时移民的物种还受制于海拔、热量、土壤等因素,种植区扩大缓慢,相比后来的改变,此时的变化还不是十分巨大。

80年代后,随着农业、林业科学技术,尤其是栽培技术日新月异的发展,植被砍伐、生态破坏、物种减少及消亡加剧,生态边疆线变迁速度也随之加快。很多异域物种借助政治制度、经济体制发展的契机,在新兴科技力量的支持下扩大种植面积,如橡胶种植的海拔高度从800米逐渐往上延伸到900米、1 000米、1 100米甚至到1 200米,更深刻地打破了移入地的物种分界线,亚热带、热带的物种分布疆界逐渐模糊、混乱。

90年代后,尤其是加入世贸组织后,国际化的日渐深入,造成生态破坏的制度、经济、思想意识等因素依然存在,交通、通信及其他科技力量逐渐成为生态破坏的帮凶,出于经济、景观、植被恢复等目的的物种引进大大增加。日新月异的农牧业培育科技在生物移民中的广泛应用,使很多异域植物、动物借助人为力量,被有意识地从美洲、欧洲、大洋洲等地引入中国,很多物种到达新的生境和栖息地后不断繁衍扩散,迅速成为入侵生物,对移居区的生物及生态系统造成了毁灭性打击。海洋、山脉、河流和沙漠等物种和生态系统的天然屏障在全球一体化的进程中瞬间失去了其在传统生物边疆中的分隔作用,自然的生态疆界受到有史以来最强烈的冲击,生态边疆在科技及人为力量的干预下发生了翻天覆地的变化,生态边疆界线的标准及影响因素再次发生了巨大转型。

在桉树、微甘菊、紫茎泽兰、喜旱莲子草、互花米草、飞机草、豚草、水葫芦、少花蒺藜草、烟粉虱、巴西龟、麦穗鱼、福寿螺、食人鲳、小龙虾、白玉蜗牛、蔗扁蛾、湿地松粉蚧、美国白蛾、非洲大蜗牛、牛蛙等越来越多的异域物种的入侵之下，中国生物物种分布区域的自然分隔几乎被全面打破，土著物种区被强制嵌入了新种群，很多地区的生态边疆线开始混乱、断裂，新的分界线出现后又不断被替换。生态边疆线的急剧动荡及变迁，严重影响到了区域生态环境及其安全。从2013年统计的数据看，入侵中国的外来物种已有544种，其中大面积发生、危害严重的物种多达100多种，且不断处于增长的态势中。入侵范围涉及农田、湿地、森林、河流、岛屿、城镇居民区等几乎所有生态系统，并肆意蔓延，扩散成灾，破坏了丰富多样的本土生态系统和复杂古老的生物区系，进一步打破原有的生物界线，生态边疆不断发生着新的转变。

入侵物种造成的本土生物种群的衰退及生态边疆界线的不断变异与重构，除了使传统的农林牧渔业遭受严重损失外，区域生态安全、经济安全和民众健康也受到巨大威胁，由此造成的生物安全问题也越来越严重。在近代化早期，很多国家和地区的自然疆域线与生态界域的边疆线往往是重合的，这些地区长期以来是本国或本区域生态环境保护相对较好、生物物种相对较多的地区，生物边疆界线的自然色彩一度极为明显。但全球化及市场经济的日渐深入，边疆地区生态环境遭到了日益严重的破坏，生态系统严重退化，生物多样性特点迅速地丧失。尤其是在行政分界区和国家疆域的边疆地区，生态边疆界线逐渐模糊，很多因地理地貌的分割作用而形成的传统疆界对生物移民的阻隔作用及生态分割功能日渐减弱、丧失，入侵物种通过边疆进入内地，边疆地区成为各种异域物种入侵的首要地区，这些地区也就成为防范外来物种入侵、建立生态安全防护屏障的桥头堡。

这就使传统的人文边疆与生态边疆的内涵有了共同结合、共同发展的基础，生态边疆的内涵更为丰富，不仅具有生物及其生态系统的边疆分界线内涵，也具有了生物入侵界线、生态系统安全防护性能分界线的内涵，这才是现当代生态边疆的完整内涵。

三、生态边疆的重建及现实意义

目前,随着生物灭绝速度的加快、部分边疆争端的存在,生态的自然疆界线模糊、断裂加剧。因物种入侵引发的生态界域的改变,在国境线与生态边疆线重叠的地区频繁发生,很多边疆地区因物种越界入侵引发的生态灾难已造成了严重的后果,边疆生物入侵危机成为全球生态危机中最严重的问题,也成为威胁区域社会持续发展及国家安全的严重问题之一。边疆安全已成为不仅是政治、经济、军事层面的问题,也是生态系统恢复及发展中的重要问题。边疆地区的生态安全在某种意义上具有了国防的内涵,生态安全因此成为边疆安全、国家安全的重要内容。相对于物种入侵而言,生态安全建立的首要基础就是生态边疆的恢复及重建,这就使边疆地区的生态边疆线具有防御物种入侵、保障生态安全的主要功能,生态边疆因之成为国家安全、区域生态安全建设中必须重视的问题。

(一) 生态边疆的危机

边疆的内涵及存在是个多维且形象、具体又抽象的概念。随着生态及环境危机日益严重,边疆的内涵也日趋丰富,在环境史层面上逐渐成为区域、区际及国际生态的重要分界区或过渡区。植被分布区域的缩减、种类的减少乃至灭绝,生物跨越区域的移民尤其是很多生物成为入侵物种后,导致本土生态环境特别是生态系统的改变甚至崩溃,生态边疆线混乱,引发了一系列社会危机,很多国家的边疆地区成为目前全球环境危机最严重的区域。

如中国西南边疆地区成为很多国家利益之争最敏感的地方,各种利益集团汇聚,森林覆盖率以史无前例的速度减少,生态环境的急剧恶化影响到了边疆社会、经济、文化、教育的可持续发展。如江河的断流和严重污染、水资源供需矛盾激化使下游地区社会经济的发展受到威胁;生物资源的过量消耗和物种的大量消失,破坏了本土生态系统,削弱了工农业生产的原材料供给能力;洪涝、干旱、泥石流、尘暴等灾害的频繁发生进一步破坏了生态环境,威胁着生态恢复的进行及其成效的发挥。旧有的生态边疆线继续被打破,新的具有防护功能的生态边疆线尚未建立或根本无法建立,植被及其他物种的分布规律消失而日趋混杂,生态边疆界线继续陷入混乱及模糊、断裂状态,严重影响到了区域生态安全的稳定及持续发展,生态危机不断爆发。

如作为连接云南—缅甸、云南—老挝的澜沧江(湄公河),就因为上游地区大量修建电站,河流水源被截流发电后,不仅下游水量减少,也阻碍了水生生物的运动和迁徙,改变了流向下游的水量和泛洪起始时间,引发了河流生物的入侵,河流生态系统及安全已经受到了极大的威胁。

虽然生态安全的概念早在20世纪70年代就已提出并得到不同领域学者的论证及不断补充、完善,但因为生态安全内涵的丰富性和复杂性以及对生态安全的研究尚不够深入,一直未能形成关于生态安全最客观全面、最能被普遍接受的定义。因此,生态安全、区域生态安全,尤其是边疆生态安全内涵的充实及完善,不仅是生态边疆研究中的重要内容,也是生态安全的构建及发展中不可或缺的内容。

在目前全球化的发展态势下,边疆生态安全已成为国家安全体系的组成要素。传统的国家安全一般指国防、政治和经济等领域的安全,公众目前关注更多的是与个人生活密切相关的食品安全、水安全、空气安全等,即便近年来生态安全受到了一定关注,但重视程度依然不够,尤其是政府相关部门,未采取实质性的措施,虽然与经济利益、成本投入等有关,但生态安全隐患之所以被长期掩盖,主要与生态安全自身的特点有关。因为生态安全爆发前有很长的潜伏期,"最容易被忽略,容易让位于其他领域安全,尤其是经济安全",导致生态安全威胁的潜在风险不断累积、发酵,最后使生态系统面临不可逆的结构性变化和功能性退化时,生态环境问题才上升到生态安全的层面上。因此,"生态安全已经成为国家安全体系中一个较大的短板,对国家安全和公众健康构成了巨大威胁。在人民安全为宗旨的安全观下,生态安全自然不能继续游离在国家安全体系之外"[①]。

从中国乃至世界生态环境演变的趋势及历程看,许多环境问题及环境危机的发生,往往都是由小范围的、局部的问题逐渐蔓延扩大成大范围、大区域的问题。边疆地区的生态安全及其体系的建立就成为迫切的战略任务。虽然实际操作比想象的要难得多,但边疆生态安全作为国家安全体系的组成部分,恢复、重建其自然生态边疆线,是生态边疆真正在生态系统恢复中、在物种入侵通道的阻断中发挥屏障的作用,是生态边疆重建中的重要任务。

---

① 岳跃国,《生态安全是国家安全重要组成》,《中国环境报》,2014年4月17日。

(二) 生态边疆线的功能及其边疆价值

中国是个生物多样性丰富的国家,物种数占世界总数的 10%。由于历史上的开发,很多物种已减少乃至灭绝。到现当代,绝大多数的濒危物种仅保留在交通不便的边疆、民族地区。但因边疆地区不合时宜的开发及生态危机的频频出现,生态边疆界线不断被打破,不仅生物多样性正在丧失,物种灭绝的数量日益增多,边疆还成了异域物种入侵的通道及首要之区,本土生态系统日趋激烈地发生着不可逆的变化。

目前,无论是西南还是西北、东北抑或东部海域边疆地区,生态环境及生态体系都受到了前所未有的冲击和破坏,生态边疆界线也遭到持续破坏。最严重的破坏是外来物种不断越过一道道自然生态边疆线,成功侵入内地,破坏本土生态系统,威胁中国生物物种的安全及本土生态系统的稳定,故边疆的生态安全防护功能格外突出,生态边疆线及界线内生态系统的恢复与建立的任务变得更为重要。因此,在环境史视域下的生态边疆线的重构及边疆生态安全问题,不只是传统的、通俗层面上所指的因环境污染和自然生态的退化削弱了经济可持续发展的支撑能力,或是为了防止环境问题而引发民众不满特别是导致环境难民而影响社会安定的内涵[1],而是包含了近年来人与自然这一整体免受不利因素危害的存在状态及其保障条件,并使得系统的脆弱性不断得到改善,使被破坏而断裂的生态链环得到修复并健康持续发展,使外界各种不利因素作用下的人与自然不受损伤、侵害或威胁,使人类社会的生存发展能够持续,使自然生态系统能保持健康和完整等内涵[2],并具有了防护生物入侵、减缓本土生物物种及其分布区域缩减,以最大可能地保持其自然分布区,进而保持并恢复边疆地区生物的自然分界线,最终达到本土生态恢复及生态系统重建之目的。

因此,边疆生态安全防护网的建构及生态边疆线的恢复与重建,已成为生态安全建设过程中最重要的内容。而生态边疆线的重建是现当代全世界实现生态可持续发展的基础性制度及措施,只有生态边疆线的重建工作得

---

[1] 曲格平:《关注中国生态安全》,北京:中国环境科学出版社,2004 年。
[2] 参考、综合肖笃宁等《论生态安全的基本概念和研究内容》(《应用生态学报》,2002 年第 3 期)、曲格平《关注生态安全之二:影响中国生态安全的若干问题》(《环境保护》,2002 年第 7 期)、崔胜辉《生态安全研究进展》(《生态学报》,2005 年第 4 期)的观点。

到顺利实施,生态安全的区域性建设才能实现,全球性的、整体的生态安全才有可能实现。在实现这个目标的过程中,充分发挥生态边疆分界线的功能,尽可能恢复边疆生态系统,使其成为生物入侵最强有力的防护屏障。

幸运的是,中国的国家环境保护政策一直在不断地调整和改进,不断往良性的方面发展。2003年中国颁布的《全国生态环境保护纲要》把国家生态安全问题提到前所未有的战略高度,其目标是通过生态环境保护,遏制生态环境破坏;促进自然资源的合理、科学利用,实现自然生态系统良性循环;维护国家生态环境安全,确保国民经济和社会的可持续发展。2014年4月24日第十二届全国人民代表大会常务委员会第八次会议修订、2015年1月1日实施的《中华人民共和国环境保护法》第三章"保护和改善环境"第29条"国家在重点生态功能区、生态环境敏感区和脆弱区等区域划定生态保护红线,实行严格保护"、第30条"开发利用自然资源,应当合理开发,保护生物多样性,保障生态安全,依法制定有关生态保护和恢复治理方案并予以实施"①中,将生态安全提高到法律高度,生态安全完成了从现实到法制的重大转变,也使生态安全体系下的生态边疆线成为呼之欲出的理念。

虽然边疆地区的物种入侵、野生动植物物种的灭绝日趋严重地发生着,边疆生态退化处于加速发展的态势中,生态安全隐患不断变成灾难,但仅有少部分人关注到问题的严重性,社会及政府的实际作为及具体措施还处于欠缺状态,生态边疆线的重建及其重要性就更未受到民间及政府的关注。如果生态边疆界线的建立再不引起重视,边疆地区的生态安全隐患将会持续存在并难以有任何实质性的改善,那在不久的未来,这场因植被的天然分界线的破坏而引发的生态边疆线内外的生态安全隐患,除了导致更严重的物种入侵和生态危机外,还将导致更为严重的、威胁国家安全及社会稳定的生态灾难。因此,生态防护体系的构建、生态边疆界线的重建及保护任重而道远,需要持续不断努力,使边疆地区的本土物种尽可能多地保存、生态体系尽可能好地修复。

但在边疆地区生态安全体系建构中,应慎重思考什么是最合理、最有效的措施,不考虑种群及生态效果而盲目扩大森林覆盖率、恢复草原绿色植被

---

① 中华人民共和国环境保护部,《中华人民共和国环境保护法(自2015年1月1日起施行)》,http://zfs.mep.gov.cn/fl/201404/t20140425_271040.htm。

的措施还会持续多久？对生态边疆线所在区域的生态保护应如何借助制度及法制手段？

（三）生态边疆重建的举措

生态安全及其屏障的构建是目前边疆安全内涵中最新、最急迫的任务。因此，边疆生态安全最首要的任务就是阻止通过边疆进入的生态入侵现象，使疆域层面的边疆线及生态层面的边疆线成为生态安全线，通过国际、国内的共同努力，从制度、法律、实践措施的层面，构建起边疆生态保护线，建立一个个防止生物入侵的屏障及系统网络、信息体系，使生态边疆线真正发挥其捍卫国家及区域生态安全的作用。

学者纷纷认为，面对日益严峻的外来生物入侵形势，应加紧在生态边疆区构建起一道道防控外来生物入侵的屏障，使地区的发展环境不受或少受因生态失衡而导致的威胁，减少从边疆地区进入的生物入侵，从根本上保障国家整体生态体系的安全和国民长远利益的发展。这从理论上很有说服力，但从生态边疆线的建设角度而言，仅此还远远不够。在此基础上依靠现代的信息网络平台和跨区域、跨国的组织及政府联合行动的力量，在全球生态整体观的意识形态下建立新的生态边疆防护界线，完好保护生态边疆线内的生态环境及生态系统的平衡，使边疆地区的生态线凸显并发挥作用，使生态边疆线内外的各物种各安其域、各立其位，真正处于符合自然生态系统的状态，这才是解决边疆生态安全危机较好的策略——尽管恢复及重建本土生态系统、重构生态边疆线依然任重而道远。

在区域生态危机、环境问题不断爆发的现代，新的生态边疆界线及生态边疆安全亟需建立并恢复有序发展的状态。既然人为因素借助技术的力量打破了旧有的边疆界线，那么也能够借助人为的、科技的力量恢复、重建新的生态边疆界线，以作为区域生态安全及区域生态可持续发展的防护屏障。在现代中国则需要借助于政府的力量及权威，依靠各项制度及法制，从国家安全的高度来达成战略。

在各地的生态安全中，边疆地区生态安全是关系到地区、国家生态系统稳定乃至国家安全的重要问题。边疆地区以物种入侵为主要特点的生态安全危机，往往具有区域性、局部性特点。人类可以通过各种整治措施及生态恢复实践活动，阻断那些跨越、破坏生态边疆界线的行为，逐步恢复边疆地区生物及其生态系统的自然分界线,变不安全因素为安全因素。

在关注并重建边疆生态安全之时,开发及建设者所具有的国际化眼光及前瞻性战略实践无疑是唯一选择。在全球化背景下,国与国之间的政治、经济、文化、信息等安全密切相关,边疆地区的生态安全就不仅仅是一个或几个国家的事情,而是一个跨出国界、需要多个国家共同参加的活动。另一个已经成为事实的主要原因是,一个国家发生的生态灾难,极有可能突破该国的生态边疆界线,通过边疆地区传播到邻国并危及邻近区域的生态安全,进而更深入地威胁到本地区生态系统的安全。如一些流经边疆地区的国际性河流,上游国家的污染物排放或渗漏就有可能不通过生态边疆界线,通过河流流入下游国家,危及下游国家的用水安全;一些与邻国气候及温度带相同的遭受物种入侵的地区,入侵物种的经过长期的扩展繁殖后,极易突破生态边疆界线,在与该地区气候及生态环境相似的邻国就极有可能发生相同的物种入侵现象。因此,边疆地区的生态安全及生态防护,应该是国际性的、多个国家共同参与才能取得成效,也应该同整个国际社会进行广泛深入的合作,建立有效、系列的生态重建机制,推行完整的生态边疆防护措施无疑是大势所趋。

但中国边疆地区生态安全的重建实践,最重要的是对制度及法律的贯彻和落实。从学术研究服务于社会现实的角度而言,从环境史视域关注边疆环境变迁及边疆生态安全,是相关领域研究者应该拓展及深入的。目前,建立国家生态安全预警系统、及时掌握国家生态安全的现状和变化趋势,据边疆地区生态环境的实际状况,恢复并重建生态边疆线,在生物入侵严重的通道及地区建立和完善专项的生态安全预警和防护体系,如气象预报体系、防汛体系、疫情预报与防治体系、动植物检疫体系、环境监测和预报体系等,完善法律法规体系建设,进一步健全各种单项资源与环境保护法,主动参与国际上尤其是邻国有关边疆生态安全和生态冲突预防机制的讨论及改善实践,努力维护各国、各地的本土生态权益等理念是最好的选择。但其中最基础的生态边疆及边疆地区的生态安全,应在更广阔的学科背景及研究团队、研究人员的广泛参与下,建立国际合作机制,把生态恢复及重建上升到国家安全及持续发展的战略高度上,使生态边疆界线重新清晰、明显,发挥其自然分界线的作用,才能建立起真正意义上的边疆生态安全体系。